2019年度上海大学上海电影学院电影高峰学科项目和地方高水平大学建设项目资助出版

数字媒体时代世博会的视觉表达

罗业云 著

武汉大学出版社
WUHAN UNIVERSITY PRESS

图书在版编目(CIP)数据

数字媒体时代世博会的视觉表达/罗业云著.—武汉：武汉大学出版社,2021.4
ISBN 978-7-307-21805-5

Ⅰ.数…　Ⅱ.罗…　Ⅲ.博览会—作用—国家形象—视觉形象—传播学—研究—中国　Ⅳ.①G245　②D6　③G206

中国版本图书馆 CIP 数据核字(2020)第 179544 号

责任编辑:胡国民　　责任校对:汪欣怡　　版式设计:马　佳

出版发行：**武汉大学出版社**　(430072　武昌　珞珈山)
(电子邮箱：cbs22@ whu.edu.cn　网址：www.wdp. com.cn)
印刷:武汉中远印务有限公司
开本:720×1000　1/16　印张:17.75　字数:247 千字　插页:2
版次:2021 年 4 月第 1 版　2021 年 4 月第 1 次印刷
ISBN 978-7-307-21805-5　定价:62.00 元

目　　录

绪　论

第一节　数字媒体时代世博会国家形象视觉展示的图像转向

当代文化“最为抢眼的景观是视觉图像的转向”①，社会文化进入了感官消费与欲望消费的时代。媒介技术特别是数字技术的高速发展，各种视觉形象符号的生产开始泛滥，充满了人们的生活空间。电影、电视、绘画、摄影、摄像、游戏、建筑、雕塑等各种形式的视觉媒介创造了史无前例的视觉影像文明，影像的生产、传播和接受更加普泛化，特别是以互联网为代表的当代信息技术，使影像以更高的效率进行传播与流通。视觉传播日益成为信息传播中占主导地位的传播方式，一种新的文化形态——视觉文化正在形成，并深刻地影响和改变着我们的生活方式和思维方式。②

视觉文化的形成，全面影响了世博会场馆的展示活动。动态的影像成倍增加了传播的信息量，世博会展馆常常利用精美的影像来演绎世博会主题，在世博会展馆有限的展示空间，通过电子屏幕扩展、拓宽、深

① 金元浦．视觉图像文化及其当代问题域［J］．学术月刊，2007（5）：9-12，19.

② 孟建．图像时代：视觉文化传播的理论诠释［M］．上海：复旦大学出版社，2005：65.

化了各国、各民族独特的主题，向观众传达自己对世博主题的独特思考。视觉时代的世博会展馆，各种先进的影像技术不断被应用，如360°环幕、IMAX影像系统、大屏幕或组合屏幕、全息影像、增强现实等，为世博观众带来了震撼的视觉感受。高科技影像技术所营造的展示空间与氛围，直接诉诸观众的视觉感官，是观众最乐于接受的信息媒介、娱乐选择，非常符合信息时代人们的审美情趣。观众沉浸在全方位的视觉体验中，使得世博会的主题理念得到了传播与共享。在数字媒体时代，影像逐渐从简单的信息载体发展成展示活动中的主要展品，成为观众独一无二的兴趣中心，最受观众欢迎的展馆往往以影像作为主要展示手段，观众在展馆里领略到最先进的技术成果，在获得全新感官享受的同时，对展馆的主题理念也会形成各自的解读。

视觉文化给世博会展示带来的影响是深刻的、全面的，不论是决策者、组织者、设计者的理念，还是观众的观展心理动机，都产生了巨大的变化。“在历史演变的过程中，世博会展示空间经历了巨构空间、简约空间与影像空间三个阶段”①，影像主导了空间的形态、构成，决定了主题的呈现方式。在数字媒体时代，世博会的视觉呈现出不同于传统时代的显著变化，展馆的展示由单纯地静态陈列产品，变为更加注重影像与互动的主题演绎；参观者的心态也从一般的远程猎奇，变为更加注重多元交流。世博会展示的视觉文化转向，使得世博会不再局限于器物的展示，而是强调意义的沟通与传播，强调视觉展示技术的应用，强调以观众为中心、营造传达与共享世博主题理念的叙事空间，强调国家形象的展示。

初期世博会展馆是工业产品的世界，各种琳琅满目的工业产品占满展馆，“机械”经常能吸引大量兴趣盎然的观众。1855年巴黎博览会专门建造了一幢长达1000米的建筑，用一根蒸汽传动轴带动机器运转；

① 张敏，傅懿瑾．后技术时代的展示艺术——基于世博会展示空间的理论探讨［J］．艺术百家，2010（5）：83-97.

1873年维也纳工业馆的穹顶为罗马圣皮埃尔教堂的两倍。① 初期世博会通过精心组织展品，布置戏剧化的场景，以达到展示人类创新精神、发展进步的主题理念。

19世纪末期，世博会逐渐发展出娱乐性和节庆性的特征。举办世博会需要耗费大量的物力，为了取得尽量大的经济与社会效益，尽可能地盈利或者减少亏损，博览会必须密切关注公众的兴趣，满足他们的期待，以吸引大量观众参与世博会。但是，工业产品品类繁多，展览会场面积庞大，观众往往没有足够的体力、精力完成参观行程。因此组织者开始在展览中融入感情因素，追求最宏伟、最惊人、最难忘的效果，推出许多建筑物、塑造奇特或者生动的场景，调动观众情感，把观众的注意力引向展馆的精华部分——新颖的建筑物、标志性展馆或者纪念物、神奇的发明等。参展者也意识到，在考虑展品的商业价值的同时，必须营造一种比较容易动人心弦的环境，如复原传统民居街区、打造异国情调等1889年巴黎博览会上的开罗街道、1894年博览会上复原安特卫普老城，以及1897年布鲁塞尔赈济游艺会就深受民众欢迎。1893年，芝加哥世博会开辟了名为“Midway Plaisance”的娱乐区，设计建造了著名的菲利斯大转轮（见图0-1）；1904年，圣路易世博会的“Pike”娱乐区成为迪士尼乐园的前身，标志着世博会娱乐和节庆要素的形成。②

20世纪初展示方式开始发生重大变化。展馆中简单陈列的静态展品已经无法激发观众的观展兴趣，博览会开始利用新颖的电影、光学、照明等新技术吸引观众，引发人们的想象与思考。银幕画面的丰富变化、灯光的各种变幻、光影化的展示空间震撼了观众心理，再加上灵活

① ［法］Marcel Galopin. 20世纪世界博览会与国际展览局［M］. 钱培鑫，译. 上海：上海科学技术文献出版社，2005：4（导言）.

② ［法］Marcel Galopin. 20世纪世界博览会与国际展览局［M］. 钱培鑫，译. 上海：上海科学技术文献出版社，2005：17-18（导言）.

图 0-1　1893 年芝加哥世博会菲利斯大转轮①

的机械装置承载着观众，让他们旋转、脱离地面，给观众完全不同的刺激体验。② 自 1935 年布鲁塞尔博览会开始，传统的机械馆和工业大厅消失了，取而代之的是国家馆、简洁的主题馆以及私营展馆，展览方式按照参展者的意图发展。从历史回顾到未来展望，从对科学的早期贡献到尖端技术的发展，从自然或文化环境到尊重生态或者注重社会成功，从节日传统到艺术杰作，各种主题题材纷纷亮相，或多或少地在遵守博览会的规划和主题精神。③ 展馆充分利用形状、色彩、材料等具有符号性质的物件营造舒适、宜人的环境，竭尽所能地营造各种视觉效果和听

① 陈燮君．世博会博物馆［M］．上海：上海文艺出版社，2010：49.

② ［法］Marcel Galopin. 20 世纪世界博览会与国际展览局［M］．钱培鑫，译．上海：上海科学技术文献出版社，2005：19（导言）.

③ ［法］Marcel Galopin. 20 世纪世界博览会与国际展览局［M］．钱培鑫，译．上海：上海科学技术文献出版社，2005：134.

觉效果，并且让展品活动起来，调动观众情绪与热情。科技的成果不再只是一种工业产品，它通过视觉化的光影创造出一种幻觉，让观众在幻觉中游历，在幻觉中感受展会创造的光影景观。

电子媒介时代，世博会的展示空间开始为游客再现现实的世界，在震撼的视觉感受中共享世博主题理念，活动的影像成倍增加了传播的信息量。展馆的空间是有限度的，能容纳的实体展品有限，而通过屏幕，可以扩展、拓宽、深化各种各样的主题。展览者常常利用影像资料来补充、解释静态展品，对其进行介绍，甚至完全使用影像来展示。有时，影像本身没有具体的实际意义，使用影像作为展示背景，利用影像本身的色彩、光影造成动感的环境，制造特定氛围。各种先进的影像技术在世博会不断被应用，如 360°环幕、IMAX 影像系统、大屏幕或组合屏幕等，1970 年大阪世博会首次亮相 IMAX 影像系统；液晶和大屏幕首次在 1985 年筑波世博会上面世；1992 年塞维利亚世博会上，高清晰度电视成为欧洲参展的主要亮点。影像逐渐从简单的信息载体发展成展示活动中的主要展品，吸引了大量观众，成为观众独一无二的兴趣中心，最受观众青睐的展馆往往以影像作为主要的展示手段，观众在展馆里领略了最先进的技术成果，获得全新感官享受。①

自 2000 年汉诺威世博会以来，影像的作用越来越重要。计算机的发明使得虚拟现实技术得到快速发展，并在世博会展示中得到大量运用。运用电脑生成全新形象，或与实拍的影像进行合成，为展示带来了焕然一新的感觉，适用于涉及生命、材料、空间技术等领域的主题展示，以及科幻、娱乐性题材，可以把观众带入充满想象的虚构世界。在展馆欣赏影像的影院，有的还安装了可以活动、旋转、前后摇动的椅子，观众佩戴数据手套、头盔、红外线眼镜等设备与计算机处理中心进行数据交换，在视觉、声音刺激之外，现实空间中的物体会产生与影像

① ［法］Marcel Galopin. 20 世纪世界博览会与国际展览局［M］. 钱培鑫，译. 上海：上海科学技术文献出版社，2005：138.

中相应的动感，观众则体验到虚幻与现实的融合，亦真亦幻的感觉。①汉诺威世博会德国馆的主厅是720°的环型全景式电影厅，巨大的屏幕放映着8分钟的立体电影，观众被包围在动感的声光之中；荷兰馆的三楼是一个环型影院，放映荷兰人民生活的影片；中国馆的入口，缓缓向上的阶梯旁缀满了电视屏幕，展示着中国的风土人情。② 爱知世博会广泛利用影像传播载体来诠释世博主题和建构国家形象（见图0-2）。加拿大馆是以影像主导的展示设计，以最新的多媒体手段展现了世博会主题，创造了一种奇特的视觉空间，使原本相对独立的主客体在同一时空让观众和影像巧妙融合，给观众带来全新的沉浸体验。而上海世博会、

图0-2 爱知世博会加拿大馆③

① ［法］Marcel Galopin. 20世纪世界博览会与国际展览局［M］. 钱培鑫，译. 上海：上海科学技术文献出版社，2005：139.

② 黄克琴. 亲历2000世界博览会［J］. 德国研究，2000（4）：45-50.

③ 创新创意满溢世博会——一个展览人的爱知印象［EB/OL］.［2009-07-28］. 世博会，http://www.cha60.cn/html/canzhanshiwu/zgdt/2009/0728/2244.html.

米兰世博会则完全成为影像的世界，不仅有常规的银幕，还有环幕、球幕、穹幕、墙幕、地幕、水幕、雾幕、丝幕等各种各样的电影形式，观众在展馆中游览，即感觉到似在影像中游走，其中最受欢迎的展馆展示项目都是影像主导、高新数字技术支持的，如上海世博会中国馆的影像《清明上河图》、环幕电影《历程》，沙特馆的巨幕高清影院，美国馆的4D影院等，以及米兰世博会日本馆交互装置《共存》《多样》等。

上海世博会为观众营造了一个亦真亦幻的影像世界，这场全球性的视觉盛会用主题化的时空将数千万来自不同文化背景的人们聚集在一起，探讨人类社会发展所面临的问题，是迄今为止全世界最大的跨文化传播平台。中国国家馆（见图0-3）如同巨大的雕塑，形成屹然挺立之势，俯瞰黄浦江两岸5.28平方公里的世博园区，其以庄严华美、层叠

图0-3　上海世博会中国馆①

① 图片搜索大全．中国馆［EB/OL］.［2010-12-06］．http：//www.tupain58.com/show-1-48-4024939kd8600fbf.html.

出挑的斗拱造型，以“东方之冠”的形态凸显出“天下观”之尊者面孔。① 中国馆独特的建筑空间、高新视觉科技、全新的影像呈现方式为观众创造了奇观的视觉感受，吸引了大量国内外观众，累计接待参观者近 930 万人次。

第二节　国内外相关研究综述

一、国外研究现状

本书的国外相关研究主要集中在世博会与国家形象、世博会观众观展动机、世博会展示艺术、世博会视觉传播等方面，这些研究为本书的研究提供了参照。

（一）世博会与国家形象的研究

国外学者从公共外交、传播学等视角研究了参展世博会对国家形象的建构，有关中国的研究主要集中于上海世博会。对于中国主办世博会，国外学者认为参展国的展示方式实质是如何看待与中国的关系、主办上海世博会有助于中国建构正面的国家形象，以及国外公众应当正确理解中国在世博会上建立的国家形象等。Jian Wang 的著作 *Shaping China's Global Imagination*：*Branding Nations at the World Expo* 从公共外交的视角，以上海世博会巴西、印度、以色列、美国等国家馆为例，研究上海世博会上国家形象的传播、体验、记忆。Sandra Wilson 的论文 *Exhibiting a new Japan*：*the Tokyo Olympics of 1964 and Expo '70 in Osaka*，使用官方的材料和媒体评论，考察东京奥运会与大阪世博会两大事件，以及其对二战后日本民族主义的影响。笔者认为，这两大事件加强了民

① 孟建.2010上海世博会“中国国家形象建构”分析——基于视觉文化传播理论的世博诠释（上）[J]. 现代传播（中国传媒大学学报），2011（2）：86-89.

族整合的过程，明确了日本作为世界领先者的国家形象，建立了忠于国家利益与民众福祉的温和国家形象。Carolyn Barnes and Simon Jackson 在论文 *Staging Identity*：*Australian Design Innovation at Expo '70*，*Osaka* 中，以 1970 年日本大阪世博会为例，分析在澳大利亚国家发展经济，以及地缘政治改变的关键时期澳大利亚国家馆对世博主题的创新演绎。Carina Ren & Can-Seng Ooi 的论文 *Auto-communicating micro-Orientalism*：*articulating "Denmark" in China at the Shanghai Expo*，考察了世博会建构不同的国家形象会传达出具有差异性的信息，如上海世博会丹麦呈现他们自己的方式，显示出丹麦当局如何看待中国。世博会与中国国家形象的研究有以下 2 篇论文：GöRAN SVENSSON 的论文 "*China Going Out*" *or* "*The World Going In*"？*The Shanghai World EXPO 2010 In The Swedish Media* 认为公共外交、国家形象、软实力是瑞典媒体分析上海世博会的理论依据；上海世博会有助于实施"中国走出去""世界走进中国"的战略；上海世博会在一种独特语境下作为中介沟通的节点，有助于调解各方的相互关系。Ni Chen 的论文 *Branding national images*：*The 2008 Beijing Summer Olympics*，*2010 Shanghai World Expo*，*and 2010 Guangzhou Asian Games* 认为，人们可能将大型活动的印象，特别是正面的印象与主办国政府的形象建立某种联系，研究也证实国际化导向的大型活动，如北京奥运会和上海世博会，也可以以国内观众为目标建构国家形象。Astrid H. M. Nordin 的论文 *Taking Baudrillard to the Fair*：*Exhibiting China in the World at the Shanghai Expo*，运用鲍德里亚的仿真与拟像理论来解读上海世博会，认为不能以简单的表现论和意识形态来解读上海世博会，应当将上海世博会看作是现实世界秩序的仿真与模拟。该论文通过考查世博会在哪里举办、何时举办、谁在举办三个问题，对世博会概念的内涵与外延进行分析，让"西方"和"另类国家"中国找到连接之路。

（二）世博会观众观展动机

国外学者以实证的方式，研究了世博会观众的观展动机，有的研究样本来源于中国以外的世博观众，而本书主要研究国际观众对中国国家形象的认知，因此这些研究对本书具有重要的、直接参考价值。Choong-Ki Lee 的论文 *A comparative study of Caucasian and Asian visitors to a Cultural Expo in an Asian setting* 研究了韩国庆州世界文化博览会，对比了欧美观众和亚洲观众的观展动机区别。Choong-Ki Lee，Soo K. Kang，Yong-Ki Lee 的论文 *Segmentation of Mega Event Motivation：The Case of Expo 2010 Shanghai China* 研究了中国国民参观上海世博会时的满意度与参展动机，发现服务质量是观众满意度的关键因素。研究同时发现观众参观世博会的六大原因：文化探索、陪家人与亲友、活动本身对公众的吸引力、希望与日常朋友圈以外的社会接触、猎奇心理、逃避的愿望等。

（三）世博会展示艺术

国外学者对世博会展示艺术的研究包含世博会建筑、景观、摄影、展示空间等，这些研究较为广泛，但主要以展馆建筑、展示空间艺术为主，关于影像传播世博主题理念的研究则不多见。Rodolphe el-Khoury，Andrew Payne 的著作 *States of Architecture in the Twenty-First Century：New Directions from the Shanghai World Expo* 阐述了上海世博会的建筑设计趋势；FRANCO PURINI 的著作 *Competition Ideas for the Italian Pavilion at Expo Shanghai* 2010：*The Future of Cities Is ‘Made in Italy’* 则对上海世博会展馆设计进行了介绍。世博会展示艺术的论文较多，如 Salvador Gilabert Sanz 的论文 *Draw The Spanish Pavilion For The World Expo Shanghai 2010* 对 2010 年上海世博会西班牙国家馆进行了论述，认为整座建筑由外包传统柳藤材料的现代钢架、玻璃构成，轻柔波动的外立面通过自然的符号与游人进行交流，象征着中西两国关系的和谐交融。

（四）世博会视觉传播

国外学者对世博会视觉传播的研究主要是从媒介技术的作用方面进行的。Martynas Valevičius的论文 *Local and Global Tendencies of the World Expo Architecture: The Case of Lithuanian Pavilion at Expo 2012 Yeosu, Korea* 重点研究了韩国丽水2012年世博会立陶宛国家馆，讨论了建筑局部和全局的发展趋势、这些趋势呈现的主要思路和目标，如叙事的空间、国家形象等。作者认为媒介技术在世博会中作为娱乐目的将会越来越多地被采用；媒介技术在世博建筑空间的设计中将起决定性作用，但会增加世博会被遗弃的风险，因为人们在家也可以观看；智能手机会对世博会吸引和娱乐观众提出挑战；全球性的旨趣在世博会不容易呈现，但地方性的则不同；空间叙事能够给人深刻印象，并且能隐藏某些技术上的缺陷。

二、国内研究现状

国内有关世博会研究的专著较多，大量著作完成于上海世博会之前，对晚清、民国参与的世博会进行了较为充分的研究；有关上海世博会的研究也较多，主要集中在展示艺术、展示空间等。与本书相关的研究主要集中在世博会中国形象的建构、世博会视觉传播、世博会展示艺术、世博跨文化研究等几个方面。

（一）世博会中国形象的建构

国内学者对世博会中国形象的建构研究，有不少学者从晚清、民国时期静态展品及其陈列方式为主，研究展品所代表的中国形象，这些研究对本书有重要的参考价值。胡斌的著作《世博与国家形象》研究了晚清以来中国参与世博会的历程，主要内容分为世博会中国馆展示的决策者、世博会中国馆的展品、世博会中国馆的展示形式、世界看中国在世博会上的展示等。在上海世博会举办期间，还有不少学者从国外媒体对上海世博会的报道方面研究世博会对中国国家形象的建构与传播，这些研究证实了本书的选题意义。王振源①的论文探讨了在国外媒体眼中，世博会这一全球性媒体事件给上海城市及国家形象带来的变化；郭可②的论文以15个国家的29份主流报纸为研究对象，对世博舆情进行实证研究，分析总结世博会对提升中国国家形象的作用，发现世博会对提升中国国家形象的有限性；曾军③的论文则探讨了上海世博会上的中国元素与中国国家形象的建构，论述上海世博会上的“中国元素”能否使设计者的“编码”与参观者的“解码”之间实现“无缝对接”，而不至于遭遇对抗式解读。

（二）世博会展示艺术

国内学者对上海世博会展示设计、展示技术的运用做了大量研究，这些研究为本书提供了重要的参考及丰富的资料。唐艺设计资讯集团有限公司的著作《2010上海世博会空间》呈现出2010上海世博会五个片区展馆精妙的建筑外观及室内创意展览设计；许永顺、季路德、胡学增主编的著作《中国2010年上海世博会主办方场馆展示形式和展示技术研究》全面分析了各种展示技术的归类特点、展示效果及其适用性；华南理工大学建筑设计研究院主编的著作《东方之冠——2010世博会中国馆——设计师的诠释》阐述了2010世博会中国馆设计师的理念；季路德的著作《上海世博会主题演绎实践》总结了上海世博会主题演绎的体会。

---

① 王振源，陈晞．全球性媒体事件对城市形象的影响研究——以国外媒体对上海世博会的报道为例［J］．科技与出版，2011（11）：91-94.

② 郭可，吴瑛．世博会对提升中国国家形象的作用——基于多语种国际舆情的研究［J］．外交评论（外交学院学报），2010（6）：76-90.

③ 曾军．上海世博的中国元素与中国国家形象的建构［J］．学术界，2010（7）：5-14.

（三）世博会与视觉传播的研究

国内学者对世博会与视觉传播的研究主要集中在世博会的影像展示艺术与技术形式研究，而通过世博会视觉传播建构国家形象的研究则只有几篇论文。世博会视觉传播的专著有2部，朱咏雷主编的著作《世博与视觉产业》，以论文集的形式分析了世博与视觉产业、现代世界博览会的视觉传达、网上世博会、视觉影像艺术、视觉影像集成技术，内容涉及面较广。周进编的著作《世博会视觉传播设计》阐述了世博会视觉传播设计的理论与构成要素。世博会视觉传播的论文主要有：孟建从上海世博会中国馆及建筑、影像展品、巡游活动等三方面对视觉文化传播进行了分析①；苏状则分析了各参展国国家馆对国家形象的塑造和传播②；汤筠冰的论文《视频投影的视觉传播研究——以世博会〈清明上河图〉展项为例》以上海世博会的展项《清明上河图》为例，分析了大屏幕视频投影系统的传播特点。

（四）世博跨文化传播

跨文化传播也得到了国内学者的关注，这些研究主要集中于世博会跨文化传播的特征，以及减少文化冲突、增强跨文化顺畅沟通的途径等。徐波的著作《上海世博会与人类跨文化对话》，研究世博会有关中国元素与世界文化之间的交流与交融，运用诸多案例，研究怎样减少文化冲突、增强文化和谐的理念和方法。胡劲军的论文《人类的沟通盛会文化的传播平台——浅析世博会的跨文化传播效应》研究了世博会的跨文化传播效应；张涛甫则从仪式化的文化场域、西方化的文化产物、上海世博会

① 孟建.2010上海世博会“中国国家形象建构”分析——基于视觉文化传播理论的世博诠释（上）[J]. 现代传播（中国传媒大学学报），2011（2）：86-89.

② 苏状.2010上海世博会“参展国国家形象建构”分析——基于视觉文化传播理论的世博诠释（下）[J]. 现代传播（中国传媒大学学报），2011（2）：90-92.

的边缘突破、文化传播的竞技场、文化展示的媒介依赖、文化展示背后的权力博弈等方面论述了上海世博会的跨文化传播意义。①

三、视觉传播视域下世博会视觉表达研究的欠缺

从上述国外的研究现状可以看出，国外有许多学者关注世博会与国家形象的问题，这些学者的研究对世博会与国家形象的建构提出了许多原创性的观点，对本书的研究具有借鉴意义；国内诸多学者对世博会与中国形象、世博会的视觉传播、世博会展示艺术、世博会跨文化交流等方面进行了较多的研究，这些国内学者的研究与本书的研究相关性强，并提供了重要的参考。但是，国外学者在研究世博会国家形象的建构时，通常不会从中国的视角出发，而国内学者对世博会展示的研究，从设计艺术的角度切入得较多，将传播学引入世博会展示的研究比较少见，特别是用视觉传播的方法研究世博会与中国国家形象建构的就更少。这些论著从不同侧面对上海世博会国家形象的展示进行了视觉传播的诠释，但是相关论著数量少，对世博会国家形象的建构还不够系统。

还有部分学者开始将符号学引入展示设计研究，分析提高展示设计效果的方法，以下两篇论文是对展示设计的符号学解读：李呈让的论文《价值视域下展示设计传播符号的解读》将传播符号作为实现展示价值的手段，论述了展示中的语言符号和非语言符号形式在展示设计中的应用；李江等学者的论文《展示设计构成要素的符号传播分析》从符号学角度出发，将展示设计的构成要素划分为人、物、时间三个方面，对其进行符号传播分析，为展示设计实践中的观众定位、展出手法、时间特征等因素提供理论参考。这些论文运用符号学的方法研究展示传播，为本书提供了参考方法，但两文均以商业展示为出发点，而以建构国家形象为目标的世博会规模更大、主题演绎更复杂。

① 张涛甫．世博会：文化传播的竞技场——兼论2010年上海世博会的跨文化传播意义［J］．新闻记者，2010（11）：4-9.

胡斌所著的《世博与国家形象》，以晚清、民国参与的世博会为重点，系统地研究了中国参展世博会的展品选择、分类和陈列，通过世博会窗口来展现了中国形象。该书于影像“泛滥”的上海世博会之前出版，特别是案例主要选自晚清、民国前期的世博会，彼时的世博会还没有形成主题演绎的展示形式，因此，研究者主要立足于传统的静态展品展示，对数字媒体时代国家形象展示的主题演绎、呈现方式、高新展示媒介的运用则缺乏深入论述。笔者从视觉传播的视角，研究在当今数字媒体时代国家形象的视觉展示，与胡斌的《世博与国家形象》相比，具有完全不同的关注焦点。

综上所述，在国内外搜索到的文献资料中，还没有发现运用视觉传播的理论分析世博会国家形象建构的著作或博士学位论文。“长久以来学界在‘展示’范畴中注重展示设计的延展与展示技术的探索，却缺乏对展示传播层面的受众调研、效果分析及其系统化梳理。”① 本书试图基于视觉传播的理论视角，研究世博会国家形象的定位，对世博会跨文化观众的观展动机与心理进行分析，系统地揭示世博会国家形象有效传播的途径，回答在数字媒体时代世博会如何向世界展示中国的问题。

第三节　本书的视角与理论工具

一、视觉传播理论

（一）符号学理论

1. 索绪尔语言符号

瑞典语言学家索绪尔从语言学的角度提出了构建独立的符号学的思

① 姜申，鲁晓波．展示传播在文化遗产数字化中的交互性及其应用——以敦煌文化的当代传播为例［J］．现代传播（中国传媒大学学报），2013（8）：19-23.

想，是符号学开创者之一。索绪尔认为："语言是一种表达观念的符号系统，因此，可以比之于文字、聋哑人的字母、象征仪式、礼节形式、军用信号，等等。它只是这些系统中最重要的。"① 而语言符号"联结的不是事物的名称，而是概念和音响形象。后者不是物质的声音，纯粹物理的东西，而是这声音的心理印迹，我们的感觉给我们证明的声音表象"②。

由于语言符号是一种两面的心理实体，因此索绪尔把它表示为如图0-4所示：

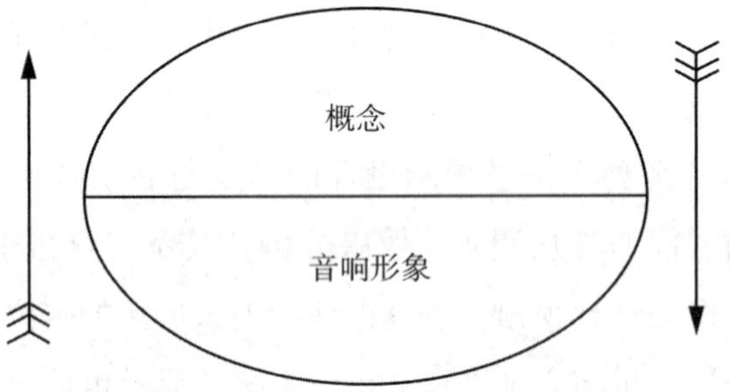

图0-4 索绪尔图示"语言符号是一种两面的心理实体"③

索绪尔把概念和音响形象的结合叫做符号，把概念叫做"所指"，把音响形象叫做"能指"。他说："我们建议保留用符号这个词表示整体，用所指和能指分别代替概念和音响形象。后两个术语的好处是既能表明它们彼此间的对立，又能表明它们和它们所从属的整体间的对立。"④

① ［瑞士］索绪尔．普通语言学教程［M］．张绍杰，导读．北京：外语教学与研究出版社，2001：37-38.

② ［瑞士］索绪尔．普通语言学教程［M］．张绍杰，导读．北京：外语教学与研究出版社，2001：101.

③ ［瑞士］索绪尔．普通语言学教程［M］．张绍杰，导读．北京：外语教学与研究出版社，2001：101.

④ ［瑞士］索绪尔．普通语言学教程［M］．张绍杰，导读．北京：外语教学与研究出版社，2001：102.

由索绪尔的定义可以看出，能指和所指都是心理的东西，而由能指和所指组成的符号，似乎也只是心理的东西。① 索绪尔指出了这种本质上是心理的语言符号的两个特点：第一，符号的任意性，索绪尔说，"能指和所指的联系是任意的，或者，因为我们所说的符号是指能指和所指相联结所产生的整体，我们可以更简单地说：语言符号是任意的"②。第二，能指的线条特征，能指属听觉性质，只在时间上展开，而且具有借自时间的特征：（1）它体现一段长度；（2）这段长度只能在一个向度上测定，即它是一条线。它跟视觉的能指相反：视觉的能指可以在几个向度上同时并发，而听觉的能指只有时间的一条线；它的要素相继出现，构成一个链条。③

2. 皮尔斯符号学

美国实用主义哲学的开拓者 C. S. 皮尔斯（1839—1914）论述了"符号"的概念："符号，或者说代表项，在某种程度上向某人代表某一样东西。它是针对某个人而言的。也就是说，它在那个人的头脑里激起一个相应的符号，或者一个更加发达的符号。我把这个后产生的符号称为第一个符号的解释项。符号代表某样东西，即它的对象。它不是在所有方面，而是通过指称某种观念来代表那个对象的。"④ 在这个定义中，皮尔斯提到了三个关于符号的概念，即代表项、解释项和对象。

皮尔斯利用符号、解释项、对象三个概念来考虑符号的运作方式以及产生意义的过程。由于符号具有物质性⑤，它作为物质实体通过解释

① 冯志伟．对于索绪尔语言符号特性理论的再认识［J］．当代外语研究，2013（7）：6-12，77.

② ［瑞士］索绪尔．普通语言学教程［M］．张绍杰，导读．北京：外语教学与研究出版社，2001：102.

③ 冯志伟．对于索绪尔语言符号特性理论的再认识［J］．当代外语研究，2013（7）：6-12，77.

④ 丁尔苏．语言的符号性［M］．北京：外语教学与研究出版社，2000：58-59.

⑤ 涂纪亮．皮尔斯文选［M］．涂纪亮，周兆平，译．北京：社会科学文献出版社，2006：300.

项指向其对象；而解释项指人对此符号在头脑中形成的一种认知反应。所以，符号并不能总是指代它所指称的对象，只是对某个或某类观念相关的一些方面进行指称，即它在解释主体的认知后对某方面或以某种观念代表或指称对象。皮尔斯同时指出，“三个一组的关系是真实的，这就是说它的三个成员被这种关系绑在一起，不以任何方式存在于两个一组关系的综合体之中”①。皮尔斯关注了意义的产生必须在与其对象、解释物三者之间的复杂关系中展开，也注意到个体的认知在符号运作中所起到的作用。②

皮尔斯根据符号、对象与解释项三元关系对符号进行分类。第一种就符号本身而言，它可以分为质的指号、单一的指号和法则的指号；第二种就符号与其对象的关系而言，分为图像符号（icon）、标志符号（index）和象征符号（symbol）；第三种根据符号的解释项把它表述为可能的符号，或事实的符号，或理由的符号。③

皮尔斯的第二种分类方式中的图像符号是指“借助自己的特征去指称对象”④，符号与指称对象具有相似性；标志符号，是“通过某个对象所影响而指示那个对象……就其被对象影响而言，它必然与那个对象共同具有某种质，就此而言，它指示那个对象”⑤，标志符号与它所代表的事物或观念之间有着逻辑性或常识性的联系，而不是直接描摹原物，具有索引性质；象征符号是“借助法则和常常是普遍观念的联想

① 涂纪亮．皮尔斯文选［M］．涂纪亮，周兆平，译．北京：社会科学文献出版社，2006：278.

② 应爱萍．皮尔斯符号学与摄影理论研究［J］．美育学刊，2013（2）：48-55.

③ 涂纪亮．皮尔斯文选［M］．涂纪亮，周兆平，译．北京：社会科学文献出版社，2006：279-281.

④ 涂纪亮．皮尔斯文选［M］．涂纪亮，周兆平，译．北京：社会科学文献出版社，2006：281.

⑤ 涂纪亮．皮尔斯文选［M］．涂纪亮，周兆平，译．北京：社会科学文献出版社，2006：281.

去指示对象”①，这种法则使象征符号被解释为指示那个对象，象征符号与它们表示的事物之间没有逻辑性或代表性关联，如果没有解释项，它会立即失去其成为符号的特性。②

3. 罗兰·巴特符号学

法国结构主义代表人物罗兰·巴特是将符号学理论用于视觉传播领域的先驱，其1957年著的《神话学》，是符号学史上语言学技术和社会学分析成功结合的奠基之作。他分析了与视觉符号相关的诸多元素，如广告、摄影、服装、戏剧、电视、电影、舞蹈、音乐等，使符号学逐渐成为一种利用视觉形象的知觉理论，由此把神话定义为一种传播体系、一种话语、一种意义构造方式等。③ 他运用索绪尔的语言符号系统中关于能指/所指=符号的论述，并在此基础上增加了“第二层次”语言，第一层次的符号成为第二层次的能指，即“第二层的符号系统”，能指/所指=意指，神话即是由两层符号系统构成的结构，如图0-5所示：

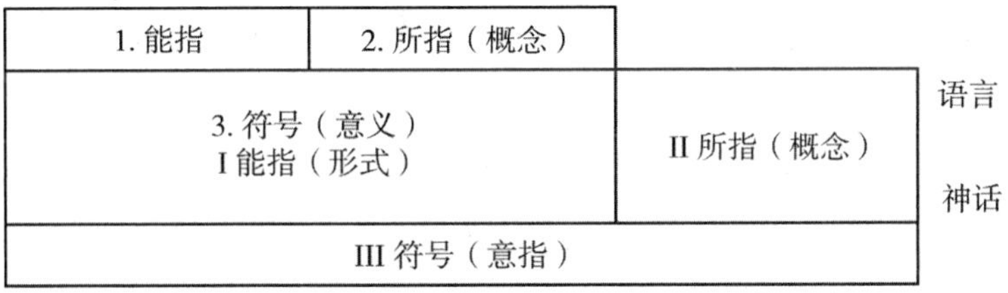

图0-5　罗兰·巴特的两层符号系统构成的结构④

---

①　涂纪亮．皮尔斯文选［M］．涂纪亮，周兆平，译．北京：社会科学文献出版社，2006：281.

②　应爱萍．皮尔斯符号学与摄影理论研究［J］．美育学刊，2013（2）：48-55.

③　［法］罗兰·巴特．神话——大众文化诠释［M］．许蔷蔷，许绮玲，译．上海：上海人民出版社，1999：167.

④　张静．论罗兰·巴特符号学与视觉传播理论［J］．人文杂志，2013（9）：70-74.

图 0-5 中 1、2、3 的符号意义在作为形式的能指与作为概念的所指的组合关系中表现出来，构成符号的一级系统。第一级系统中的符号，作为能指进入二级系统，与二级系统的 II 所指构成一种新的符号Ⅲ，巴特称之为“意指”。巴特的神话符号学指出了阶级社会中强势阶层的意识形态，通过修辞术的技术手段——二级符号系统将其真实意义隐蔽起来，经过神话改造，成为自然而然的表象向大众传播①，实则隐藏了神话的真实意图，使之成为自然的传播、接受过程。巴特运用《神话学》中的符号学原理，于 1964 年完成论文《图像修辞学》，较早地运用符号学来研究视觉传播。

（二）视知觉理论

在传统心理学中，一般认为，知觉（或感知觉）是对客观刺激物的直接反应，是人的心理过程中低层次的认知心理现象；而思维则是对客观事物的间接反映，具有概括性和抽象性的特征，而且具有解题功能，它是心理过程中高层次的认知心理现象。② 打破知觉与思维之间不可逾越的严格界限的，是 20 世纪初期诞生于德国的格式塔心理学派的研究。

格式塔心理学派的创始人麦克思·威尔特海默（Max Wertheimer）与其助手柯勒（Wolfgang Kohler，1887—1967）和考夫卡（Kurt Koffka，1886—1941）共同建立并完善了格式塔理论。格式塔心理学提出了一系列知觉结构的组织原则，即人在知觉过程中用以组织格式塔的基本规律或法则，如优良性法则、完整性法则、相似性法则、接近性法则、对称性法则、连续性法则、图形和背景法则等。

威尔特海默的弟子鲁道夫·阿恩海姆（Rudolf Arnheim，1904—

① ［法］罗兰·巴特．神话——大众文化诠释［M］．许蔷蔷、许绮玲，译．上海：上海人民出版社，1999：190.

② 傅世侠．关于视觉思维问题［J］．北京大学学报（哲学社会科学版），1999（2）：62-67.

2007)，将格式塔心理学和艺术研究结合在一起，在艺术行为和观看行为之间寻找联系，对空间、色彩、形式的美感形成展开研究，使得格式塔理论扩展到美学、艺术等领域。阿恩海姆认为："没有哪一种思维活动，我们不能从知觉活动中找到，因此，所谓视知觉，也就是视觉思维。"① 他还进一步阐述了"视觉器官在感知外物时的理性功能，以及一般思维活动中视觉意象所起的巨大作用，以化解'知觉'与'思维'、感性与理性、艺术与科学之间的割裂、矛盾和对立"②。

二、跨文化传播视角

（一）文化混杂理论

1978年，爱德华·W. 萨义德《东方学》的出版，在西方学者中引起了带有强烈政治性和文化批判色彩的后殖民主义学术思潮，它着眼于"后"宗主国和殖民地之间的文化话语权力关系，其理论迅速活跃成为文化研究的主流批评话语。在后殖民主义批评中，萨义德首先提出了混杂化的文化批评视角，其理论基石为"东方主义"，批评的锋芒直指西方的强权政治和文化霸权主义。萨义德在《文化与帝国主义》中指出："所有的文化都交织在一起，没有一种是单一的，单纯的。所有的都是混合的，多样的，极端不相同的。"③ 萨义德所使用的"文化混合化"就是"文化混杂性"，其目的是提出消除本质主义，超越东、西方的二元对立，使东西方的对话走向新型的平等互渗的对话关系。④

---

① ［美］阿恩海姆．视觉思维——审美直觉心理学［M］．滕守尧，译．北京：光明日报出版社，1987：56.

② 黎土旺．阿恩海姆"抽象"的"视觉思维"理论［J］．南通大学学报（社会科学版），2006（4）：34-38.

③ ［美］爱德华·W. 萨义德．文化与帝国主义［M］．李琨，译．北京：生活·读书·新知三联书店，2003：22.

④ 胡洁娜．后殖民主义视域中的混杂性理论［J］．文艺争鸣，2013（5）：124-126.

在后殖民主义理论中，霍米·巴巴对文化混杂性进行了新的界定与理论化，在1994年出版的自选集《文化的定位》以及后来的一些论文中重点思考了民族、边缘性、地域、历史、位移和居间的疆界等问题。他认为，当殖民者的主导文化和被殖民者的边缘性文化接触时，会经历持续的、未完成的交融混合过程，使原文化被重新阐释，创造出新的文化形态。霍米·巴巴的混杂性否定文化的原始性与本真性，被殖民者能够颠覆性地解释，甚至是逆转和瓦解殖民者的文化，解构殖民者与被殖民者之间的身份边界，他以印度人对圣经的挪用、误用和歪曲为例，证明被殖民者可以通过本土文化来阐释、修改殖民者的文化，并由此体现出自身的文化身份，维护自己的文化传统，进而挑战殖民主义权力的合法性。①

在当今全球化趋势所导致的语言文化的频繁交流和相互影响的氛围中，文化混杂已经成为难以趋避的现象。全球化的交流与传播，使不同文化产生碰撞与融合的现象，原来的地域或民族文化逐渐失去了其完整性，混合形成新的文化，正如著名的全球化社会学家费瑟斯通所言："全球化发展到了现阶段，西方的民族国家不得不学习容忍自己边界之内愈发繁杂的多样性，这些多样性自身则呈现出更明显的多元文化主义和多元族群性的特征。"② 全球性文化首先强调的是文化的去中心化和文化的混杂性，是多种文化互相渗透、并存的文化。③

（二）文化适应理论

跨文化适应是不同文化群体的人们通过言语和非言语的相互交流的

---

① 陈阳．文化混杂、本土化与电视节目模式的跨国流动［J］．国际新闻界，2009（10）：61-65.

② ［英］迈克·费瑟斯通．消解文化：全球化、后现代主义与认同［M］．刘精明，译．北京：北京大学出版社，2009：126.

③ 殷文．混杂、不确定性与身份认同——《江南 style》跨文化传播的动力机制研究［J］．中国青年研究，2013（2）：73-78.

一个动态过程，旨在增加相互之间的理解、拓展彼此的尊重，以及延伸互相接受的空间。① 跨文化适应的研究始于20世纪初期的美国，由美国人类学家罗伯特·雷德菲尔德、拉尔夫·林顿和梅尔维尔·赫斯科维茨提出。罗伯特·雷德菲尔德等人在《文化适应研究备忘录》中认为，文化适应是“指当不同文化群体的人们进行持续不断的直接接触时，一方或双方的原文化类型所产生的变化”②。

（三）文化身份认同与建构

文化身份的概念最早由加亚特里·斯皮瓦克与霍米·巴巴为代表的后殖民主义理论家提出。斯图亚特·霍尔指出，“文化身份”有两种不同认知，第一种观点认为，可以把“文化身份”定为一种共有的文化，是集体的“一个真正的自我”，它“反映共同的历史经验和共有的文化符码，这种经验和符码给作为‘一个民族’的我们提供在实际历史变幻莫测的分化和沉浮之下的一个稳定、不变和连续的指涉和意义框架”③。而第二种观点认为，“文化身份既是‘存在’也是‘变化’的问题。它属于过去也同样属于未来。它不是已经存在的、超越时间、地点、历史和文化的东西”④。文化身份是有源头与历史的，但却不是永恒地固化在过去某个特定的历史时期，而是受文化和权力的影响而不断地发生变化。霍尔给出的第一种界定认为文化身份是稳定的和不变的存在，是本质主义的视角；而第二种界定认为文化身份是流动的和建构的

---

① 陈国明，余彤．跨文化适应理论构建［J］．学术研究，2012（1）：130-138．

② 郑萍．现代文化适应中的社会资本建构［J］．河北学刊，2014（1）：117-121．

③［英］斯图亚特·霍尔．文化身份与族裔散居［C］//文化研究读本．罗钢，刘象愚，译．北京：中国社会科学出版社，2000：209．

④［英］斯图亚特·霍尔．文化身份与族裔散居［C］//文化研究读本．罗钢，刘象愚，译．北京：中国社会科学出版社，2000：211．

过程，是建构主义的视角，第二种界定得到了大多数学者的认可。①

文化身份作为动态的社会建构过程，拥有多种不同的建构因素。一般说来，文化身份的建构因素大致包括以下四类：自然地理因素、生理因素、心理因素和社会文化因素。② 自然地理因素呈现出一定的稳定性，因而成为文化身份建构相对稳固的条件；生理因素和心理因素较之自然条件在微观上表现出随情境而变化的易变性；社会文化因素包括语言、文化遗产、价值观念体系、大众传媒等不同的范畴，是文化身份建构最主要的因素，其中，语言和文化遗产在一定的历史时期内表现出相对的稳定性，而价值观念体系和大众传媒却表现出较大的变化性。③

三、艺术学镜鉴

（一）空间艺术理论

空间与时间是人类存在的基本形式，人总是在特定的时空中存在，空间也因此成为哲学思考的重要议题。20 世纪之前西学中的空间概念的主流是形而上学性质的，并以下述三种空间概念最具代表性：亚里士多德的有限空间、牛顿力学的绝对空间和康德的纯直观空间。④ 亚里士多德认为事物是客观存在的，存在的事物总是存在于某一处所，占有一定的空间，离开空间别的任何事物都不能存在，空间是一切物体赖以存在的形式⑤，但空间可以脱离物体，与物体分裂。亚里士多德的空间概

① 石义彬，吴世文．大众传媒在文化身份再现和建构中的角色探究［J］．武汉大学学报（人文科学版），2011（1）：118-122.

② 石义彬，熊慧，彭彪．文化身份认同演变的历史与现状分析［R］//中国媒体发展研究报告（2007 年卷）．武汉：武汉大学出版社，2007：182-204.

③ 石义彬，吴世文．大众传媒在文化身份再现和建构中的角色探究［J］．武汉大学学报（人文科学版），2011（1）：118-122.

④ 冯雷．心理学路径对空间哲学的影响——从形而上学空间到知觉空间［J］．马克思主义与现实，2008（1）：124-135.

⑤ 张道武．亚里士多德空间观念的研究［J］．科学技术与辩证法，2002（2）：59-62，71.

念具体指涉以下四层含义：（1）空间乃是一事物（如果它是这事物的空间的话）的直接包围者，而又不是该事物的部分；（2）直接空间既不大于也不小于内容物；（3）空间可以在内容事物离开以后留下来，因而是可分离的；（4）整个空间有上和下之分，每一种元素按本性都趋向它们各自特有的空间并在那里留下来，空间就根据这个分上下。①诺伯格·舒尔兹据此分析，说“亚里士多德所谓的空间，就是一切场所的总和，是具有方向和质的特性的力动的场”②。

牛顿在《自然哲学之数学原理》中提出了绝对空间与相对空间的概念，他认为“绝对的空间，它自己的本性与任何外在的东西无关，总保持相似且不动，相对的空间是这个绝对空间的度量或者任意可动的尺度，它由我们的感觉通过它自身相对于物体的位置而确定，且被常人用来代替不动的空间，如地下的空间的、空气的或天空的空间的尺度由他们自身相对于地球的位置而确定”③。牛顿的绝对空间是与任何事物都无关的，永远保持不变的，具有各向同性的无限空间。相对空间只是绝对空间的量度，是可动的、可变的，是相对于某一物体的位置而确定的有限空间。④ 牛顿把相对空间看作人们通过感官而直接感知到的具体事物的经验性空间；反之，绝对空间则是在相对空间的基础上抽象概括而成的纯粹的真理性空间。⑤ 牛顿之后，物理学与数学的空间概念与哲学意义上的空间观逐渐分离。同时，由于时间和历史的决定论的影响，对空间的关注逐渐淡出，绝对空间与相对空间的探究也

---

① ［古希腊］亚里士多德．物理学［M］．北京：商务印书馆，1982：100.

② ［挪］诺伯格·舒尔兹．存在空间建筑［M］．尹培桐，译．北京：中国建筑工业出版社，1990：2-5.

③ ［英］牛顿．自然哲学的数学原理［M］．赵振江，译．北京：商务印书馆，2006：7.

④ 王晓磊．论西方哲学空间概念的双重演进逻辑——从亚里士多德到海德格尔［J］．北京理工大学学报（社会科学版），2010（2）：113-119.

⑤ 王晓磊．论西方哲学空间概念的双重演进逻辑——从亚里士多德到海德格尔［J］．北京理工大学学报（社会科学版），2010（2）：113-119.

随之沉寂。①

在海德格尔那里，空间的问题发生了转向，海德格尔从现象学和诠释学的方法出发，力图为此在的空间性找到本源性的奠基，开启了感性的、具体的、关系性的生存论转向。② 他努力克服形而上学主客二分的思维方式，认为空间与人在世界中是存在密不可分的，他通过对人在空间中活动的关注来讨论空间的场所及其栖居本质，“空间（Raum），即Rum，意味着为定居和宿营而空出的场地。一个空间本质上乃是被设置的东西，被释放到其边界中的东西。边界并不是某物停止的地方，相反，正如希腊人所认识到的那样，边界乃是某物赖以开始其本质的那个东西”③。“说到人和空间，这听来就好像人站在一边，而空间站在另一边似的。但实际上，空间决不是人的对立面。空间既不是一个外在的对象，也不是一种内在的体验。并不是有人，此外还有空间。”④ 在海德格尔看来，本真性的空间既不是科学对象化的物理虚空，也不是人的知觉、体验，他试图把人融入天、地、神、人四重域之中，从更本原的生存境遇来思考空间问题，此时的人已经不再是个体的、孤独的、具有存在主义色彩的此在。⑤

空间可以是一种语言，利用空间要素如色彩、灯光、造型等的语义化进行叙事和表意。布莱恩·劳森在《空间的语言》中将空间作为语言，从空间与人的尺度、空间感知机制、感知空间的方式、空间与距

① 文军，黄锐．“空间”的思想谱系与理想图景：一种开放性实践空间的建构［J］．社会学研究，2012（2）：35-59，243.

② 王晓磊．论西方哲学空间概念的双重演进逻辑——从亚里士多德到海德格尔［J］．北京理工大学学报（社会科学版），2010（2）：113-119.

③ ［德］马丁·海德格尔．海德格尔选集［M］．孙周兴，选编．上海：上海三联书店，1996：1197.

④ ［德］马丁·海德格尔．海德格尔选集［M］．孙周兴，选编．上海：上海三联书店，1996：1199.

⑤ 邓波，王彦丽．建筑空间本质的哲学反思［J］．自然辩证法研究，2004（8）：67-70，90.

离、空间关系学、领地性、空间和时间、记录空间等方面对空间进行了论述，指出“在我们的一生中，我们通过空间进行的交流很可能要比使用正规语言要多得多”①，通过空间可以传达出自己的个性或与他人的共性；可以传达出或激动或平静的情绪；在社会行动中可以传达出自己的意愿；可以传达出主导或从属的地位及社会身份；以及特定的社会规则等。空间的要素还会影响人们的交往活动，扬·盖尔在《交往与空间》中将公共空间的户外活动划分为三种类型“必要性活动、自发性活动和社会性活动”②，从城市规划与建筑设计的角度，分析了人们如何使用街道、人行道、广场、庭院、公园等公共空间，探讨提升居民社会交往和活动的有效途径。

（二）影视艺术理论

电影既是时间的艺术，在时间的流逝中展示画面，构成延续的艺术形象；又是空间的艺术，在各种不同的环境、地点、画面上叙述事件的发生、发展并完成形象的建构，电影艺术的叙事、摄影、剪辑、表演等研究为世博会的视觉传播研究提供了方法参照。20 世纪二三十年代以谢·爱森斯坦为代表的苏俄电影导演们将电影声像素材的分解重组真正上升到“蒙太奇”理论。在爱森斯坦看来，单独的镜头只是“图像”，只有当这些图像被有意识地组织起来才能形成“有意义”的视像——是情绪和理智纳入之中的有意识的镜头组接。③ 而“长镜头”是“安德烈·巴赞电影真实美学的形式概括和称谓”④，主张用一个镜头连续

① ［英］布莱恩·劳森．空间的语言［M］．杨青娟，等译．北京：中国建筑工业出版社，2003：1.

② ［丹麦］扬·盖尔．交往与空间［M］．何人可，译．北京：中国建筑工业出版社，2002：13.

③ 蓝凡．真实论：蒙太奇与长镜头的历史辩证新论［J］．艺术百家，2013（5）：70-99.

④ 蓝凡．真实论：蒙太奇与长镜头的历史辩证新论［J］．艺术百家，2013（5）：70-99.

进行拍摄而形成一个完整的镜头段落，长镜头的核心就是“真实”——能“真实”拍摄世界，能“真实”反映世界。

影像的基本造型方法是光线，被观众看到的光是影调和色彩，由影调和色彩组成的是人物和环境，再加上景别、构图、视点等要素构成了电影连续流动的画面，形成了银幕上的幻觉空间。这些是电影表达意义、进行故事呈现的主要要素。在静态摄影中，单幅画面的时间、空间的记录更接近于绘画，只能向观众表现特定的精彩瞬间，其蕴含的动态只能依靠观众的想象。从静止的单幅图像到运动的电影影像，观众能够直观感受到运动的过程，空间的建构要素也更多，演员的表演、摄影机的运动、蒙太奇剪辑等的参与，使影像空间的构成变得复杂，信息的容量成倍增加。

第四节 本书部分术语的界定

一、视觉传播

视觉传播（visual communication），即以视觉可以认知的表现形式传递信息的过程。① 关于视觉传播的研究对象，学者存在两种侧重点，一种是以媒介传播的“影像”为主要研究对象，不仅包括手工艺术图像，还包括机器影像；另外一种则主要研究眼睛从现实世界获取视觉信息，研究对象不仅包含影像，还包含建筑与空间、形象、身体等。莱斯特的著作《视觉传播：形象载动信息》以图像为研究对象，主要研究绘画、卡通、摄影、电影、电视等以影像为主的视觉信息传播；任悦的著作《视觉传播概论》也是以影像为主要研究对象，认为“与人们从现实世界直接接触的视觉信息不同，图像化的视觉信息是将现实的三维

① 冯涛．过渡阶段的困惑——浅谈视觉传播对传统社会审美观念的影响［J］．现代企业教育，2008（8）：123-124.

世界二维化，使用人类创造出来的形象、图形等非语言符号，从而最终达到对信息的分享和交流的目的”①。

国外学者 W. J. T. 米歇尔认为视觉文化是指“文化脱离了以语言为中心的理性主义形态，日益转向以形象为中心，特别是以影像为中心的感性主义形态”②。他在芝加哥开设的视觉文化课程大纲中，以关键词的方式详述了视觉文化研究的主要范畴：符号、身体、世界，即有关视觉符号的相关问题、主体性标志的身体、主体的生活世界及其体制（文化、权力、建筑、空间、主题公园、购物中心等）。③ 国内较早研究视觉文化的南京大学周宪教授在《反思视觉文化》一文中对视觉文化的概念进行了梳理，认为“视觉文化特指以视觉为主导的文化现象和文化实践”④。周宪在其著作《视觉文化转向》中，研究了视觉文化的符号、影像、旅游景观、身体，其中旅游景观与身体都是作为专门的章节进行论述。孟建在论文《2010 上海世博会“中国国家形象建构”分析——基于视觉文化传播理论的世博诠释》中主要论述对象为世博园区中国馆的建筑与空间、影像、巡游活动等。苏状的论文《2010 上海世博会“参展国国家形象建构”分析——基于视觉文化传播理论的世博诠释》论述对象为上海世博会参展国的展馆建筑与空间、影像、符号等。张浩达在其著作《视觉传播：信息、认知、读解》中，明确将展览展示作为视觉传播研究的服务对象，并在文中论述了城市公共艺术、雕塑等视觉空间艺术。以上学者的视觉传播研究主要侧重于眼睛从现实世界获取信息的视角，包含建筑、空间艺术、影像等。

视觉信息分为三类：第一类视觉信息是视觉器官直接感知的，是眼睛从现实世界和现实场景中直接获取的；第二类是间接的视觉信息，是先经过影像化编码再通过媒介间接转述而成的；第三类则是在大脑里存

① 任悦．视觉传播概论［M］．北京：中国人民大学出版社，2008：11.

② 段钢．视觉文化背景下的图像消费［J］．江海学刊，2006（2）：61-66.

③ 周宪．视觉文化的转向［M］．北京：北京大学出版社，2008：19.

④ 周宪．反思视觉文化［J］．江苏社会科学，2001（5）：71-74.

在的虚构的视觉信息。在视觉文化符号聚集的世博园区，不同于日常生活中以实用功能为主的建筑，展馆建筑与空间，与影像相似，作为一种符号形式，主要功能是传达信息，都是本书的研究对象。因此，本书视觉传播研究的范围包含世博园区的建筑、影像、视觉符号以及其组织形式等，即包含直接与间接的视觉信息。

二、国家形象

文化主义和建构主义为国家形象研究提供了两种不同的研究路径。文化主义研究路径基本上认同国家内部因素，如政治文化、经济发展、历史经验、地理位置等因素塑造了一国的形象构架，从而决定了一国的国家形象战略选择。而建构主义则认为，作为具体事物主观印象的形象不是与生俱来的，而是由外界对事物特征作出判断和评价而构建的。国家形象并非国家历史发展的产物，而是全球历史过程的产物。① 对于国家形象，国内外学者、专家从不同理论视觉、研究领域作出了不同的界定。

国外"严格意义上的国家形象研究始于20世纪50年代的冷战初期"，为配合美国赢得世界人心的冷战战略，美国学者率先研究美苏之间的相互形象。② 冷战结束后，随着全球化的深入，技术与媒介的快速发展，对国家形象的研究呈现出新的特点。科特勒认为，"国家形象是个人对某一个国家的亲身经历、领悟、观点、回忆和印象的总和，它包括个人对这一国家的情感和审美"③，强调国家形象是个体对某个国家的总体印象。

与国外研究相比，直到20世纪90年代，中国学界对国家形象的研

---

① 李正国．国家形象构建［M］．北京：中国传媒大学出版社，2006：25.

② 李智．中国国家形象 全球传播时代建构主义的解读［M］．北京：新华出版社，2011：10.

③ 范红．国家形象的多维塑造与传播策略［J］．清华大学学报（哲学社会科学版），2013（2）：141-152，161.

究才开始进入自觉的阶段。① 管文虎认为：国家形象是一个综合体，它是国家的外部公众和内部公众对国家本身、国家行为、国家的各项活动及其成果所给予的总体评价和认定。② 胡晓明认为："国家形象是在国际传播和国际交往领域，由主体基于自身的知识、体会、经历和社会关系所产生的对一个国家的认知的总和。"③ 孙有中指出："国家形象是一国内部公众和外部公众对该国政治、经济、社会、文化与地理等方面状况的认识和评价，可分为国内形象和国际形象，两者之间存在很大差别。"④ 余红认为："国家声誉、国家威望、国家品牌形象都是国家形象的构成子集，是国家在不同领域中的行为表现以及行为结果的体现，而国家认同与国家形象之间表现为两者之间的相互作用。"⑤ 国内学者对国家形象的论述，强调了国家形象的决定要素，认为国家形象是个体对国家认知的"总和"，有国内形象和国际形象之分。

国内外学者均强调国家形象的总体印象："国家形象可被理解为国际（国内）社会公众对一国的基本印象与总体评价。就其本质而论，国家形象是一国可观的无形资产或曰软实力的重要组成部分。"⑥ 国家形象是社会交往与媒介传播中多种因素相互作用的结果，国家形象的对外构建过程是国家与国际社会公众共同完成的，因此国家形象并不完全反映国家的客观真实，它是以客观实体为基础，但受信息传播过程的失真影响，也受公众的认知与情感的倾向性影响。⑦

① 王珏．权力与声誉——对中国在美国国家形象及其构建的研究［D］．复旦大学，2006：15.

② 管文虎．国家形象论［M］．成都：电子科技大学出版社，2000：23.

③ 胡晓明．国家形象［M］．北京：人民出版社，2011：22.

④ 孙有中．国家形象的内涵及其功能［J］．国际论坛，2002（3）：14-21.

⑤ 余红，王琨．国家形象概念辨析［J］．中州学刊，2014（1）：167-172.

⑥ 金正昆，徐庆超．国家形象的塑造：中国外交新课题［J］．中国人民大学学报，2010（2）：119-127.

⑦ 王建，陈俊钦．从建构主义视角探索体育对国家形象的塑造［J］．成都体育学院学报，2014（2）：7-13.

国家形象的认知主体可以分为本国公众和国际公众两类，上述学者在论述国家形象时，大多包括一个国家国内的认识主体以及国际的认识主体。认知主体的国别在国家形象定位中具有核心意义，国家形象建构者所重点关注的是国家的国际形象问题，从研究对象的角度看，本书主要研究世博会国际观众作为认知主体的国际形象，即世博会国家的国际形象展示，研究如何使国家形象在世博会上向国际观众进行有效的传播与沟通。

第一章　世博会国家形象视觉展示的决定要素及其定位

国家的对外形象存在三个层面：国家现实状况、国家虚拟形象和国外公众认知形象。① 国家现实状况层面，即国家的实体形象，是一国的本源状态和客观面貌，包括国家政治、经济、文化、社会、科技等各个方面客观存在的状况，是未经媒体修饰和公众评判的自然状态。国家虚拟形象，即"拟态"层面上的国家形象，是通过媒介、重大事件等途径所塑造的国家形象，是对国家现实状况的一种反映；但国家虚拟形象并不等同于国家实体形象，它在某种程度上是被塑造的。国外公众认知形象也可称为国家主观形象，是指外部公众通过直接经验和间接经验所获得的对某一国家物质、精神内涵的总体认识和评价，是国家实体形象在国际公众意识中的反映。

在国家形象的建构中，国家实体形象是塑造国家虚拟形象的基石，公众认知形象则主要由国家虚拟形象决定的。在世博会的传播场域，国家形象的建构是在参展国政府主导下，以现实状况为基础，对世博会主题进行演绎，构建国家的虚拟形象，进而改进国外公众对国家的认知形象。世博会国家"拟态"形象展示的决定要素主要有国家形象的建构主体、国家的现实状况、国际公众对国家的认知，以及世博会主题的演

① 段鹏．国家形象建构中的传播策略［M］．北京：中国传媒大学出版社，2007：8-11.

绎等，只有在分析这些决定要素后，才能准确地提出世博会国家形象展示的定位。

第一节　政府是世博会国家形象建构的主体

世博会国家馆的建设需要政府、社会组织、展馆建设组织者、设计人员、建造人员、外交人员等各方力量共同完成。在世博会国家形象的建构和传播中，政府是主体，各界专业人士是重要的参与者。

政府是国家公共权力的行使者，是国家公共利益的代表和维护者，以国家代表的面目出现，按照或被认为是“按照”总体的和根本性的国家利益来建构、维护和传播一国的国家形象。① 《国际展览会公约》明确规定了政府在世博会中的角色和义务，其中第十一条第1款：“所有参展邀请函件，无论发至成员国或非成员国，也无论是发给受邀国政府还是该国其他受邀方，均应由主办国政府须以同样的途径传递给邀请国政府。”第十三条：“任何参展国政府均应为参加注册类展览会任命一名国家馆政府总代表或为参加认可类展览会任命一名国家馆政府代表，代表本国政府与邀请国政府联系。国家馆政府总代表或代表对组织其国家馆参展负全责。”国家在世博会上呈现出什么样的形象、以何种手段展示，归根到底是由政府决定的。

但政府在世博会国家形象建构中的主导作用并不等同于政府的亲力亲为。政府可以通过制定财政预算、投资融资等方式，决定世博国家馆建设的规模与形式；政府可以充分利用、协调各类专业人士的作用以形成合力，并最终达到政府的目标。政府还可以聘请国际跨国公关公司利用世博事件开展各类公关活动，影响或改变他国政治人物、社会公众对本国的认识；构建、形成与他国主流媒体的互动平台和机制，影响外国

① 刘明．当代中国国家形象定位与传播［M］．北京：外文出版社，2007：65.

主流媒体的新闻报道；配合世博国家馆的展示，对本国的风土人情、文化传统、自然地理等进行推介，在世博园区外加深外国公众对本国国家形象的认知。①

专业人士根据自己的经历、知识、价值观，以及对国家形象的独特理解，组织和实施国家形象的可感知形象化，影响了世博会国家形象呈现的特征和方向。1873 年维也纳世界博览会由时任海关总税务司的英国人赫德组织参展。海关税务司官员身穿在英国伦敦特为他们赶制的海关制服现身博览会，在会场内外宣传中国展品，同时借机扩大自身影响。维也纳世界博览会把中华悠久传统产品介绍给了世界，宣扬了中华优秀文化，但赫德及其属下以西方人心态挑选的部分展品，在博览会上呈现了中国人的丑陋、落后之处，如津海关送出的一套代表中国国民特征和风俗的陶塑，内有戏班、戏班戏台、盘木贡人、吸鸦片烟人、乞丐、小孩洗澡、会女客、娶亲人、送殡人、妇女戏牌及各种泥人等共 13 尊。② 由于晚清政府的封闭，加之外交人才匮乏，世博会展览组织权完全落入以赫德为首的海关洋员手中，使中国的参展带有海关与异域猎奇的色彩（见图 1-1）。

一、晚清政府：由拒绝到逐渐接受

1851 年，伦敦举办了第一届世界博览会。博览会邀请了世界十多个国家参展，参展商人约 18000 名，展品达 10 万余件，参观人数达 630 万，其间还进行展品评比和工艺活动，英国由此获得了巨大的声誉。③在举办这次世界博览会时，英国维多利亚女王通过外交途径邀请世界各

① 刘明．当代中国国家形象定位与传播［M］．北京：外文出版社，2007：68-69.

② 沈惠芬．走向世界——晚清中国海关与 1873 年维也纳世界博览会［J］．福建师范大学学报（哲学社会科学版），2004（4）：106-113.

③ 上海图书馆．中国与世博：历史记录（1851—1940）［M］．上海：上海科学技术文献出版社，2002：6.

国参加，当时在华的英国官员和商人们都得到了来自英国国内的指令，尽可能促使中国参展。他们向清政府的两广总督提出了“在博览会上

图 1-1　1867 年巴黎世博会中国剧院夜场演出（版画）①

进行合作的建议”，而清政府的两广总督徐广缙却毫不犹豫地拒绝了英国方面的邀请，也并未将此事上报清政府有关部门。② 虽然如此，1850 年 6 月和 7 月，一些在华的英国政界、商界人士分别在香港和广州两地多次召开会议，讨论促使中国商品到伦敦世博会展出的事宜，会议的组织者是英国驻广州领事馆，他们为此还成立了专门的委员会，组织了相当多的中国商品赴伦敦参展。③ 中国上海商人徐荣村精选了自己经营的

① 仝冰雪．世博会中国留影（1851—1937）［M］．上海：上海社会科学院出版社，2009：4.

② 乔兆红．上海商会与中国近代博览会事业［J］．史林，2010（2）：15-23，188.

③ 上海图书馆．中国与世博：历史记录（1851—1940）［M］．上海：上海科学技术文献出版社，2002：6.

12 包中国特产“荣记湖丝”参展，引起轰动并一举夺得金银两项大奖，但这次参展却是以私人身份参加的。中国清政府的闭关自守与国力困顿，失去了一次在国际舞台展示自己的绝佳机会；而法国、俄国等国家将伦敦博览会视为展示国家实力的大好机会，展出了本国大量的艺术作品和工艺产品（见图 1-2）。

图 1-2　1851 年伦敦世博会中国展厅版画①

1866 年，总理衙门首度受邀参加 1867 年法国巴黎博览会，清政府以晓谕商民参加来搪塞，并未加以组织。1873 年奥地利维也纳博览会，起初清政府也不愿参加，后经奥国公使、政府的一再要求，1873 年清政府授权时任海关总税务司的英国人赫德，派海关人员代表中国筹办在维也纳举办的国际赛奇会，这是清政府第一次参加世博会。此后，海关牢牢地控制了国际博览会参展事务的承办权，从 1873 年的维也纳博览会到 1905 年的列日博览会的 32 年间，海关承办了除 1883 年荷兰阿姆斯特丹博览会以外的约 28 次国际博览会的展出事务。1905 年 6 月，驻

① 仝冰雪．世博会中国留影（1851—1937）［M］．上海：上海社会科学院出版社，2009：28.

比利时公使杨兆望上奏清政府，认为由外国人来挑选中国展品，将不该展示的展品在博览会上展示出来，被世人耻笑，建议以后赛会事务由商部和外务部办理。1906 年意大利的米兰赛会、1910 年比利时的布鲁塞尔博览会，清政府都直接委派驻意大利、驻比利时公使监督，外国人主持中国参展国际博览会的局面被终止。①

二、民国政府：积极参与

民国建立以后，中国虽然处在内乱外患、灾害频繁的环境之中，但还是延续了晚清政府的政策，成立了专门的商部负责世博会的参展事宜。民国时期共举办了 8 次世界博览会，即巴拿马太平洋世博会（1915）、费城世博会（1926）、列日产业科学世博会（1930）、芝加哥世博会（1933—1934）、布鲁塞尔世博会（1935）、巴黎世博会（1937）、纽约世博会（1939—1940）和金门世博会（1939）。这 8 次世界博览会，中国均有人员参展，但以政府名义组织参加的仅两次，即巴拿马太平洋世博会（1915）和费城世博会（1926）。民国政府原计划组织参加芝加哥世博会（1933—1934），但后因国内局势紧张，财政日益困难，遂改为在政府指导下以参加芝加哥世博会出品协会的名义参会。②

（一）1915 年旧金山世博会：政府大力支持

为庆祝中美洲巴拿马运河的开通，美国政府决定举行“巴拿马河建成纪念万国博览大会”（简称巴拿马赛会），中国被邀请参加。北京政府为此于 1913 年年初成立了“筹备巴拿马赛会事务局”，并通函农工商各团体，同时附上赴赛参会的计划纲要，内容包括主义、调查、选择、诱导、奖励、组织、展览、编订、包装、运送、陈列、装饰、广

① 谢辉．陈琪与近代中国博览会事业［D］．浙江大学，2005：18-19.

② 曹必宏．民国时期中国参加世界博览会纪略［J］．中国档案，2010（5）：27-29.

告、保险、资格 15 项。① 1915 年 2 月 20 日，巴拿马赛会在旧金山开幕，历时 280 天，参展国达 31 个，参展品 20 多万件，参展人数达到 1900 万。② 1915 年，刚成立不久的中华民国希望通过参加世博会重塑中国在国际上的新形象，高度重视此届世博会，派出了由参赛监督陈琪带队的代表团前往美国参赛，展品重达 2000 多吨，分别陈列于 9 个展馆中，中国展品所获奖项计 1211 项。巴拿马博览会是近代中国参加世博会规模最大的一次，也是对中国影响最大的一届世博会。

（二）1926 年费城世博会：商会推动，政府协助

1925 年 3 月 3 日，美国国会通过议案，决定于 1926 年 6 月 1 日至 11 月 30 日在费城举行世博会，美国驻北京公使馆于 1925 年 6 月 30 日和 9 月 21 日，先后两次照会中国北洋政府外交部，邀请中国政府参展。当时，中国国内各派军阀之间争权夺利，南方国民革命方兴未艾，北洋政府摇摇欲坠，根本无力参与世博会展览的组织与动员。但报纸与社会舆论相当关注博览会的参展，认为美国是中国手工业、土特矿产等传统产品的主要出口国，参加此次博览会，可以借此扩大中国产品在世界尤其是在美国的影响，增进中国在国际上的商业与政治关系，中国不应放弃这一千载难逢的机会。1926 年 1 月 15 日，直系军阀孙传芳致电上海总商会，准备以浙、闽、苏、皖、赣五省之内征集展品参赛。此后，孙传芳以“江南筹备美国费城展览会出品会会长”的名义，颁发了一系列文件，规范展览会展品的征集、审查，以及规定出品会的机构设置、人员配备等。③ 在参加此次博览会的国家中，除东道主美国外，当属中

① 乔兆红．上海商会与中国近代博览会事业［J］．史林，2010（2）：15-23，188.

② 上海图书馆．中国与世博：历史记录（1851—1940）［M］．上海：上海科学技术文献出版社，2002：35.

③ 王水卿，郑焱．中国与 1926 年美国费城世界博览会［J］．南通大学学报（社会科学版），2008（4）：97-102.

国和日本规模最大，中国陈列品以丝织品和工艺品为最多，如生丝、茶叶、江浙绸缎、江西瓷器、福州漆器、手工刺绣及翡翠等，向国际社会展现了别具一格的中华民族特色产品，而在现代工商业方面，我国也有印刷工艺、化妆品、革制品、电器、铜钢制品等展品的参与，并在各个奖项的角逐中取得了不俗的成绩，特别是商务印书馆的汉字打字机引起美国观众的浓厚兴趣。但是，在博览会上中国展品总体科技含量低，展示方式也比较简单。①

（三）1933—1934 年芝加哥世博会：协会名义参展，政府指导

为纪念芝加哥建城 100 周年，1929 年 2 月 5 日美国国会参众两院决议通过，于 1933 年在芝加哥举办世界博览会，将此次博览会主题确定为“百年进步博览会”。1930 年 2 月，美国驻华大使馆照会国民政府外交部，邀请中国派员参加芝加哥博览会，行政院决议参加。1932 年 5 月，国民政府实业部成立了由政府官员及工商、金融领袖和文化名流等 60 余人组成的中华民国参加芝加哥博会筹备委员会，开始参展筹备工作。各地方当局及各界人士积极参与，大量参展品陆续运至上海，并于 1933 年 2 月 18 日在上海举行了国内预展。此时，日军进攻热河，国内形势紧张，财政困难，行政院决定停止参加博览会。政府停止参展的消息传出后，正在上海的各省市出品代表认为，前期筹备期间物力与财力支出很大，现在半途而废，前功尽弃，无论对内还是对外，都是严重的损失，对于中国在国际社会上的信用也会受到重大影响。赣、湘、闽、苏、粤、沪等地出展代表及上海工商各界代表召开紧急会议，决定成立中华民国参加芝加哥博览会出品协会，以协会名义在政府协助指导下参会，并获得国民政府的同意。经过各方人士的努力，芝加哥博览会中国馆则于 1933 年 6 月 8 日开幕，展品除日用瓷器、漆器、陶器、茶叶外，

---

① 上海图书馆．中国与世博：历史记录（1851—1940）［M］．上海：上海科学技术文献出版社，2002：90-97.

还有漆制中国十大伟人、价值百万的翡翠宝塔以及嵌玉围屏、古铜古瓷、绘画雕刻、玉器等，受到观众的高度赞赏。①

三、新中国政府：从重视参展到独立举办

中华人民共和国成立之初，西方国家所举办的世界博览会都未直接邀请中国参加，直到1982年美国诺克斯维尔世博会，中国政府才重新参与到世博会的展出活动中。到2008年，中华人民共和国共参与了14届世博会。对于世博会的参展，中国政府都给予了极高的关注，专门委托中国贸易促进委员会以中国政府的名义主持了世博会的展出，如涉及相关部门的活动，则与这些部委共同协办。具体而言，中国馆主题的确定是以中国贸易促进会为核心，各部委、商会等协助共同完成世博会的筹备工作；在展出活动中，则安排各省市的展出周活动，大多派出以副总理为团长的代表团主持中国展馆的中国周或馆日活动。

1982年在美国田纳西州诺克斯维尔举行的世博会，中国首次在世博会中设立独立展馆，中国盼望被世界认知，融入世界。当时的美国人对中华人民共和国的认知很少，他们对神秘的中国充满了好奇，希望了解中国，中国馆前每天都排着长长的等待参观的队伍。诺克斯维尔世博会的主题是：能源——世界的原动力，中国馆展出了太阳热水器、太阳能灶、太阳能航标灯、太阳能电围栏、沼气利用以及各类工艺品等。中国馆的入口处有一个带梁枋彩画的大门，橘黄琉璃瓦屋檐的颜色和红色柱子的形状，带有鲜明的中国传统建筑的特征。展馆内有一座八角亭，亭内有多位中国工艺美术师每天表演精湛的技艺，还有来自中国长城的古老墙砖、西安出土的秦始皇陵兵马俑和战车等文物，这些神奇的中国文化符号每天都吸引了大量观众。

中华人民共和国在诺克斯维尔的亮相，预示并代表了中华人民共和

① 曹必宏．民国时期中国参加世界博览会纪略［J］．中国档案，2010（5）：27-29.

国在以后诸届世博会的表现和参展模式，中国倾力展示中国悠久的传统文化和现代科技亮点，借助多种现代的技术手段和艺术形式，浓缩中国五千年文明和民族智慧的发展历程，展现了传统与现代、自然与人的和谐关系，让众多观众感受到中国文化的魅力和新中国所取得的科技成就，如秦兵马俑、清明上河图、瓷器古玩等传统文化符号，以及1988年布里斯班世博会上360°环幕电影、1993年大田世博会上的现代航天技术、1998年里斯本世博会上的海洋开发和利用等现代先进的科技成果代表（见图1-3、图1-4）。

图1-3　1982年美国诺克斯维尔世博会中国馆大门①

1993年，国际展览局接纳中国为第46个成员国。1999年在昆明举办园艺博览会期间，上海市人民政府决定申请承办2010年世博会。同年12月8日，中国政府代表在国际展览局代表大会上宣布，中国政府

① 中国网．1982年美国诺克斯维尔世博会中国馆［EB/OL］.［2010-05-24］. http：//www. scio. gov. cn/ztk/wh/07/5/Document/645310/645310. htm.

图 1-4 1982 年美国诺克斯维尔世博会中国馆外围①

支持上海申办 2010 年世博会，在财力上提供担保、在政策方面给予便利。2010 年世博会在上海成功举行，全球国家汇集在上海世博园区，对人类的城市问题进行了思考。通过世博会的舞台，中国向国内外观众展示了自己对未来城市生活的构想，向世界贡献了自己的智慧，展现了中华文化的软实力，增进了中国和世界各民族文化彼此的沟通与了解。

第二节 世博会建构的国家形象源自国家的现实状况

一、国家现实状况的构成

国家特定时期的现实状况，是国家形象形成的基础。从认知主体角

① 中国网 . 1982 年美国诺克斯维尔世博会中国馆 [EB/OL]. [2010-05-24] . http：//www. scio. gov. cn/ztk/wh/07/5/Document/645310/645310. htm.

度看，国家总体印象的形成最终来自该国的现实状况，国家的自然地理面貌、历史与文化、经济与社会发展状况、科技发达程度、政治经济社会制度的实际运行状况、对外政策取向、综合国力现状与发展态势、国家间现实利害关系、领袖风范与普通公民的素质等都是现实状况的具体体现。① 国家的这些自然、经济、社会、政治与对外政策取向等现实状况构成了国家的现实形象，对于国际公众关于本国形象的认知起着重要作用，是国家虚拟形象建构的出发点。

国家现实形象的构成要素分为物质和非物质两类，其中非物质要素又分解为制度要素和精神要素。物质要素，是指支撑国家生存和发展的自然物质基础和各种物质要素的总和，既包括疆域、人口、自然资源，也包括在此基础上形成的国家的经济、科技、军事实力、体育等综合国力要素。非物质因素中的制度要素是指国家在政治、经济、文化、军事、科技、外交等方面的规范共同构成的国家制度系统。这些制度以国家权力为中心凝结为一个整体，共同规范着整个社会的运行和人们的各项活动，从而成为构成国家现实形象的重要元素。非物质要素中的精神要素则是指一个国家民族精神和民族性格的象征和表现。国家现实形象的物质、制度和精神三大构成要素相互依存、相互制约、相互渗透，构成一个相互作用的严密整体，从多层次、多侧面、多角度反映着国家形象。② 中华民族在与自然长期斗争与适应的历史发展过程中，形成了博大精深、源远流长、生命力强健的华夏文化，在各种思想元素不断激荡与融会的背景下，锻造出独有的文明风范和理论气质，并体现出中华民族特定的价值系统、思维方式、伦理观念、审美情趣。

二、当代中国的现实形象

中华人民共和国成立后，中国以苏联为蓝本，建立了以高度集中为

① 刘明．当代中国国家形象定位与传播［M］．北京：外文出版社，2007：49.

② 张昆，徐琼．国家形象刍议［J］．国际新闻界，2007（3）：11-16.

特征的社会主义政治、经济体制，对外关系主要面向社会主义阵营“一边倒”（这是新中国形象最重要的特征之一），并迅速赢得了苏联、东欧社会主义国家的认同，在经济技术上获得了大规模的援助，有助于社会主义新生政权迅速站稳脚跟。冷战造成了中国与西方世界在数十年间的长期隔绝，再加上朝鲜战争、越南战争所造成的中美长期对峙，中国在西方主流社会，特别是在美国舆论中长时期被渲染为共产主义的“红色恐怖”及“不透明”的形象，这种舆论影响一直延续到冷战结束。①“文化大革命”时期，“左”的思想极度膨胀，国家经济建设遭受难以估量的损失，阶级斗争和路线斗争取代一切，党内政治生活极度不正常，人民生活水平得不到提高，经济濒临崩溃的边缘。

改革开放以来，中国经济、社会以惊人的发展速度取得了举世瞩目的成就，一个面向现代化、面向世界、面向未来的中国与世界的关系发生了历史性变化。从经济上看，中国取得了巨大成就，经济持续高速发展，工业化和城市化不断取得进步，人民生活水平得到改善；中国积极参与世界经济交往，在国际贸易与合作中扮演重要角色，中国有着巨大的市场和良好的投资环境，发展前景广阔，成为推动世界经济发展的重要力量。从外交上看，中国已是国际体系中的一员，在区域、多边及国际事务中发挥着积极的建设性作用，是重要的参与者和获益者，是有助于保持现状的稳定力量。

国家形象不仅由其经济、科技、军事等有形力量所表现出来的硬实力来决定，同时也取决于其文化软实力。文化软实力主要指文化、意识形态的吸引力，社会制度、发展模式的影响力和感召力等，是一个国家或地区基于文化要素所具有的凝聚力、生命力、创造力和影响力。文化软实力是一种无形的柔性力量，具有征服人心的重要作用，是国家综合实力不可或缺的构成部分，是国家竞争力的基本内核。与中国飞速发展

---

① 姜加林．对外传播中的国家形象设计［M］．北京：外文出版社，2012：46.

的经济相比，中国的文化发展相对滞后，文化软实力还比较薄弱，主要体现在传统文化认同危机、当代文化建构滞后、文化传播竞争力较弱、文化产业落后、文化体制障碍等。①

文化冲突与文化认同危机是影响文化软实力提升的重要环节，从而影响了国家形象的建构与传播。随着全球化时代的到来，世界各国经济文化交流日益频繁，不同文化背景及文化模式之间的差异性显得更加突出，具有5000多年的中国传统文化与世界范围内的文化产生激烈的矛盾、冲突。当原有文化模式的制约与规范作用日益弱化并逐渐失灵，从稳定走向冲突，并进而剧烈变动，最后出现新的文化模式代替旧的文化模式，这就是文化模式的演进轨迹，也可以称作文化转型。② 在文化转型期，原有的价值观、理念和观念被打破，新的价值观、理念和观念还没有树立起来，从而导致文化认同危机。冷战结束后，西方国家大力输出以自由、民主、人权为核心的普世价值观，同时利用现代化的传播媒介广泛推销其文化产品、消费观念和生活方式，中国民众受到外来文化和思想的冲击、侵蚀，导致不能完全地以理性态度正视传统文化，对传统文化存在认知模糊，出现了价值观混乱、信仰迷失、精神空虚等现象，产生了文化认同危机。

三、中国在世博会上国家形象的演变

国家的现实状况影响了本国政府、公众对国家形象建构的期望，从而影响国家在世博会上主题理念的提炼、艺术呈现的方式、展示科技的运用等，进而建构了国家在世博会上的相应形象。中华文化的基本精神，是中国在世博会上展示活动的智慧源泉，是历届世博会中国国家形

① 叶昌友．提升中国文化软实力的路径选择［J］．学习与探索，2012（7）：29-32.

② 周留征，刘江宁．博弈论视角下的当代中国文化认同建构［J］．北京社会科学，2014（2）：114-119.

象建构的重要途径。

（一）晚清在世博会上的国家形象

近代以来，随着西方工业化世界的兴起和西方殖民主义列强在全球的扩张，东西方文明体系发生正面碰撞，中国综合国力慢慢处于下风，封建落后的中国逐渐成为西方列强嘲笑的对象，极大地挫伤了中华文化的国际软实力，降低了中国对国外公众的吸引力，呈现出没落衰败的国际形象。① 不同于当代世博会的主题演绎，晚清时期，国家在世博会上形象的呈现主要是通过展品与场所空间的布置来实现的，从参展产品来看，只有一些原始的工农业材料、附加值不高的初级产品和极其精致而却很少实用价值的古董手工艺品，几乎没有近现代工业的产品参展，更没有能影响人类生活的伟大发明和设备。中国在世博会上的展品主要是景泰蓝、丝绸、绣品、茶、瓷器、玉器、竹器、古董。从展示空间布置看，建有牌楼、园林亭榭、华式房屋、茶馆、戏院，还仿造故宫，陈列皇家居室，有的还陈设慈禧太后、宣统皇帝和摄政王的容像，以体现“大清朝”之威严。晚清中国在世博会上所展现的是传统农业、手工业，有着丰富传统文化的落后国家形象。② 更为严重的是，作为参展顾问的洋人，在选择展品时，往往不是从中国的国家形象出发，而是有意夹杂猎奇的思维，展现小脚妇人、刑具、烟具等丑陋的习俗、落后的事物，加深了西方对中国愚昧、野蛮的印象。这些形象主要源自晚清政府政治、经济、社会落后的客观现实，来自以自我为中心的西方列强对落后、腐败的晚清社会的期望与认知（见图 1-5）。

---

① 赵可金，彭萍萍．中国文化软实力面临的困境及其解决路径［J］．当代世界与社会主义，2012（3）：22-26.

② 洪振强．国际博览会与晚清中国“国家”之形塑［J］．历史研究，2011（6）：4-20，190.

图 1-5　1876 年美国费城世博会中国馆①

(二) 民国在世博会上的国家形象

民国时期，政权更迭频繁、军阀间战乱不断，国内政局动荡不安、经济社会文化仍然落后，还不断遭到外敌的入侵，民国的客观现实决定了中国在世博会上呈现的还是一个落后的农业国家形象。1915 年巴拿马万国博览会（会址在美国旧金山），刚刚推翻清王朝的民国政府，希冀借世博会来重塑国家形象，此次世博会得到中国政府的极度重视。巴

① 国务院新闻办公室门户网站 .1876 年美国费城世博会中国馆［EB/OL］.［2010-05-21］.http：//www. scio. gov. cn/ztk/wh/07/5/Document/644348/644348. htm.

拿马世博会中国馆仿北京太和殿建造，正中为大殿，左右为两偏殿。馆外有中国式六角亭、中国式五层宝塔，正中为牌楼，具有浓郁的民族风格。展品主要有苏绣、菊花石、陶器、上海美华利插屏钟、浙江湖笔、石雕、木雕、酒类等。1926 年的费城世博会，中国馆建筑采用古代宫殿样式，馆内陈列丝绸、织锦、字画、陶瓷、漆器、翡翠、茶叶、罐头食品、雨伞、化妆品、革制品、电器、铜钢制品、印刷工艺、商务印书馆的出版物及汉字打印机等。1933 芝加哥世博会，中国政府因日军进攻热河，国内形势紧张，财政困难，一度决定停止参加，后在社会各界人士的努力下，成功参展。中国馆的展品主要是瓷器、漆器、陶器、茶叶、古铜古瓷、绘画雕刻等（见图 1-6）。①

图 1-6　1915 年巴拿马万国博览会中国馆全景②

① 曹必宏. 民国时期中国参加世界博览会纪略［J］. 中国档案，2010（5）：27-29.

② 国务院新闻办公室门户网站. 1915 年美国旧金山世博会中国馆［EB/OL］.［2010-05-21］. http：//www. scio. gov. cn/ztk/wh/07/5/Document/644356/644356. htm.

民国世博会参展品依然偏重传统手工业、农业等领域，技术性较强的近代工业，如交通、矿业等，还处于起步阶段，这方面的展品较少，反映了当时中国的经济结构和产业分布状况，与西方国家迅猛发展相比，反衬出民国科技、文化、经济的落后。在产品展示方式上，展示理念保守、落后，产品的优劣未能被观众完全了解。以茶叶为例，中国本是茶叶生产与消费的大国，费城世博会上中国茶叶只是简单地陈列，而日本陈列茶叶的方式多种多样，不仅有茶叶成品及其包装的直接展示，还有用模型布置的种茶、采茶、家居饮茶的场景，栩栩如生，引人入胜，甚至还在会场最热闹的地方开设了茶馆，使前来参观的游客不但耳濡目染，还能亲口品尝，更直观、更深入地了解了日本茶叶。

（三）新中国在世博会上的国家形象

改革开放前，由于国际、国内局势的现实条件，以及对世博会的重要性认识不足，中国一直未能参与世博会。随着改革开放后中国国际交流越来越多，合作越来越紧密，1982 年，新中国第一次参展美国诺克斯维尔世博会。此后，中国参加了 1984 年、1985 年、1986 年、1988 年、1992 年、1993 年、1998 年、2000 年、2005 年、2008 年的世博会等多届世博会，并于 2010 年成功举办上海世博会。通过世博会这个跨文化交流平台，中国以丰富的形式展出了中国悠久的传统文化和现代科技亮点，如代表中国古代科技与传统文化的四大发明、秦兵马俑、长城、龙等；代表中华人民共和国成立以来特别是改革开放以来的经济、科技新成就：运载火箭、信息高速公路、现代航天技术、海洋开发和利用、三峡工程等。与晚清和民国时期比，改革开放后的中国在参加世博会的规模、组织、展品选择、展馆空间布置等方面都有了巨大进步，中国参展展品的科技含量越来越高，展馆空间布置越来越精巧，使用的展示媒介越来越先进，充分展现了中国综合国力的大幅提升，经济、社会、科技的快速发展，呈现出一个蓬勃发展、充满活力的当代中国形象。

承办世博会不仅需要雄厚的国家经济实力作为支撑，同时也是考验政府执行力、组织力、动员力，展现公众素质，检验社会运行质量的重要契机；成功举办世博会能向国际社会传达一个国家的硬实力与软实力信息，是一个国家崛起并获得世界承认的宣示。在过去的160多年里，崛起中的大国都会积极争取主办世博会，借此向国际社会展示自己在科技、文化、经济、社会上取得的种种成就，塑造积极的国家形象。1851年的伦敦世博会、1893年的芝加哥世博会，是英国、美国向国际社会宣示自己世界大国地位的重大事件。中国在2010年成功主办了上海世博会，有189个国家和地区，以及47个国际组织参展，还有50个城市最佳实践案例和18个企业馆，是159年来参展国最多、展览面积最大、投资最高的世博会。从上海世博会期间国际媒体对中国的评价来看，虽然对中国社会、环境、国民素质，以及国家馆设计等方面存在诸多负面报道，但也较为客观地描述了参展国数量、园区面积、游览人数等数据指标，对上海世博会的组织予以正面肯定，认为上海世博会创造了世博会举办以来的多项历史纪录，重新振奋了几近没落的世博会，显示出中国强大的国力及其崛起的国家形象（见图1-7）。①

通过举办世博会，中国呈现出积极、正面的形象，但在国际交往的现实中，“中国威胁论”“中国崩溃论”“中国责任论”“中国走向不确定论”交替出现，中国国家形象屡遭外界误读甚至丑化、诘难，严重损害了中国的“软实力”。近年来，中国政府逐渐意识到文化软实力建设的重要性，通过各种方式推动中华文化走向世界，如国内举办奥运会、世博会等大型国际活动，在俄罗斯、美国、法国等国家推行“中国文化节”“中国年”等活动，面向广大普通公众，通过文化交流拉近距离，增进对彼此的了解，提升中国的国际形象。此外，孔子学院、中国文化中心、宋庆龄基金会、中国电影集团公司、中国国际电视总公

① 上海社会科学院“海外媒体世博报道及其效应分析”课题组，黄凯锋，刘峰，徐茜．从海外媒体对世博的报道看中国软实力的提升——以英美媒体为例［J］．社会科学，2011（5）：32-39.

图 1-7　1986 年加拿大温哥华世博会中国馆①

司、中国对外文化集团公司、中国东方歌舞团等机构在中外文化交流中所扮演的角色也在与日俱增，中国人文交流在全球化时代变得越来越活跃，影响也越来越大。② 在中国政府和社会民众的努力下，中国国家形象有所改善和提升，但在西方社会并未得到根本性改善，中国国家形象的塑造和传播依然任重而道远。③ 世博会国家形象展示是国家整体形象工程的组成部分，需要基于中国当前的现实状况，充分发挥世博会跨文化交流平台的优势，与国家形象的其他建构方式互相补充，为国家整体形象的改善服务。

① 中国网 . 1986 年加拿大温哥华世博会中国馆［EB/OL］.［2010-05-24］. http：//www. scio. gov. cn/ztk/wh/07/5/Document/645608/645608. htm.

② 赵可金，彭萍萍 . 中国文化软实力面临的困境及其解决路径［J］. 当代世界与社会主义，2012（3）：22-26.

③ 吴友富 . 战略视域下的中国国家形象传播［J］. 国际观察，2012（4）：1-7.

第三节　世博会建构国家形象应立足于国际公众的认知现状

国家形象战略公关的主体是主权国家的政府，客体则是国际公众，包括外国政府、国际组织和国外的一般公众等。这些客体存在着政治制度、经济发展水平、文化传统、生活方式、语言文字、历史背景、宗教信仰等多方面的巨大差异，有着不同的利益诉求和价值取向，而且数量多、分布广、成分复杂①，这就使得国家形象的建构是一种多层次、多维度的“复合形象”工程。

一、当代中国在国际公众心目中的形象

（一）中国的整体印象

2009 年，皮尤研究中心进行的“皮尤全球态度项目”调查显示，对中国好感度最高的三个国家依次是：尼日利亚（85%）、巴基斯坦（84%）和肯尼亚（73%）。对中国最没好感的三个国家依次是：土耳其（16%）、日本（26%）和德国（29%）。俄罗斯对中国的好感度为 58%，英国为 52%，美国为 50%，法国为 41%。②

皮尤研究中心 2013 的调查研究显示，中国的经济成就及其潜力被广泛认可，而且许多人认为中国最终将取代美国成为主导世界的超级大国。然而，对中国日益增长的经济实力的看法，并没有自动转化成对中国形象的正面评判。在受访的 38 个国家中，只有 50%的国家对中国给出了正面评价，而有 63%的国家对美国有正面评价。中国的最大支持

① 吴友富．战略视域下的中国国家形象传播［J］．国际观察，2012（4）：1-7.

② 马凌，李昱佳．2009 年全球舆论调查中的中国国家形象［J］．中国地质大学学报（社会科学版），2010（3）：21-25，85.

者在亚洲与非洲，例如马来西亚（81%）、巴基斯坦（81%）、肯尼亚（78%）、塞内加尔（77%）、尼日利亚（76%）。同样，在已经成为对华大宗商品出口国家的拉美地区，也给出很高的正面评价，例如委内瑞拉（71%）、巴西（65%）、智利（62%）。这些对中国的正面评价，在其他地方并不多见，仅有28%的德国人和意大利人及37%的美国人对中国持正面评价。对中国有负面情绪最严重的地区是日本，仅有5%的日本人对中国持正面评价。同样，在德国（64%）、意大利（62%）、以色列（60%），大多数民众对中国持负面评价，中国在发达国家公众中的负面评价有上升趋势。①

肖明等学者从盖洛普公司网站（www. gallup. com）的公开数据分析得出，2010年以后都是负面评价的比例高于正面评价，2014年2月6—9日进行的调查结果显示，对中国评价为负面的比例为53%，而对中国评价位正面的比例为43%。②

从以上数据可以看出，对中国国家形象的看法趋向正面的主要是发展中国家公众，而西方发达国家公众则对中国的整体形象评价趋向负面。因此，国家形象的建构，应从西方国家公众出发，改变他们的认知与看法。同时，发达国家的文化软实力强，信息传播覆盖广，也会对世界其他地区产生影响，世博会国家形象的提升应当首先改变西方观众对中国国家的整体印象。

（二）中国国民形象

2011年11月，北京大学“中国对外传播文化软实力研究”课题进

① 布鲁斯·斯托克斯．中国国际形象调查［J］．中国经济报告，2013，11：104-107.

② 肖明，易红发，寇娇，彭继春．从盖洛普民调看美国民众中的中国形象变迁［C］//中国传媒大学广播电视研究中心．2014中国传播论坛：“国际话语体系与国际传播能力建设”研讨会会议论文集．中国传媒大学广播电视研究中心，2014：6.

行了面向全俄罗斯的网络问卷调查，结果显示，最被受访者肯定的中国人的正面品质是“有活力”，其次是“有创造性”“有教养”“有效率”等，俄罗斯受访者认同度相对较低的是中国人“守诚信”问题。①

中国外文局对外传播研究中心2013年9—10月的调查显示，总体来看，海外民众认为中国人神秘、理性、创新、温顺并且很幸福。各个国家对中国人的认知略有差异：印度民众认为对中国人最了解，而俄罗斯民众则认为中国人最神秘；巴西民众认为中国人理性、守旧、有个性；南非民众认为中国人最具创新性；英国民众认为中国人最温顺；印度民众认为中国人最幸福，美国民众认为中国人较不幸。②

从以上数据看出，国外公众对中国人的形象总体呈现正面的看法，但存在“不诚信”“守旧”等方面的负面品质。在上海世博会，海外媒体有关中国观众文明素质的评价，其观点总体偏向于负面，如中国游客游览园区不遵守排队秩序，利用各种方法（如假装残疾等）进入绿色通道、乱扔垃圾、随地吐痰以及在公共场合大声喧哗等不文明现象。而英美等海外媒体对中国民众心态的相关报道，则隐含地对中国民众普遍流于表面的、过于强烈的民族自信心和自豪感提出了批评。③

（三）中国文化与科技形象

中国外文局对外传播研究中心2013年9—10月的调查显示，中国文化、科技是海外民众最为熟悉的领域，61%的海外民众乐于了解中国文化，中国的科技创新能力也享有较高的国际认可度，66%的国际民众对中国科技创新做出积极正面评价，其中34%认为中国的科技创新能

---

① 李玮．俄国“熊”眼中的中国“龙”——基于中国文化软实力调查数据的分析［J］．国外社会科学，2012（5）：81-89.

② 陈博渊，李倩．《中国国家形象全球调查报告2013》发布［J］．对外传播，2014（3）：2.

③ 上海社会科学院“海外媒体世博报道及其效应分析”课题组，黄凯锋，刘峰，徐茜．从海外媒体对世博的报道看中国软实力的提升——以英美媒体为例［J］．社会科学，2011（5）：32-39.

力很强。在不同受访国家间比较，俄罗斯、印度均有超过四成民众声称了解中国文化，巴西也超过三成。英国、美国、俄罗斯了解中国文化超过中国科技，印度、巴西反之，南非则科技、文化并列首位。①

2011 年 11 月，北京大学“中国对外传播文化软实力研究”课题进行了面向全俄罗斯的网络问卷调查，显示中国文化排在日本、印度、德国、美国之前，受到俄罗斯民众的喜爱。中餐的吸引力在中国文化中排名第一，中国哲学的吸引力排名第二；俄罗斯人对中国电影和动漫的认知度和认同度排名也较高；俄罗斯人特别是俄罗斯青年人对中国制度文化的了解存在很大误差，对现代中国的多元性认识不够。②

从以上数据看出，中国的文化、科技受到国际公众的广泛关注。中国传统文化历史悠久，具有较大的国际吸引力，发达国家公众对中国传统文化较为关注，而对中国科技的兴趣则相对较少；发展中国家公众则对中国的科技与文化较为关注。在世博会展示中，利用中国传统文化符号能够吸引大部分国际观众。

（四）中国政治、经济、军事形象

中国外文局对外传播研究中心 2013 年 9—10 月的调查显示，国际民众对中国政治缺乏了解，发达国家与发展中国家认知分歧较大。发达国家与发展中国家对中国政治的认知存在较大分歧，发展中国家对中国政治正面评价较多，三成发展中国家民众认为中国政府执政能力很强、具有高超的外交能力，具有相同看法的发达国家民众则下降到一成。发展中国家的一成民众认为中国腐败问题严重，发达国家民众有相同观点的则上升到三成。三成发展中国家民众认为中国政府“严肃、不可亲

---

① 陈博渊，李倩．《中国国家形象全球调查报告 2013》发布［J］．对外传播，2014（3）：2.

② 李玮．俄国“熊”眼中的中国“龙”——基于中国文化软实力调查数据的分析［J］．国外社会科学，2012（5）：81-89.

近”，持相同看法的发达国家民众则达到半数以上。①

以上数据显示，发展中国家与发达国家公众对中国政治、经济、军事形象的看法呈现较大差异，主要受到国际公众国家利益、外交关系、价值观念等的影响。从历史和现实的角度看，中西由于空间阻隔，缺乏充分沟通，社会公众对彼此的认识远不如西方国家之间对彼此的认识，西方媒体的强势传播体系助推了西方公众对中国形象的认知；从文化角度看，中西文化在特质上有诸多差异，仅语言差异就为中西文化的交流和沟通设置了巨大的天然障碍，而“文明冲突”论、“民主、自由、人权”论的推波助澜则设置了人为的思想文化障碍。从政治角度看，社会制度的不同，意识形态差异的存在，一些西方政要和学者受到“冷战”思维的惯性作用，中国“不民主”“无人权”的形象会在西方社会公众心目中长期存在。从经济角度看，随着中国经济的快速发展，成为仅次于美国的第二大经济体，中美之间的摩擦、纷争不断增加，相当比例的美国公众视中国为最大的经济威胁，一些西方政界、学界人士将西方国家的失业、经济低迷归罪于中国。因此，在世博会展示中必须找到基于中国现实状况的、能跨越中西主客观障碍的国家形象定位。②

二、国际公众期望通过世博会了解中国

自 1982 年诺克斯维尔世博会，中国在 43 年后重返世博会的舞台。由于东西文化的区隔，以及国际冷战思维的影响，当时的美国人很少了解中国，他们对神秘的中国充满了好奇，中国馆前每天都排着长长的等待参观的队伍。当时的中国馆展出的长城砖、西安出土的秦始皇陵兵马俑和战车，以及富有中国民族特色的工艺品，在当地引起

① 陈博渊，李倩．《中国国家形象全球调查报告 2013》发布［J］．对外传播，2014（3）：2.

② 吴友富．战略视域下的中国国家形象传播［J］．国际观察，2012（4）：1-7.

轰动。中国馆每天接待观众近3万人，占世博会日参观观众总数的近1/4。中国期盼通过世博会让国际社会关注，世界也渴望通过世博会了解中国。①

自1982年起，世博会上的中国馆凭借极具魅力的传统文化和神秘的东方特色，赢得了国际好评。1988年布里斯班世博会，中国馆的360°环幕电影《华夏掠影》受到热烈欢迎，中国馆先后被评为五星级展馆及最佳展馆，这是中国参加世博会以来获得的最高荣誉；中国馆的接待观众为500多万人次，成为这次世博会中接待观众最多的国家馆。1992年西班牙塞维利亚世博会，中国馆的面积为2800平方米，主题是“华夏文明”，主要展出中国古代科学技术、现代高科技成果、园林艺术等，会展期间共接待了550万观众，成为参观人数最多的展馆之一，并被评为“五星级展馆”。② 1993年韩国大田世博会，中国馆展示了中国古代和现代航天科技、三峡水利工程、传统文化和民族工艺等，接待观众350多万人次，在国家馆中名列榜首，同时并被评为5大最佳展馆之一。2000年汉诺威世博会，中国馆参观总人数超过250万，约占世博会总参观人数的四分之一，是世博会最受欢迎的展馆之一。③ 2005年爱知世博会，中国馆参观人数为566万，是爱知世博会接待游客最多的外国馆。④ 中国经济的快速发展，综合国力不断加强，中国文化的神奇吸引力，使国际观众渴望更多了解不断崛起的中国，如表1-1所示：

① 毛传来．百年梦［EB/OL］.［2010-04-28］．http：//zjrb. zjol. com. cn/html/2010-04/28/content_349827. htm？div=-1.

② 新浪财经．92年西班牙塞维利亚世博会再获“五星级展馆”［EB/OL］.［2004-02-13］．http：//finance. sina. com. cn/roll/20040213/1324630536. shtml.

③ 2000年汉诺威世博会历时5个月，从6月1日到10月31日，统计数据截至2000年9月23日。

④ 566万人参观爱知世博会中国馆［EB/OL］.［2005-09-26］．http：//news. sohu. com/20050926/n227060155. shtml.

表 1-1　**中国参展的世博会，中国馆观众在总观众中的占比①**

	1988 年 布里斯班	1992 年 塞维利亚	1993 年 大田	2000 年 汉诺威	2005 年 爱知
观众总人数 （万人）	1857	4181	1400	1800	2200
中国馆参观人数 （万人）	500	550	350	约 330②	566
中国馆参观人数占比	27%	13%	25%	约 18%	26%

从表 1-1 可以看出，在布里斯班、大田、爱知等亚太城市举办的世博会，中国馆参观人数占观众总人数的比例较高，在总人数的 25%以上，基本保持在 25%~27%；而在欧洲的塞维利亚、汉诺威，中国馆参观人数占总观众人数则相对较低，约占观众总人数的 13%与 18%，说明举办国与中国地理位置的远近影响了举办国公众对中国馆的参观愿望。此外，中国馆参观人数还受到世博会举办国民众对中国文化的了解意愿、中国馆主题演绎形式，以及国家间的政治、外交等因素的影响；但总体来看，中国馆观众人数都达到数百万，国际公众对中国馆给予了较大的关注，希望通过世博会更多地了解中国。

第四节　世博会主题演绎对国家形象展示的制约

主题是世博会的灵魂，是世博会的核心价值观和未来追求，是一届世博会整体框架、内容和过程的指导思想。任何展览都有自己的主题，不论是商业展示、博物馆展示，还是世博会展示，都是一种营销沟通的

①　根据相关新闻报道整理。

②　2000 年汉诺威世博会历时 5 个月，共 153 天。据媒体报道，截至 2000 年 9 月 23 日，该届世博举办 115 天时中国馆参观人数为 250 万，推及整个会期观众总人数约为 330 万。

手段，商业展示重视推销产品；博物馆展示重视展品情景的复原，使观众获得知识、受到教育，重在推销展品背后的思想；世博会展示是在场馆空间利用提炼出的文化元素、符号，采用新颖多样的表达形式，塑造主题所需的情景氛围，完成关于主题的叙事，在和观众紧密互动中传达、推广展馆的主题理念。参展世博就是世博主题演绎的过程，主题规定了世博会国家形象建构的方向。

一、世博会主题体系的形成

在世博会早期，所有展品都集聚在一个大的展厅，主办方通过分类体系为参展方提供一定的展示区域，展品整齐地放置在展示空间内，展陈手段较为单一。随着参展方以及展品的不断增加，单栋的建筑已经无法适应展示的要求，以后出现了独立的主题馆、国家或企业的展馆、游乐或主题公园等，形成了世博园区。同时，随着世博会影响的扩大，展示方式从单纯的展览，延伸到论坛和大会，进而到娱乐和节目等。到1933年芝加哥世博会前，世博会展示、论坛和活动的三要素框架已经基本形成，世博会成为全方位展示人类文明进步的全球盛会。① 世博会的展示、论坛和活动是相互联系和相互影响的，只有通过一个主题才能把世博会的这三大要素串联起来。

从19世纪下半叶开始，历届世博会都有这样或那样的主题，但那个时期的主题还只是象征性的，对展示布局、展品管理以及对参展方没有特别的约束力。20世纪30年代世博会正处在从重展品向重理念转变的时期，人们已经不再热衷于国与国之间展品的比较和竞争，而是更加关注综合的、协调的展示和交流。1933年芝加哥世博会，美国为了突出自己在全球科学的领导地价，世博会组织者放弃了面面俱到的分类体系，用“一个世纪的进步”这一主题贯穿于整届世博会，所有的参展

① 吴建中．世博会主题演绎［M］．上海：上海科学技术文献出版社，2008：2.

方根据这一主题来设计展馆、布置展品。在布展时，不按照知识发明的范畴或起源来安排展馆，而是按照人类文明某一方面的成果，并把这些成果串联起来。随着世博会展示重心从技术和展品向主题理念和文化的转移，百科全书式的展示方式和以展品竞争为主体的评奖体系逐渐淡出，取而代之的是以关注内容、解决问题为宗旨的主题体系。①

1994 年 6 月 8 日，国际展览局第 115 次大会正式通过了 1 号决议，该决议宣告了世博会主题体系的正式形成。决议强调，主题应注重特定领域内科学、技术和经济进步并同时探讨该领域所涉及的人类和社会需求以及环境保护问题。② 世博会的主题体现了世博会的核心价值观和未来追求，反映了人类关注的热点和社会发展的趋势。世博会主题是世博会展示、会议、活动的中心议题，世博会展示就是展馆从自身角度对世博主题进行演绎。世博会国家馆、展品不仅要展示一个国家的历史、文化、科技，还要表达一个国家对本届世博会主题的理解和主张，表达一个国家对社会发展、对人类共同关心的问题的思考，同时也在践行着国家形象在世博会上的建构与传播。

二、全球化语境下的世博会主题

全球化主要是指在全球经济、文化等诸多交流日益密切的情况下，世界各国、各地区之间的交流、沟通与合作日益加强，使得具有共性的文化样式逐渐普及和推广，继而成为全世界通用的模式或发展趋势。③全球化增加了不同国家人与人之间的交流，改变了人生活的空间和距离，人类的活动范围渐渐突破了地域的限制，扩大到全球范围。世博会

① 吴建中．世博会主题演绎［M］．上海：上海科学技术文献出版社，2008：37.

② 吴建中．世博会主题演绎［M］．上海：上海科学技术文献出版社，2008：75.

③ 白剑波．基于全球化视角的普世价值体系构建的若干问题［J］．甘肃社会科学，2011（3）：36-38.

作为世界上最大的跨文化交流平台，世博会主题将组织者、参展者、观众联系在一起，实现了在特定时空，多方同时的交流、沟通，这就需要世博会主题的广泛关注性、世博会主题的演绎需要使用“国际化的视角”。①

（一）世博会主题的广泛关注性

1994 年，国际展览局第 115 次会议通过的第 1 号决议规定：“主题应该具有相当的广泛性，使任何一个参加者都能明白，主题应该展示人类在重要领域中所取得的科学、技术、经济方面的进步，表现人类和社会发展中产生的问题，以及展示自然环境保护的问题和成果。”国际展览局同时强调，世博会主题要更全面地代表世界各民族。② 经过精心选择和定义的主题，是世博会联系组织者、参展方、观众的核心纽带，使参展者与组织者拥有了共同的目标，有助于克服沟通中出现的障碍、困难。在概念阶段，世博会主题的内涵将决定展会场地的布局，将各主题区域联系起来并与公共区域整合成一个整体，形成一届世博会的总体形象，有利于强化人类对共同关注的问题进行深入思考；在项目阶段，世博会主题可促使组织者和参展方为了共同的目标，进行有效的沟通；在运营阶段，参展方和活动表演者可以利用不同的语言，表达世博会主题的共同诉求，推动观众在各个方面增进对世博会的系统了解，为来自世界各地、文化背景各不相同的观众提供共同关心的兴趣点。③

（二）世博会主题演绎的国际化视角

世博会主题的演绎是将世博会抽象的主题思想转化为具体的、规范

---

① 陈先进．从国际化视角思考世博主题馆的展示工作［J］．建筑与文化，2010（8）：8.

② 吴建中．世博会主题演绎［M］．上海：上海科学技术文献出版社，2008：84.

③ 吴建中．世博会主题演绎［M］．上海：上海科学技术文献出版社，2008：104-105.

的主题结构的过程。以国际化的视角出发，侧重展现国际普遍认同的价值观，采用简洁的、国际普遍理解的语言表述，使用国际接受的展示元素，引进国际化的人才参与，选取发生在国际范围的事例，是世博会组织者对主题国际化诠释和表达的途径。

（1）体现国际普遍认同的价值观。上海世博会城市人馆的主题以人的需求与发展为主线，讲述了城市中“人的故事”。展馆选择世界六大洲六个城市中的六个真实而普通的家庭作为拍摄对象，跟踪采集这些家庭的影像，将这些影像故事嵌入“家居、工作、交往、学习和健康”五个主题展区中贯穿体现，反映人与城市之间的微观和宏观的关系①，使观众深入了解城市带来美好生活的意义。展馆还选用来自世界各大洲的、具有代表性的人群的真实生活，有利于展览主题所诠释的价值观得到国际性的普遍认同。

（2）采用简洁的、国际普遍理解的语言表述。在斟酌上海世博会主题的英文表述时，上海世博会主题演绎课题组请来了莎士比亚研究专家和主编英汉大词典的专家们，最后确定上海世博会主题的英语表述为“better city，better life”。专家们认为，这个句子简洁，由几个单词组成，略懂英语的人都能读懂；而且 better 这个词感情色彩比较强烈，应用比较灵活，含义明确，语意温馨，英语国家比较容易接受。②

（3）使用国际接受的展示元素。上海世博会城市人馆、城市生命馆和城市地球馆三个主题馆同处于一个巨型新展馆内，这三个主题馆的设计方案在反映上海城市的特征、城市生活的记忆空间和令人陶醉的城市意象时，使用了国际普遍接受的展示元素，如绿色、节能、环保等现代城市追求的理念，如主题馆设计了绿化广场、垂直绿化带，采用自然

① 陈曦，李馨，李亮，王倩．精彩世博·点亮主题——上海世博会事务协调局主题馆部副部长许润禾访谈［J］．装饰，2010（5）：27-29.

② 东平．“城市，让生活更美好”从抽象到具象——访上海世博会主题演绎顾问吴建中［J］．人物，2010（4）：22-26.

采光和自然通风的方案等。①

（4）引进国际化的人才参与世博会主题演绎。上海世博会城市人馆、城市地球馆、城市未来馆的设计工作，由来自荷兰、德国、西班牙的团队承担，城市生命馆由中国美术学院承担设计，城市足迹馆由上海博物馆承担项目管理工作。正是这种国际化团队的组合，为实现世博会主题演绎的国际化创造了的条件，诞生出能够让具有不同文化背景和价值观的观众共同理解的展示内容，使得“城市，让生活更美好”的主题被不同国家、不同类别的参观者所接受。②

（5）选取发生在国际范围的事例。在上海世博会城市地球馆的“解决之道”展区，组织者从国际合作、政府、企业和个人行为层面来探讨解决生态环境问题的具体措施和案例，包括戴姆勒公司、敦豪公司、博世集团等来自全球不同地区、不同组织和企业所研发的节能环保行动方案，正是这种多元化的案例采集，拉近了来自世界各地的观众与世博会组织者的距离。③

三、世博会主题演绎的内容框架

每届世博会由于不同的主题、不同的演绎理念，会形成不同的内容框架。

（一）汉诺威世博会的主题体系

2000 年汉诺威世博会的主题是“人·自然·技术：一个诞生中的世界”，其主题演绎不是从展品开始展开的，而是首先确立九大主题演

① 东平．“城市，让生活更美好”从抽象到具象——访上海世博会主题演绎顾问吴建中［J］. 人物，2010（4）：22-26.

② 陈曦，李馨，李亮，王倩．精彩世博·点亮主题——上海世博会事务协调局主题馆部副部长许润禾访谈［J］. 装饰，2010（5）：27-29.

③ 陈曦，李馨，李亮，王倩．精彩世博·点亮主题——上海世博会事务协调局主题馆部副部长许润禾访谈［J］. 装饰，2010（5）：27-29.

绎原则，即可持续发展、人与自然互相依存、尊重精神与物质的关系、以人为本的设计理念、长期使用价值、消除浪费、依靠自然能源、理解设计的局限、分享知识等。在这九大原则的基础上，汉诺威世博会建设了11个主题馆，对主题进行呈现，没有刻意进行副主题的划分。国家馆展示、主题园区、文化活动、世界项目是汉诺威世博会的4大支柱模块，其中主题园区和关乎人类社会发展中重大课题的世界项目是本届世博会的重要创新。汉诺威世博会“全球对话”论坛也是其主题演绎的重要方式，共有来自不同国家的60个重要机构参与了这项活动。① 参加对话的人员包括国际政治的决策者、学者、商人和非政府组织的代表及其他社会团体，是世博会空间展示与活动的重要补充。2000年汉诺威世博会虽然没有留下极具视觉震撼力的标志性建筑，但世博会的主题和内涵的展示对人类未来世界的发展进行了思考，特别是作为全球性的盛会，它有效提升了统一后德国的国际形象和声誉，并进一步增强了汉诺威这一展会城市的知名度和竞争力。

（二）爱知世博会主题内容结构

2005年日本爱知世博会的主题是“自然的睿智”，下设三个副主题，分别是“宇宙、生命和信息”“人生的技巧和智慧”“循环型社会”，副主题和主题紧密配合，是对主题的阐释和深化。爱知世博会为参展者提供的参展指南中包含“主题开发指南”部分，有一系列非常详尽的矩阵图，对主题演绎进行了精细的划分。主办方创立了主题矩阵体系，使用三维坐标系（X，Y，Z）模型，每个轴都代表时间、空间、范围或规模上的递进，形成三维坐标系的立体模型。每个观点轴具有4个层次，即Xl—X4、Y1—Y4、Z1—Z4，共具有64（4×4×4）个不同的坐标位置，由此来表明主题的演绎范围。

---

① 吴建中．世博会主题演绎［M］．上海：上海科学技术文献出版社，2008：78-80.

在这个模型中，X轴向代表主题，如X1代表“宇宙、生命和信息”副主题，X2代表“人生的技巧和智慧”副主题，X3代表“循环型社会”副主题，X4代表文化一体化；Y轴向代表规模或范围，如Y1代表个体的人，Y2代表社会，Y3代表地球，Y4代表宇宙；Z轴向代表时间，如Z1代表不限于任何时代，Z2代表过去，Z3代表现在，Z4代表未来。确定一个演绎的主题就是在每个观点轴上确定一个层次：切入点、范围或规模、时间，并在该主题矩阵中找到交叉重叠点。① 例如，在X1轴“宇宙、生命和信息”、Y1轴“个体的人”和Z2轴“过去”的交点上，设计者设定了“医疗技术的进步和生物伦理学问题”，下有4组说明性的例子，分别是：器官移植、脑死亡/安乐死、基因治疗/再生药品、生物伦理学。②

（三）上海世博会的主题理念

1. 主题内容结构

上海世博会的主题“城市，让生活更美好”，是对未来城市生活这一全球性课题的憧憬与展望，下设有五个副主题，分别是“城市多元文化的融合”“城市经济的繁荣”“城市科技的创新”“城市社区的重塑”“城市和乡村的互动”。上海世博会主题内容结构图通过横轴、纵轴来表现，横轴为尺度轴，在三个不同的尺度层面对主题进行聚焦和解读：城市人—城市—城市星球；纵轴为时间轴，在时间维度上探讨人类在历史进程中对城市美好生活的追求：足迹—城市—梦想。横轴关注城市、生命和周边环境的区域协调，其中城市人节点体现人作为城市的细胞，是城市生活的主体；城市节点关注城市本身，城市内部结构复杂，各部分密切关联、协同运行，思考城市发展一般的特性与规律；城市星

① 吴建中．世博会主题演绎［M］．上海：上海科学技术文献出版社，2008：80-84.

② 吴建中．世博会主题演绎［M］．上海：上海科学技术文献出版社，2008：159.

球需要表达的是，随着地球总人口数中城市人口的比例不断增加，城市之间、城市和生态体系、环境之间相互作用日益密切，关注城市与环境的和谐发展。纵轴关注城市历史上经验和智慧，展望未来城市的美好生活（见图 1-8）。

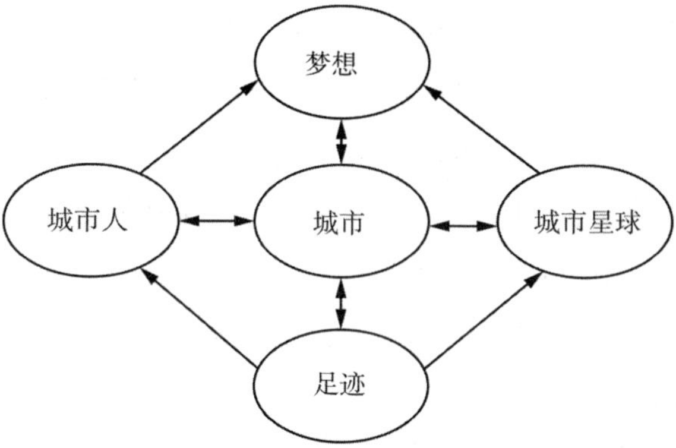

图 1-8　上海世博会主题内容结构①

2. 主题内容的呈现模式

上海世博会主题内容的呈现模式主要分为主题馆、主题区、主题广场、主题设施、主题游线、主题论坛、主题活动。

①上海世博会建设了五个主题馆，分别是“城市人”“城市”“城市星球”“足迹”和“梦想”。

②上海世博会设立三个主题区，即以主题地标、雕塑和影像的形式反映出“城市人—城市—城市星球”框架中的主题理念。如“梦想”主题馆周围的主题区即是“城市最佳实践区”，通过户外设施和影像来凸显“足迹”这一概念的主题区。

③上海世博会的主题广场沿着高架步道布置，分别有“亚洲广场”“非洲广场”“美洲广场”“欧洲广场”“大洋洲广场”等各大洲的系列

① 季路德. 上海世博会主题演绎实践［M］. 上海：东方出版中心，2011：46.

文化主题广场，每个广场都与它们各自大洲的展馆邻近。

④上海世博会的主题设施主要指生态净水设施、雨水收集和再利用设施、太阳能设施、风能发电设施、地热水暖设施、污水处理设施、清洁能源汽车等。

⑤主题游线包括主题轴、高架步道和主题步行道等，它们从空间布局上将各主题区、主题广场和主题设施联结成为一个整体网络。

⑥上海世博会论坛分为高端论坛、主题论坛和大众论坛，其中高端论坛主要从宏观角度讨论未来城市的发展方向和理念，以及城市宜居、全球化和可持续发展等的相互关系。主题论坛将探讨有关城市的专业话题，而大众论坛则为大众表达想法、交流日常话题和生活智慧提供平台。

⑦上海世博会的主题活动主要包括开闭幕式、各国馆日和其他巡游、演出等活动。

3. 中国馆的主题演绎

中国国家馆从上海世博会主题“城市，让生活更美好”出发，展示了中国对城市化发展的理解、思考，用视觉艺术手段表现出城市让生活更美好的途径、方式。创作者选取“城市化改变中国”作为设计思考的切入点，将抽象理念具体化、形象化，展现中国城市生活中的智慧。《清明上河图》大型数字动画影像，运用大屏幕方式介绍了中国古代的城市规划、建筑，是中国古代建筑技术的成就是城市建设中的东方智慧。画中还展示了一种和谐的城市生活：邻里之间的和气相处、平静悠然的生活状态、人与自然的和谐共存，中国古代城市生活的智慧在此得到了生动展现。中国馆还立足当代，利用环幕视觉技术展示中国对城市化的思考，从改革开放后一个家庭四代人的经历，体现 30 年中 3 亿人进入城市的大迁徙运动，展示了城市化给中国人带来的生活变化，以及中国经济的巨大进步。① 中国馆的展馆建筑“东方之冠”四周架空升

---

① 梁梅．国家形象的视觉表现——专访上海世博会中国国家馆展示设计总监黄建成教授［J］．美术观察，2010（9）：5-8.

起，向四面悬挑，容易引起观众对中国馆与斗拱、冠帽、礼器、铜鼎等传统器物建立起某种联想，从而赋予建筑某种意义。中间四组体量巨大的柱子托起上部展厅形成巨构空间，让观众犹如在空中参观体验；斗拱的外形、中国红、印章等传统文化符号向观众展示中国文明的智慧，表现出“东方之冠，鼎盛中华，天下粮仓，富庶百姓”的中国文化精神与气质。

第五节　世博会国家形象展示的定位

一、世博会展示的文化属性

《国际展览会公约》第一章第一条规定：“展览会是一种展示，无论名称如何，其宗旨均在于教育大众。它可以展示人类所掌握的满足文明需要的手段，展现人类在某一个或多个领域经过奋斗所取得的进步，或展望发展前景。”① 160 多年以来，世博会以其不断丰富和深化的形式与内涵，洋溢着人们对未来发展的属于憧憬与追求，表达了人们推动科技发展与文明昌盛的理想，促进了社会的繁荣与进步。世博会的发展轨迹，正是世界各国走向国际化、现代化历程的真实写照。作为反映现代文明演进的载体与标志的世博会②，如今已日益成为各国展示自身实力、科技进步、文化成就的竞技场，建构国家形象是参展国参展的最重要目标。

世博会上最能集中反映各个国家独特魅力的就是具有民族性和地域性特征的文化，各个参展国在世博会场馆设计中大多巧妙地融入了反映

① 国际展览会公约［EB/OL］.［2006-04-20］. 新华网，http://www.xj.xinhuanet.com/xjbl/2006-04/20/content_6802171.htm.

② ［法］Marcel Galopin. 20 世纪世界博览会与国际展览局［M］. 钱培鑫，译. 上海：上海科学技术文献出版社，2005：1（总序）.

本国家、本民族文化特征的元素①，利用民族符号与民族性的展示表达成为各国展馆展示其独特性、吸引观众关注、建构良好国家形象的主要途径。不同民族的文化符号在结构和构成法则上具有各自的特殊性，但是人类精神结构的内在功能却具有高度的统一性，跨文化观众通过观看和思考，去解读那些设计师刻意选择和创造的既象征了其民族风情，又包含人类某种共同经验的文化符号，如建筑、家具、服饰、餐饮等，感知和理解这些表征背后的文化本质，同时还能拓展和丰富观众自己内心的文化世界和文化经验②，满足自身对新奇文化的探索。通过国家馆的主题演绎，具有民族文化身份的设计师将来自世界各地的观众聚在一起，在观众的互动体验中促进交流、增进了解、化解文化屏障。比如，上海世博会印度馆在其展馆设计中充分融入了佛教建筑的构造特点，其场馆中央的红色穹顶是印度佛教建筑中非常有代表性的一种构造形式。③ 国际观众通过这样的民族文化符号，对印度的宗教文化形成一定的认知印象，增进了彼此之间的沟通与了解。

在世博会上，国家形象的展示具有平等性，国家不分大小强弱，都可以平等地参与世博会，展示本国丰富多彩的文化④，世博会是各个国家展示自身民族文化的良好的平台。以文化作为核心价值，世博会展现了文化创意的无穷魅力，展现了世界各国、各地区、各民族文明的最新面貌，显示了全球科技创新的新成果；推动了生态文明的新发展，促进了对未来生活的思考。世博会多元文化的交流和互动拉近了世界各国人民的距离，建构、传播了参展国多维度、多层次的国家形象。

---

① 徐昊．从世博展馆设计看民族文化元素的演绎［J］．美术大观，2011（3）：110.

② 陈颖，彭光芒．世博会国家馆文化传播功能探析［J］．河北师范大学学报（哲学社会科学版），2011（1）：133-136.

③ 徐昊．从世博展馆设计看民族文化元素的演绎［J］．美术大观，2011（3）：110.

④ 胡晓明．国家形象［M］．北京：人民出版社，2011：150-151.

二、文化在国家形象建构中的作用

中国文化元素主要是指中华民族及其文明在长期孕育、融合、演化与发展过程中逐渐形成的，由中国各个民族人民共同创造与传承的，反映中国文化精神风貌和民俗心理的，具有中国特质的文化成果；它包括有形的物质文化元素和无形的精神文化元素，也包括传统的也包括当代的，如思想意识、道德观念、价值体系、民情风俗、生活习惯、建筑形式、艺术门类、科技创造、律法体制、宗教信仰、审美思潮、伦理观念等。① 具有中国文化内涵的文化符号凝结着历史传统的精华，是中国文化的提炼和概括。这些文化符号及编码所表达的具有中国文化特色的中国经验、中国情感、中国话语以及中国智慧，就是现代中国的国家形象，在全球各种文化汇集的世博会能够被国际观众快速识别。②

文化以思想（精神或意识）为特征，具有无形的集体认同力和感召力。这种集体认同力和感召力被国际政治学者称为文化力，是国家软实力的核心。文化对认知主体的影响是无形和柔性的，在跨文化传播时可以淡化宣传味和意识形态色彩。③ 文化往往能够回避国家形象认知方面的硬性差异，回避政治、外交等方面的争端，用更加柔软的方式塑造国家形象。在世博会，利用软性的文化建构国家形象，不仅能够突出当代中国的特色，而且更容易感染国际观众，其影响力更加持久、印象更加深入人心。④

---

① 林少雄．中国传统文化元素在上海世博会中的运用及对文化创意产业的启示［J］．科学发展，2011（4）：66-74.

② 谢晓娟．论对外文化交流中的中国国家形象［J］．当代世界与社会主义，2012（3）：17-21.

③ 吴友富．战略视域下的中国国家形象传播［J］．国际观察，2012（4）：1-7.

④ 潘一禾．“国家形象”的内涵、功能之辨与中国定位探讨［J］．杭州师范大学学报（社会科学版），2011（1）：75-80.

三、从文化传播视角定位世博会国家形象

世博会国家形象定位是利用文化符号及其展示手段对国家形象进行建构，将世博会主题及其演绎信息对目标受众进行有效传播，最终在目标受众心目中确立一个正面的、明确的国家形象的过程。世博会国家形象的定位是综合考虑政府目标、国家现实状况、国际公众认知现状以及世博主题演绎的结果。世博会国家形象的定位首先要从政府制定的国家整体发展战略出发，根据国家现实状况、时代特征、所处的国际环境，以及国际观众的认知需求、世博会主题演绎要求，在其中寻求一个突破点、平衡点，使之成为世博会国家形象中的核心元素，成为国家最鲜明的个性特征。①

吴友富把中国国家形象定位为和平发展的国家形象②；刘明认为，当代中国国家形象定位一般性概括的核心要素为"一个改革创新、对外开放的转型时期的中国；一个稳定发展、渐进复兴的中国；一个走有中国特色的现代化道路的中国；一个致力于文明交融、和谐共处的中国；一个独立自主、和平发展与负责任的中国"③。何辉在论述大众传播影响国家形象的建构时，从经济、政治、军事、文化、外交、社会、环境、人权、医疗、精神等十个方面提出了国家形象的定位。④ 综合以上学者的论述，并结合世博会主题演绎的需要，在世博会的传播场域下，国家形象的定位应从以下几个方面进行：

（1）保持博大精深、富有魅力的文化形象，同时树立现代与传统

---

① 范红．国家形象的多维塑造与传播策略［J］．清华大学学报（哲学社会科学版），2013（2）：141-152，161.

② 吴友富．中国国家形象的塑造和传播［M］．上海：复旦大学出版社，2009：17.

③ 刘明，郭素萍，赵晓娜，郭瑶，李果．当代中国国家形象定位的核心要素［M］//周明伟．国家形象传播研究论丛．北京：外文出版社，2008：3-15.

④ 吴友富．战略视域下的中国国家形象传播［J］．国际观察，2012（4）：1-7.

和谐融合、致力于不同文明交流与融合的文化形象。

（2）树立蓬勃发展的经济形象，以及负责任、改革创新、对外开放的经济形象。

（3）树立民主公正、和谐发展、繁荣稳定的社会形象。

（4）具有较强的科技创新能力，树立中国创造与中国智慧的科技形象，注重民族文化对科技创新的支撑。

（5）强化中国人勤劳勇敢的传统形象，同时树立中国人开放、现代、富于合作与竞争精神的新形象。

（6）改变不良的环境形象，树立关爱人类环境、关心个体的身心健康、注重可持续发展的环境形象。

国家形象的定位是多向度的。国家在不同的历史时期，存在着不同的定位；在同一时期的不同他国，或者在同一国家的不同认识群体中，国家所希望建构和传播的国家形象也会有所不同。在全球各个国家、民族同时汇聚在世博园区的语境中，要充分发挥传统文化的独特性，了解在世界文化的交流与碰撞中本民族文化的特色地位，并综合分析、研究影响国家形象构成的复杂要素，确立世博会上国家形象的明确定位。在传播优秀民族文化的同时，建构和传播符合当代中国国情和时代特征的国家形象。

第二章　世博会观众观看的文化分析

世博会是重大事件旅游的典型代表。① 加拿大学者 Getz 对事件旅游有深入研究，他认为从事件本身角度来看，事件是指事先经过策划、具有独特性的，并与环境、人员和管理体系之间互动的一种时空现象。② Getz 在 1997 年瑞典举行的“高层论坛”（Talk at the Top）上从大型节事旅游的影响角度，指出“大型事件是有计划的、延续时间较短、对举办地的旅游容量、游客的花费和公众兴趣有特别的影响，由此导致的一种强化意识和更加积极的旅游形象；同时相关旅游基础设施和组织得到发展，从而较大程度地增加了目的地承载力和吸引力”③。Getz 将重大事件具体定义为，容量应超过 100 万观众，资本成本应至少 5 亿美元，并且其声誉应是一个“必看”活动，从规模和重要性来看，重大事件是指能为东道主创造极高层次的旅游、媒体报道、声望或经济影响的活动。世博会观众人数众多，无论是主办国，还是参展组织都投入了巨大的人力、物力。如上海世博会，从 2002 举办权确定之前已经开始主题、规划、建设、运营、媒体等的策划，最终观众总人数达

---

① 张丽，郭英之．重大事件的旅游效应分析及营销策略［J］．商业研究，2005（18）：170-172.

② 王朝辉，陆林，夏巧云．国内外重大事件旅游影响研究进展与启示［J］．自然资源学报，2012（6）：1053-1067.

③ 杨兴柱，陆林．大型节事旅游基本特征及发展对策的初步研究［J］．人文地理，2005（2）：47-50，118.

7300多万，总投资额为286亿元，受到全国上下的极度重视。

观众在世博园区的视觉体验不同于商业展会的专业观众。商业展会专业观众参观展会的主要目的为：发现新产品、搜集产业发展趋势信息、寻找新供应商、搜集技术信息、进行市场调研等，其中，搜集信息是对专业观众展览会参观动机影响最大的因素。① 与商业展会专业观众不同，在世博会游览中，观众“暂时摆脱日常生活的连续性背景而进入一个空间环境的位移变化，人们在其中所追寻的往往是某种视觉奇观，通过对异国他乡的视觉奇观而获得某种视觉愉悦”②。观众重在世博园区旅游体验的过程，重视在娱乐过程中获取知识，从而在艺术氛围中获得审美感受；在这个过程中形成对某种文化、某个国家的新的认知，并与已有的印象进行叠加、修正，从而产生对展馆国家的整体认知。

第一节 世博会观众的游览动机

一、世博会观众的特征

（一）世博会参观人数总体呈上升趋势③

世博会的主办、参展需要取得一定的社会效益、经济效益，参观人

① 罗秋菊．专业观众展览会参观动机研究——来自东莞的证据［J］．暨南学报（哲学社会科学版），2008（2）：47-52，58，154.

② 周宪．视觉文化的转向［M］．北京：北京大学出版社，2008：297.

③ 臧冠荣，张春林．承办世博会，撬动城市经济社会发展的杠杆［J］．河北师范大学学报，2004（4）：424-429.

张国林．基于层次分析法的上海世博会影响力的定量评估［J］．宜春学院学报，2011（4）：41-42，85.

［法］Marcel Galopin. 20世纪世界博览会与国际展览局［M］．钱培鑫，译．上海：上海科学技术文献出版社，2005：184-187.

数是世博会是否成功的基础和前提。世界博览会的参观人数众多，从1851 年首届世博会的 604 万上升到 1900 巴黎世界博览会的 5000 万，总体呈上升趋势（见表 2-1、图 2-1）。

表 2-1　**1851—1900 年历届世博会参观人数（万人）**

世博会	参观人数
1851 年英国伦敦	604
1855 年法国巴黎	516
1873 年奥地利维也纳	725
1876 年美国费城	800
1878 年法国巴黎	1616
1883 年荷兰阿姆斯特丹	880
1889 年法国巴黎	2512
1893 年美国芝加哥	2700
1900 年法国巴黎	5000

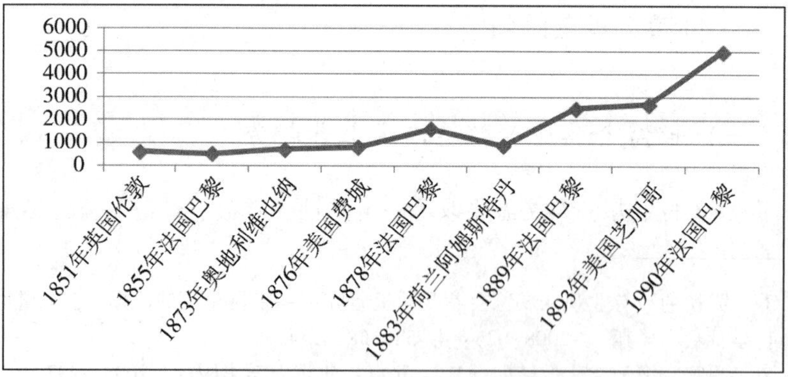

图 2-1　1851—1900 年历届世博会参观人数变化趋势

1904 年至第二次世界大战期间，参观人数有所下降，1939—1940 年纽约博览会统计的参观人数达到 4400 万，按国际展览局只统计前 6 个月计算，只有2500万，低于1937年巴黎博览会的参观人数（3100万）。

20世纪下半叶开始，参观人数出现大幅增长，世博会是唯一能够在6个月时间内聚集数千万人群的大型活动。1958年比利时布鲁塞尔博览会参观人数为4100万；1967年加拿大蒙特利尔博览会参观人数为5030万；1970年日本大阪博览会参观人数达到6400万；1992年西班牙塞维利亚博览会参观人数为4180万；2010年上海世博会参观人数达到破纪录的7300万（见图2-2）。

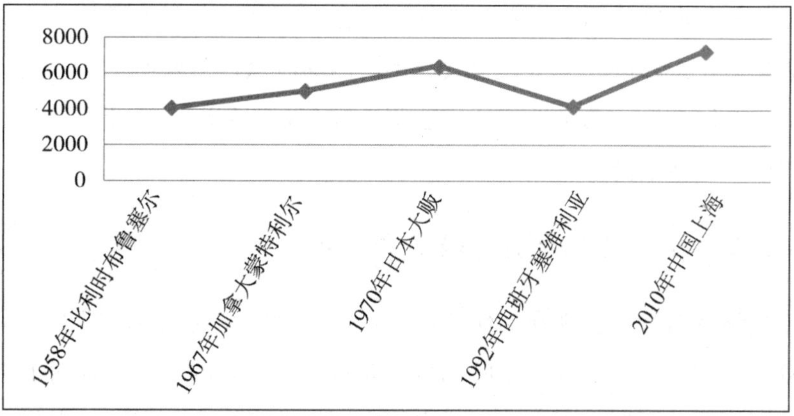

图2-2　二战后世博会观众人数变化趋势（万人）

（二）举办地的地理位置对观众来源影响大

世博会观众来源数量受地理位置影响较大。每届博览会，不管在哪个国家举办，都会吸引全世界的参观者，但通常离举办地较近的区域观众来源较多。如筑波世博会和大田世博会中国侨民和东南亚国家观众众多，而澳大利亚布里斯班博览会上日本、新西兰游客较多；欧洲游客在布鲁塞尔和塞维利亚博览会的外国游客中位于前列。

来自主办国的参观者总是占多数，比例一般非常高，国内观众通常占压倒性优势。1970年日本大阪世博会和1985年日本筑波世博会日本国内观众分别为95%和97%，1993年大田博览会国内观众占95%；在澳大利亚布里斯班博览会国内观众占比88%。欧洲的世界博览会本国观众也占比最大，1958年布鲁塞尔博览会上的本国游客占60%，1992年塞维利亚博览会为66%。在美国举办的世博会，这样的势头非常明显，几乎成了地区性活动。在1967年加拿大蒙特利尔博览会和1986年加拿大温哥华博览会上，本国游客的比例稍微减少，大约在60%；但在两次博览会上，美国游客几乎占游客总数的1/3，而除美国以外的海外观众只占3%~7%。

从外国游客的国别来看，不管世博会在何处举办，美国和日本观众的数量总是最多的，加拿大和其他英语国家观众也名列前茅；在欧洲范围内，英国游客、德国游客超过法国游客和意大利游客，瑞士游客多于斯堪的纳维亚的游客。①

（三）世博会观众具有较高文化层次

从学者对世博会观众的研究可以看出，世博会观众普遍具有较高的教育和知识水平，对世博会的创意、表现等有较高的要求，倾向于结伴或成团参观；世博会观众一般收入较高、消费水平也较高，对文化类的大型活动有着较高的忠诚度，重游率较高。② 王朝辉等学者对上海世博会入境旅游者进行了人口学研究，发现入境旅游者从性别来看，男性稍多于女性，为52.6∶47.4；从年龄来看，入境旅游者中中青年群体占比较高，25~60岁观众占55.5%；从收入水平来看，入境旅游者以中高收入水平为主；从旅行方式来看，以参加旅游团为主，占55.2%；从受教育水平来看，文化程度较高，本科及以上学历者占79.6%；从地域分布上看，入境旅游者共来自46个国家（地区），其中美国占总

① ［法］Marcel Galopin. 20世纪世界博览会与国际展览局［M］. 钱培鑫，译. 上海：上海科学技术文献出版社，2005：187-188.

② 颜麒，杨韫. 香港团队游客上海世博游决策的影响因素分析［J］. 旅游科学，2011（1）：72-79.

数的 18.2%，德国占 8.2%，澳大利亚占 7.1%，加拿大占 7.0%，法国占 6.1%，日本占 4.5%。①

二、世博会观众游览动机的影响因素

动机就是维持和推动人们进行活动，并使活动朝着某一目标进行的心理过程或内驱力，它通常是以愿望、兴趣、理想等形式表现出来的。② 旅游动机决定着观众对游览场馆、游览时间、出游方式等的选择，对观众在世博园区的行为具有决定性影响。在旅游动机研究中，被学者普遍认同和广泛应用的是“推-拉理论”框架。推的因素是指由于不平衡或紧张引起的动机因素或需求，是内在的，只要能使内部的不平衡或紧张得到缓解的所有刺激都是行为指向的对象。如观众希望逃避日常压力、希望获取世博主题相关的知识、了解异域文化等都是推的因素。拉的因素和世博景观及世博会展馆的主题演绎形式相联系，世博园区的狂欢氛围、展馆主题理念的独特呈现方式等都是拉的因素。③

根据 Gnoth（1997）提出的动机和期望形成过程模型④，首先观众的需要被激活并表现为冲动，进而影响到观众的思想和行为，诱发特定的行为倾向即动机。在进入世博园区前，观众通过电视、报纸、网络等媒体或他人的游记，寻找能够满足动机的对象；进入世博园区后，通过亲身体验对以前获取的信息进行修正，决定随后的参观行程。在这个过程中，价值观对动机的调节和控制有直接影响，决定着动机的性质、方向和强度。Gnoth 把价值分为认知导向和情感导向。认知导向价值中拉

---

① 王朝辉，陆林，夏巧云，吴悦，王莉．重大事件游客消费行为及偏好的中外比较研究——以 2010 上海世博会为例［J］．地理研究，2012（2）：279-289.

② 李广春，张宏慧．旅游心理学［M］．郑州：郑州大学出版社，2012：28.

③ 张宏梅，陆林．近 10 年国外旅游动机研究综述［J］．地域研究与开发，2005（2）：60-64，69.

④ 张宏梅，陆林．近 10 年国外旅游动机研究综述［J］．地域研究与开发，2005（2）：60-64，69.

的因素基于对目标、自身经历、游览对象或情境的认识，具有外控性，这种价值是特定对象所固有的，因而很难被替代。上海世博会沙特馆以沉浸性的影像体验吸引了大量观众，馆前有时排队达到10小时，观众有如此坚定的参观意志，是基于对沙特馆的认知价值的判断。情感导向价值具有内控性，其推的因素是以驱力为基础的，不要求具体的对象存在，它要求的是一类对象、情境或过程，因而具有可替代性。观众在世博园区，如果两个展馆的演绎形式具有相似性，观众就很容易产生情感迁移。需要、情绪情感和感知价值的各种组合形成了观众的观展动机和认知的多样性、复杂性。

（一）世博观众游览的三层需要

根据马斯洛的需要理论，人的需要分为五个层次，即生理需要、安全需要、爱的需要、尊重的需要和自我实现的需要。① 世博旅游需要是人的需要在旅游活动过程中的一种特殊反应，主要由高层次的需要而产生。盖兹（Getz，2005）以马斯洛需求层次论为依据，提出了节事旅游消费的需求层次理论，认为节事消费需求存在3个层次：第一层是物质需求，如世博园区的餐饮、交通、温度、展馆环境的舒适性等；第二层是归属感、爱、尊敬的需求，如展馆设计是否以观众为中心、观众人流的组织是否合理、展馆服务水平高低等；第三层为认识、审美、发展和自我实现需求，如展馆是否满足观众对异域文化的探索、观众能否在参观游览中获得新的知识、观众能否感受到情感熏陶的艺术氛围等。② 在观众游览世博的三个层次需要中，第三层次的需要是观众游览的核心需要，决定了观众参观展馆愿望的强弱。

---

① 沈祖祥．旅游心理学［M］．福州：福建人民出版社，2009：18.

② 张涛，贾生华．节事消费者感知价值的维度和测量研究［J］．旅游学刊，2008（5）：74-78.

（二）情绪、情感的体验

情绪、情感，是人们对客观事物是否符合自己需要而产生的一种态度体验，是人们对客观世界的一种特殊反映形式。① 世博旅游使观众从日常生活转换到世博园区空间，环境、人际关系、生活习惯、社会角色等均发生改变，不同国家、民族的风俗民情、生活习惯等文化符号及其呈现方式，给观众带来了新奇刺激，观众因新奇而产生兴奋的情感。在文化完全不同、风格相差巨大的展馆空间中移动，观众会处于一种情绪不稳定的易变状态，也会产生一定程度的亢奋情绪。世博园区里的知识探索装置、感官娱乐设施还会激发观众积极的情绪状态，如欢喜、快乐、快感等情感体验。

世博园区观众流量大，在园区游览是一种高密度、高频率的人际交往活动，在这个过程中，观众与工作人员、观众与观众之间既进行着信息的交流，同时还伴有情绪、情感状态的感染、交换。尽管大多数观众之间并不熟悉，当遇到精彩或失望的展示时，自然产生的动作、表情还是会感染他人，引起他人情绪、情感上的共鸣。对展示空间以及园区人流间的情感体验与观众日常生活中完全不同，也是吸引观众游览的重要因素。

（三）感知价值

Wroodruff 等学者（1997）将顾客感知价值定义为，对产品的某些属性、性能在具体情形中有助于（或有碍于）达到其目标和意图的使用结果，顾客产生的感知偏好与评价。② 世博旅游不同于一般的旅游项目，其感知价值是观众在展馆空间中进行互动体验完成的，观众的偏好

① 李广春，张宏慧．旅游心理学［M］．郑州：郑州大学出版社，2012：60.

② 陈雪阳．基于顾客价值的动态竞争优势［J］．经济问题探索，2009（7）：69-75.

与评价具有多维度特征。Mathwick 等提出体验价值的概念，即消费者对与消费环境互动而产生的产品属性或服务性能的知觉与相对偏好，整合外在/内在、主动/反应价值维度，构建了一个包含四种价值来源的体验价值矩阵来加以说明，即消费者投资报酬（包括经济价值和便利价值）、趣味价值（包括愉悦价值和逃离价值）、美感价值（包括视觉吸引价值以及娱乐价值）及服务优异性价值。① 王朝辉等学者从传统营销与体验的视角对上海世博会国内游客感知价值进行了研究，认为国内游客感知价值维度包括效用价值、愉悦价值、美感价值、服务价值、感知价格、便利价值 6 个对感知价值影响依次减小的价值要素。② 从世博观众感知价值形成看，效用价值与愉悦价值是其形成的主导因素，世博观众更加关注的是对文化的了解与探索，对未来社会、科技的想象，注重游览带来的知识与见识的增长，关注世博会展示的娱乐性、趣味性、互动性。

三、世博会国内外观众游览动机的差异

世博会作为节事庆典文化活动的典型代表，观众的观展动机具有文化旅游者的特点：有较高的文化素养和强烈的求知欲；具有某种特殊兴趣，乐于在与他人交流中互相促进；对节事庆典中的文化元素具有浓厚的兴趣；希望通过旅游扩大知识面、增长知识；世博观展活动主要是为了在自我充实和感受各种文化熏陶的同时得到自我放松。同时，世博会观众也被认为具有多重维度的爱好和追求，在不同条件下和不同层面上体现出传统观光、度假和其他特种旅游参与者的特征。③

---

① 贺和平，周志民．基于消费者体验的在线购物价值研究［J］．商业经济与管理，2013（3）：63-72.

② 王朝辉，陆林，夏巧云，刘筱．重大事件游客感知价值维度模型及实证研究——以 2010 上海世博会国内游客为例［J］．旅游学刊，2011（5）：90-96.

③ 颜麒，杨韫．香港团队游客上海世博游决策的影响因素分析［J］．旅游科学，2011（1）：72-79.

Choong-Ki Lee 研究了上海世博会中国国内非上海观众的观展动机，揭示了他们的六大观展动机。第一大动机为文化探索，如体验外国文化等，占比 11.93%；第二大动机为家庭团聚，如享受亲情等，占比 11.86%；第三大动机为世博景观，如获得新的世博景观体验等，占比 11.04%；第四大动机为社会关系维持，如和同事、朋友共同参与等，占比 10.16%；第五大动机为关注新奇的事物，如对世博好奇、获得更多知识等，占比 10.06%；第六大动机为逃离日常生活，如释放压力、缓解疲劳等，占比 8.99%。① Choong-Ki Lee 的研究与王朝辉等学者的研究具有相似的结论。

Choong-Ki Lee 还研究了韩国庆州世界文化博览会，对比了欧美观众和亚洲观众的观展动机区别。结果发现，在文化探索、新奇事物、事件景观、扩大交际圈、社会关系维持、家庭团聚、逃离日常生活七个动机中，韩国观众和日本观众的观展动机没有区别；美国观众和欧洲观众区别也很小，但欧美观众和亚洲观众的观展动机有较大的不同。在所有观众中，文化探索与事件吸引的动机都占很大比例，家庭团聚类型的动机占比都很低；相对韩国国内观众，国外的观众的观展目标、动机更强烈，更希望在博览会上满足他们的需要。②

综合 Choong-Ki Lee 的上述两项研究，可以发现，中国观众较为关注家庭团聚，注重和家人一起游览、体验世博；而欧美、日韩等地游客则具有较强的目标性，更重视文化探索与事件景观，重视对异国他乡文化的体验、对世博新技术、新景观感兴趣，享受世博营造的特殊的、新奇的、有趣味的氛围，对是否与家人一起则不太在意。

① Choong-Ki Lee, Soo K. Kang & Yong-Ki Lee. Segmentation of Mega Event Motivation: The Case of Expo 2010 Shanghai China [J]. Asia Pacific Journal of Tourism Research, 2013, 18 (6): 637-660.

② Choong-ki Lee. A comparative study of Caucasian and Asian visitors to a Cultural Expo in an Asian setting [J]. Tourism Management, 2000 (21): 169-176.

第二节 世博会观众对展馆主题理念的有效认知

一、观众在展馆中的观看方式

观看具有不同意义层面的方式，如眼睛掠过观看对象，漫不经心地瞥视；只对与光、颜色、形状相联系的某种感觉留下印象，而没有任何的动机的观看；为了详细地研究观看对象的观察；专注地看，能使观者产生某种成就感和快感的凝视等。① 在展馆中，按照观众目光扫描景物的目标、动机是否明确，观看方式有视线游移、凝视等。

（一）观众视线的游移

视线游移，即观众眼睛的浏览、扫视、瞥视等动作。观众在展馆中产生视线游移主要有以下原因：首先，从人眼观看的动作自然规律来讲，视线游移是人眼的正常生理活动。人眼的视野具有一定的范畴，要完整地感知整个环境，人眼必须进行扫描的动作，眼睛必须在不同景物上游移。其次，无法引起观众的兴趣，不能在观众心目中产生共鸣，无法控制观众的目光，是导致观众视线游移的重要原因。缺少创意的展示空间、杂乱而缺少艺术氛围的环境、不合理的游览规划都可让观众的视线发生游移。最后，在不同兴趣点上转换，也需要视线的移动才能完成。奇异的事物或展览空间中的视觉奇观，会吸引观众的目光，形成在不同景物之间的视线游移。在世博园区，各个展馆除了将最新的技术展示给观众外，在展馆外观上也追求奇异独特，以期吸引观众将目光投射到自己的展馆，如鲜红、体量巨大、极其醒目的中国馆及其不远处的沙特展馆“月亮船”，促使观众的视线在各个展馆建筑、景观之间

① 吴晓．景观凝视与民间艺术旅游展演的意义生产［J］．民族艺术，2010（4）：48-51.

游移。①

（二）观众在展馆里的凝视

凝视，又称为注视、盯视、监视，指集中注意力的一种观看，不仅指看某物还指用某种方法去观看，即观看之道，甚至其中还含有如何被观看。② 约翰·伯格认为，观众所知和所信仰的东西会影响到观看事物的方式③，影响观众“看”与“看到”的对象。凝视行为本质上是一种选择行为，观众在展馆中所看到的内容只是凝视着的那些景象。④ 观众在展馆中的游览就是自我的身体在他者的时空中移动的过程。观众在观看时，视线总是活跃的，在不停地转移、不停地在展馆刻意营造的他文化环境中移动；观众根据自己的理解选择凝视对象，而将景物建构为它在观众心目中所呈现的形象。⑤ 观众的凝视其实是自己文化的透射，他们看到的最终只是他们自己欲望和想象的东西。

观众凝视对象的选择并非完全是观众个人的自由，而是内在地受到观众所在社会对该景观所做的集体定义和表征的制约，是受世界观、价值、态度、信念等社会文化因素影响的。⑥ 每种凝视都取决于各自的社会话语、社会行为，取决于观众所在地域的建筑、景观等人类活动所呈现的社会文化，凝视者及凝视对象的关系是在一组动态的、系统化的社

① 曾军．观看的文化分析［M］．济南：山东文艺出版社，2008：190.

② 刘恪．凝视之眼［J］．平顶山学院学报，2012（6）：53-60.

③ ［英］约翰·伯格．看之方式［C］//周宪．视觉文化读本．南京：南京大学出版社，2013：209.

④ ［英］约翰·伯格．看之方式［C］//周宪．视觉文化读本．南京：南京大学出版社，2013：210.

⑤ ［英］约翰·伯格．看之方式［C］//周宪．视觉文化读本．南京：南京大学出版社，2013：210.

⑥ 马晓京．旅游观看方式与旅游形象塑造［J］．旅游学刊，2006（1）：87-91.

会和自然的关系中联系起来的。① 上海世博会日本馆《朱鹮的故事》讲述了曾经在日本灭绝的朱鹮，经过中日共同努力，在日本得到了重生的真实故事。朱鹮在此成为中日社会所共同认可的、象征中日友好的符号。为了拉近日本馆和中国观众的距离，吸引更多中国观众的关注，日本馆选用了中国观众熟悉的、中日关系中具有代表性、具有感染力的朱鹮作为展馆影像展示的主要角色，既体现了日本书化的特质、反映了人与自然的和谐，还“连接”了中日友谊，中国观众也能从这种中日共同定义的表征中领会日本馆所建构的意义。②

1. 作为权力的旅游凝视

凝视作为一种具体的观看方式，在视觉文化研究领域里，暗含有凝视主体的强势与被凝视客体的无力和被动性，如发达国家游客对欠发达异国情调的凝视等。③ 法国思想家、哲学家福柯认为，凝视是人的目光投射，是凝视动作的实施主体施加于承受客体的一种作用力。④ “凝视”的观看方式与政治、权力、意识形态或隐或显地产生联系。在尤瑞构建的“旅游凝视”理论中，“旅游凝视”不仅仅指“观看”这一动作，而且将旅游欲求、旅游动机和旅游行为进行融合并抽象化，代表了旅游者对旅游目的地文化、社会的一种作用力。晚清的经济、社会、文化落后，洋人在世博会上具有一种优越感，他们自然希望看到清王朝野蛮、丑陋的一面，在世博会上展示的“小脚女人”“烟民”“刑具”正是为了迎合洋人的强势凝视。

尤瑞还将旅游凝视分为浪漫的、集体主义的、观望的（大众旅游）、环境的（绿色旅游）、人类学的等几种类型，认为其中最主要的就是“浪

---

① ［英］John Urry. 游客凝视［M］. 杨慧，等译 . 桂林：广西师范大学出版社，2009：199.

② 张涛甫 . 世博会：文化传播的竞技场——兼论 2010 年上海世博会的跨文化传播意义［J］. 新闻记者，2010（11）：4-9.

③ 刘丹萍 . 旅游凝视：从福柯到厄里［J］. 旅游学刊，2007（6）：91-95.

④ 刘丹萍 . 元阳哈尼梯田旅游地发育过程研究——在凝视与被凝视之间［D］. 广州：中山大学，2005.

漫主义的”和“集体主义的”这两种情形。① 在世博旅游中，大流量观众进入有限的展馆空间，不论是分散进入、分批进入，还是流线进入，都会有大量的观众出现在某一场所空间。在大多数情况下，世博会观众彼此之间不熟识，只是在世博园区特定的空间短暂相逢，但有时会有共同的集体行动，例如，上海世博会德国馆，众多观众凝视、关注“动力之源”金属球，齐声大叫、奔跑，金属球则随之转动。随后观众情绪高涨，呈现出集体的狂欢。

2. 展馆中的多维度凝视

尤瑞的游客凝视其实是一种隐喻的说法，不单指“凝视”的动作，还代表着观众对展馆文化的作用力。尤瑞强调“凝视主体”和“凝视对象”之间社会权力关系的操作与演进，强调游客对展馆文化的单向凝视，同时暗指观众一直处于主动、支配的地位，认为展馆方总是被动地接受观众带来的影响。② 但是，旅游目的地各利益主体关系错综复杂，旅游凝视是各个利益主体之间的相互凝视，而不是单向的游客凝视或当地人凝视。③ 在《游客凝视》的第2版和第3版中，尤瑞进行了反思，并对游客凝视的概念做了相应的修正和拓展。2006年，以色列学者达亚·毛茨（Darya Maoz）提出了“东道主凝视”（local gaze）和“双向凝视”（the mutual gaze）的概念，着重考察了东道主凝视和游客凝视之间的相互作用，以及产生的影响，拓展和补充了尤瑞的游客凝视理论的内涵和外延。④ 吴茂英认为，旅游凝视不是单向的游客凝视，还包括游客间凝视、专家凝视、隐性凝视、当地人凝视，以及各“凝视”力量之间因权力悬殊和变化而产生的互相凝视。⑤ 世博会场馆中的凝视

---

① 刘丹萍．旅游凝视：从福柯到厄里［J］．旅游学刊，2007（6）：91-95.

② ［英］John Urry．游客凝视［M］．杨慧，等译．桂林：广西师范大学出版社，2009：7.

③ 吴茂英．旅游凝视：评述与展望［J］．旅游学刊，2012（3）：107-112.

④ 汤国荣，高峻．传统少数民族节庆旅游中的旅游者凝视行为探析——基于云南彝族“阿细祭火节”旅游的个案研究［J］．旅游研究，2014（1）：64-68.

⑤ 吴茂英．旅游凝视：评述与展望［J］．旅游学刊，2012（3）：107-112.

主要有观众对展馆文化的凝视、观众间凝视、专家凝视等。

观众通过凝视展馆中的景观、文化，进而对参展国文化进行凝视。世博会展馆中吸引观众的凝视对象主要有：具有地域特色的视觉景观，如丹麦馆中的小美人鱼；传达异域风情的符号，如欧洲风情的小镇；现实中熟悉而在展馆中又显得陌生的东西，如人类的生活环境展示；不同文化背景、社会环境下普通人的生活方式等。① 泰勒将旅游者分为三种不同的类型：旅行家、旅游者、游玩者。旅行家的凝视体现为某种静观性的对周遭世界的欣赏，比较注意环境或景观的深度观赏；旅游者凝视的特点是收集各种表面的浏览印象；游玩者是以不经意的或“快照式”的方式对所见一切投以一瞥。② 世博会观众中的旅行家通常对场馆主题的历史、文化有所研究，他们更为关注形象、符号背后的深层文化含义；旅游者与游玩者则以寻求快感、追求某种感官体验为主，影像、装置的视觉奇观容易引起他们的关注。

观众身体在展馆特定时空中移动，观众与展馆空间融合，赋予了场所新的意义，形成了新的景观，观众之间也会产生凝视。上面提到的上海世博会德国馆“动力之源”圆球项目，观众在现场的声音会影响到电脑程序处理，在“动力之源”金属圆球上形成相应的各种图案，而当观众齐心协力地喊叫和奔跑，两边的声音将使这个圆球摆动起来，众人的力量推动巨大的“动力之源”转动。在这个互动过程中，其他观众的行动直接影响了金属球的运动结果，因而在场的观众都特别关注对方，彼此之间会产生互相凝视。上海世博会公众参与馆是园区内以公众参与为基本特色的展馆，通过现代化的互动展示手段，凸显出公众的参与性，更体现了观众对公众以及其他观众的凝视。

世博会展馆中专家凝视主要通过观众调研、空间的设计、展示符号

---

① ［英］John Urry. 游客凝视［M］. 杨慧，等译 . 桂林：广西师范大学出版社，2009：18.

② 周宪 . 现代性与视觉文化中的旅游凝视［J］. 天津社会科学，2008（1）：111-118.

的选取、人员的讲解等手段，建构可供凝视的文化景观，为游客设置了游览的议程，决定了游客所观看的内容。政府总代表及其专家对观众心理、行为特点进行分析，确立展馆的布局、表现方式，并根据观众的反应进行相应调整与改进，是专家对观众凝视的结果。

二、展馆与观众之间的新型互动关系

无论是尤瑞的旅游“凝视”，还是毛茨的“双向凝视”，都将游客与对象置于“一方对另一方的权力”的场景中，仅关注旅游活动中占支配地位的、单向度的“目光”，却忽视了被凝视对象的主体性。游客凝视和东道主凝视应当互为依存，相互影响，建立平等、公正、互相尊重的文化关系。为了发挥自己的主动性，东道主可以采用各种策略和方法，如通过景观的规划，进而与大众媒体、旅游书籍、新兴网络等共同定制、引导游客凝视，规划游客的视线，使自己的作用变得积极主动。①

世博会展馆通过不同文化艺术符号的运用、惯用符号所指意义的转换等方法，主动进行文化的自我表征，在观众凝视与自我表征中进行良好的互动。美国是世界上科技、社会、经济高度发达的国家，观众在美国馆自然期望看到高新的技术，但美国馆并没有刻意迎合观众的凝视期望，而是以普通的“小院”变成“花园”并进行主题演绎，表达“建设更美好的世界，我们紧密团结在一起”的主题理念。在世博会期间美国馆还邀请美国第一国家舞蹈团，使观众能够欣赏到丰富多元的美国印第安文化遗产，分享原汁原味的美国原住民艺术。美国馆充分利用了观众的关注热情，与观众进行了对话与交流，呈现了多元、包容的美国文化，使观众产生美国不仅有高科技，还有丰富多元文化的认知。

---

① 成海．“旅游凝视”理论的多向度解读［J］．太原城市职业技术学院学报，2011（1）：68-69.

第三节　观众对世博会展馆国家总体印象的形成

一、展馆中游览：表征的观看

符号消费改变了现代社会的消费习惯和生活方式，电视、网络等大众媒介的出现为符号的消费提供了支撑。早期的世博会主要展示各国的产品、技术，而现代世博会则是利用各种文化符号全景式地反映世界各国政治、经济、社会、文化和当代科技成就与发展前景，体现世界文化相互交流与融合、人类思想最新结晶与发展方向，记录全球文明发展轨迹与成就①，现代世博会已成为符号的盛宴与狂欢。影像的视觉直观和大众媒介化使得对于空间的体验、感知和想象依赖于影像建立的符号解释模式。影像化、视觉化的展示符号成为意义传播的载体，成为在全球文化汇集的世博园区中塑造特异性、创造地方性认同的手段。② 上海世博会韩国馆主题建筑的几何形状与其他文化是共通的，但展馆外形是韩语字母符号的立体化，也是建筑的符号化。韩国馆的表皮由两种要素组成：韩国字母和艺术图案，整个展馆形成巨大的符号体系。中国馆则是中国传统文化符号与影像符号的堆砌，如名为“东方之冠”的斗拱、九宫格、中国红，巨大屏幕的《清明上河图》，环幕电影《历程》等。

观众在展馆中游览就是自我的身体在展馆国家精心安排的各种表征中穿行，观众在展示空间中主要是对于表征的观看。世博会展馆形成了一个独特的、封闭的空间，它将一个遥远的、真实的现实世界隔离起来，在展馆内部，各种影像、视觉符号在不断闪现、不断地变化；而在外部，它所表征的世界却按照自己的规律在运转，基本稳定，变化有

---

① 乔兆红．世界博览会与世界历史整体发展［J］．社会科学，2011（4）：158-167.

② 杨宇振，文隽逸．符号的盛宴：全球化时代的建筑图像生产与批判——后2010上海世博会记［J］．新建筑，2011（1）：9-14.

限。展馆内的景观与现实世界之间的联系就是展馆空间中的符号表征。观众在面对展馆中的景观时，对观看行为具有自觉的身份认同心理，会自觉认同自己在欣赏艺术品的身份，同时也以艺术欣赏的眼光来进行观看，这种关系的确立是建立在观众的经验及其对这种身份假定性的认同基础之上的。①

展馆空间既是表征的，又具有现实的要素。表征的观看缺乏现场的沟通性，交流的方式往往是单向的，如电影、电视只能将影像的信息传达给观众，演员无法与观众进行双向互动交流。在展馆，看与被看有时可以有直接的双向交流，观众期待与讲解员、其他观众的交流，讲解员也期待着观众的热情和参与，他们根据观众反应作出自我调整，这种调整能进一步激起观众新的情感反应。在上海世博会德国馆，身着“茜茜公主”和“路德维希二世”服装的演员，成为观众争相合影的对象，演员还会用汉语回答中国观众关于德国文化的各种问题；在丹麦馆，观众可以在蓝天白云下骑自行车，了解丹麦人的生活和梦想，还可以看到露天放置的小美人鱼。② 展馆组织者用这种互动的方式，以及现实世界中存在的艺术品，时刻提醒观众，记住展馆中符号所表征的那个现实中的国家。

二、观众在观看中对意义的解读

“意义”（meaning），是指“任何意指的含义”③，是被表征的系统建构出来的，在这个表征的系统中，既包括我们所发出的声音，也包括我们用相机所拍摄出来的影像，不仅包括我们在画布上留下的痕迹，也包括通过电子传播的数字脉冲④，以及展示空间中的景观。而“意指”

① 曾军．观看的文化分析［M］．济南：山东文艺出版社，2008：98.

② 艾翔．“互动”的力量——世博会互动展示设计探析［J］．艺术教育，2011（10）：142.

③ 曾军．观看的文化分析［M］．济南：山东文艺出版社，2008：74.

④［英］斯图尔特·霍尔．表征 文化表象与意指实践［M］．徐亮，陆兴华，译．北京：商务印书馆，2003：21.

(signification)，对索绪尔来说，某个符号或符号系统与其指涉现实的关系即为意指。符号学从现象学研究理论中吸收了其有关意指作用概念的大部分内容。从索绪尔开始后，符号学研究目标的确定大致经过了从符号系统到意指系统又到意指方式的发展，而其整个的思维逻辑都是建立在“意指”即“符号化”的基础之上的。“意指”通过观众的观看，或通过听觉或语言将之现实化，为观众所识别，转换为观众的情感或认识。①

世博会展馆的空间，是由实物符号与影像符号构成的。在观看的过程中，观众通过视觉表征，如颜色、形状、大小、体量和位置等，将视觉符号及其空间关系具体地在脑中呈现出来。不同于被社会公认的文字符号，视觉表征传递信息的前提是必须采用设计者与观看者都能够理解的视觉语言，才能引起观众对视觉表征符号的形式和内容的感知和联想，即通过观看才能解读视觉表征的意义，完成设计者与接受者之间的信息、情感和知识的迁移。

视觉（感觉）、视知觉、记忆、视觉表象、表象编码、形成思维，是观众识别视觉符号意义的过程要素。对视觉符号意义的解读，是观众基于自己特定的文化背景与观展动机，在原有的知识和经验的基础上，经过分析综合和判断推理等思维活动后，准确把握感知信息的过程。在这个过程中，观众对视觉表征进行选择性注意，对视觉信息进行感觉登记和意义建构。② 观众通过观看和想象，对表征符号进行基于自我经验的意义定位，使得视觉表征符号得到了基于各种不同文化经验的认识和理解。③

三、在快感中形成国家印象

快感有广义和狭义两种含义，从广义上讲，快感可泛指主体受外界

① 曾军．观看的文化分析［M］．济南：山东文艺出版社，2008：74.

② 赵慧臣．观看：知识可视化视觉表征意义解读的方式［J］．远程教育杂志，2011（3）：44-48.

③ 吴晓．景观凝视与民间艺术旅游展演的意义生产［J］．民族艺术，2010（4）：48-51.

刺激所产生的一切生理和心理的愉悦反应，而狭义的快感仅指生理性愉悦反应特别是性反应。广义与狭义之分导致在对快感的价值评判上产生诸多分歧。① 费斯克在《理解大众文化》中对快感的范畴进行了分析，认为快感“有时候被视为‘美学式的’（高雅、崇高的快感，反衬着低俗的享乐）；有时候是‘政治性的’（反动的快感与革命的快感）；有时候是‘话语式的’（创造意义的快感，接受陈腐意义的快感）；有时候是‘心理学’意义上的（精神的快感，身体的快感）；有时候又是‘规训’意义上的（施加权力的快感与规避权力的快感）。我也愿意承认快感是多义性的”②。

世博会观众快感的产生与他们的观看动机紧密相关。通过前文的论述，世博会观众的游览动机主要有对异国他乡文化的体验、对世博新技术、新景观的兴趣，享受世博营造的特殊的、新奇的、有趣味的氛围等，本书结合观众的观展动机，主要从逃避的快感、意义实现的快感、狂欢的快感、游戏的快感四个方面进行论述。

（一）逃避的快感

逃避是观众在与日常生活、工作环境完全不同的游览体验环境中，暂时忘记自身的社会角色，融入环境之中、寻找新鲜体验并获得精神解脱的状态。③ 身体失控后那种极度兴奋的快感——即自我的丧失——是一种躲避式的快感，是从自我的控制、社会的控制中逃避出来的。④ 它也是对意义的躲避，因为意义永远是在社会的层面被生产出来，并在主体中再生产出各种社会力量。对任何事物赋予意义，必然会对主体也赋

① 曾军．观看的文化分析［M］．济南：山东文艺出版社，2008：86.

② ［美］约翰·费斯克．理解大众文化［M］．王晓珏，宋伟杰，译．北京：中央编译出版社，2001：60.

③ 刘家明，刘莹．基于体验视角的历史街区旅游复兴——以福州市三坊七巷为例［J］．地理研究，2010（3）：556-564.

④ ［美］约翰·费斯克．理解大众文化［M］．王晓珏，宋伟杰，译．北京：中央编译出版社，2001：62.

予意义，不管该主体怎样可变或是游牧式的。① 世博会展馆的时空存在于观众主流社会控制之外，在世博会展馆中游览，心灵和身体变回了拥有自身权力的主体，脱离了严密的监控，进入没有利益冲突或压力的临时共同体，与他者进行或平等或有优越感的互动交流。②

世博园区以及展馆呈现了现代视觉科技奇观、文化风俗、自然环境、原始部落、乡村意象、民俗表演等，为观众营造了一个超脱现实、独特而又新奇的世界。他者的文化与观众的现实世界相隔离而表现出鲜明的反差，是观众逃避现实和追求新鲜感受的目标之一。通过在封闭空间中的异域文化体验，使观众在轻松、恬淡的环境中获得舒畅和愉悦。

（二）意义实现的快感

意义实现的快感是指当观众通过表征体系的运作，对所观看的对象进行有效的解码，在此过程中所产生出来的欣喜和愉悦。③ Kress 和 van Leeuwen 创立了视觉语法，认为影像可以实现三种意义：再现意义、互动意义和构图意义。再现意义包含叙事再现与概念再现，叙事再现描述行动、事件以及变化，而概念再现体现了参与者的性质；互动意义对应语言的人际意义，用以建立及体现影像世界、影像创建者以及影像观看者之间的关系；构图意义对应语言的语篇功能，指的是影像的布局，用以解释影像的各组成部分是如何形成一个完整的整体。④

展馆中观众对异域文化与新奇事物的探索，不仅仅是机械地观看，而是包括了观众主体性、文化背景、意识形态、性、种族等诸多问题的凝视。对于场馆提供的符号及其体系，观众通过自己的认识和理解，实

---

① ［美］约翰·费斯克．理解大众文化［M］．王晓珏，宋伟杰，译．北京：中央编译出版社，2001：62.

② 左晓斯，李钰．现代性、逃避主义与后现代旅游［J］．思想战线，2009（5）：21-25.

③ 曾军．观看的文化分析［M］．济南：山东文艺出版社，2008：87.

④ 彭漪，张帆．《哈利·波特》系列电影海报的视觉分析［J］．北京科技大学学报（社会科学版），2013（3）：15-20，26.

现了对它们的解读，产生出一种对新的意义进行探索和诠释的快感。同时观众通过再现、互动，与影像的世界、影像设计者之间建立了某种关系，在临时的社会空间中实现、建构了自身的意义。

（三）狂欢的快感

巴赫金的狂欢节理论解释了规训式的社会秩序所倡导的生活与下层阶级被压抑的快感这二者之间的差异。巴赫金认为，狂欢节的特征是笑声，是过度（特别是身体与身体机能的过度），是低级趣味与冒犯，也是堕落。肉体的过度，以及这种过度对既定秩序的冒犯，都关注身体的快感，以对抗道德、规训与社会控制。而狂欢节堕落的一面，则在于它将万事万物都拉低到身体原则的平等性上。世博园区的狂欢式的巡游表演，以及展馆内观众集体参与的互动节目，使观众的身体得到暂时的解放，从既定的日常社会秩序中脱身，所有的等级、地位、一切特权、规范以及禁律都暂时被搁置，身体暂时获得了彻底的自由瞬间，产生狂欢式的快感。①

（四）游戏的快感

约翰·菲斯克认为，电子游戏的独特价值是通过上演象征性叙事和设置游戏地点，将身处从属地位的游戏者置于文本参与者境地，借助过度关注身体，使其忘却意识形态的控制，从而获得一种“垂死”或“花费”式的快感。② 从广义上讲，凡是包含有游戏规则、带有互动性、能够让观众参与的以娱乐体验为主的展示项目，都可以归入游戏展示的类别。③ 展馆中的游戏展示具有沉浸性，既有观众与人的互动，也

---

① ［美］约翰·费斯克．理解大众文化［M］．王晓玨，宋伟杰，译．北京：中央编译出版社，2001：99-101.

② 刘中望．约翰·菲斯克的大众文化实践解读［J］．求索，2009（7）：195-197.

③ 陈龙，杜晓红．试论当下电视娱乐文化的快感表征［J］．中国电视，2011（4）：68-71.

有与物的互动，还有与影像虚拟空间的互动。游戏展示大多追求当下快感的发泄，追求感性欲望的满足，这种游戏的快感是短暂的、转瞬即逝的。

四、观众对展馆国家印象的生成过程

印象是指在人们记忆中所保留的有关认知客体的形象，是认知的主体把有关他者的各种信息综合在一起从而形成对他者的整体印象的过程。① 个体在工作与生活实践中，会在头脑中形成某个他者的既定印象。在某些场合，个体常常在短时间内获得新的有关某个他者的信息，认知个体会加上这些信息，把这些信息放在一起，形成一个整体的印象。但是，认知个体对他者的印象一般是在有限的信息资料基础上形成的，这种信息可能只是零碎和片段的，都可以用以形成对他者的印象；认知个体还倾向于将认知对象综合成一个整体的形象。因而，认知者的印象容易形成简单的二分法，如正面的或反面的，真实的或虚假的，等等。同时，认知个体初次的体验、经历也会形成第一印象，不同于深入了解而形成的全面的、丰富的印象，第一印象有时带有一定的表面性和片面性。

观众在已有经验的基础上，受到电视、杂志、广告、网络等各种媒介所传达的有关世博会的信息影响后，会对展馆国形成初步的印象，然后通过在展馆的实际体验形成更深层次的印象，最后将这两种形象综合起来得到展馆国家的最终印象。② 在进入展馆前，观众会对参观的展馆有某种程度的认知；进入展馆后，观众则被包围在充满各种符号的信息空间之中。

展馆表征空间中的影像符号与实物景观对观众具有不同的作用方式。展馆中的影视放映时，放映空间漆黑，只有或宽大、或环绕的屏幕

---

① 肖旭．社会心理学［M］．成都：电子科技大学出版社，2013：195.

② 王梦琴，王远坤．基于印象营销理论的乡村旅游形象提升策略［J］．新乡学院学报（社会科学版），2013（6）：57-59.

展现出有亮度的、高清晰的影像世界。处于其中的观众，仿佛融入其中，甚至有无法从影像世界中分离之感，在融入中体验快感，接受意义，影像符号意义生产受现实条件影响小，容易对观众形成强烈的视觉震撼。实物景观则与影像符号不同，在真实的空间放置真实的物体，形成了新的情景空间，观众可以沉浸在真实的空间中；而真实空间中的实物符号，观众可以有足够的时间与空间，去体味实物的意义，或体验其带来的快感。通过解读影像与实物符号所传达的意义，观众也可以将自己所理解的意义赋予表征体系，形成个体对展馆国家的总体印象，并通过身体的快感体验，改变或加强某种感知印象。①

① 陈阳，秦勇．回归意义与快感的生活本质——变革形势下中国电视剧的繁荣趋向［J］．当代文坛，2011（1）：108-111.

第三章　数字媒体时代世博会传统文化的视觉表征

第一节　世博会视觉表达中的影像符号

一、景观社会的形成与世博会传播符号的变化

第二次世界大战后西方社会经济稳定发展，进入商品丰裕的社会，即消费社会。20 世纪 60 年代，电子媒介的快速发展，造就了以视觉为先导的景观社会，影像日益渗入人们日常生活的方方面面，引起了人们的价值理念和生活方式的变化。在这个过程中，世博会的传播符号也发生了变化。

（一）消费社会出现前的传播符号

消费社会是指商品及服务的供给相对过剩，生产和消费超出了生存、生理必需的范围，消费主导经济生活和大众文化的社会发展阶段。① 消费社会的出现和消费革命紧密相关。第一次消费革命发生在 18 世纪，由工业革命引发的消费热潮从英国发端，随之遍及世界各地。

---

① 李新宽 . 17 世纪末至 18 世纪中叶英国消费社会的出现［J］. 世界历史，2011（5）：49-57，159.

在19世纪出现了大机器、大工业的新式工厂，新的社会阶层也随之产生。这些新的社会中下阶层在现代性的压制机制面前率先以标新立异的消费来凸显他们自身的存在，从而在整个社会引导了消费高档商品的炫耀性消费风气。① 第二次消费革命发生在20世纪初。在福特主义的导引下，美国和欧洲兴起现代意义上的大众消费模式，几乎所有的人都投入消费，生活的模式变成工作、挣钱、消费，从而把整个资本主义社会推向大众消费的阶段。20世纪20年代，美国消费社会的主要特点都已经发展完备，二次大战后，消费文化进入极度繁荣时期。20世纪50年代的美国文化已经转向享乐主义，注重游玩、娱乐、炫耀和快乐，并带有典型的美国式强制色彩。这时的消费不再仅仅追求经济、实用，而是涉及符号的象征意义。人们通过消费实践，透过对符号的消费与使用，建构他们自己的社会群体认同。②

（二）电子媒介的传播符号

电子媒介主要指广播、电影、电视、电脑互联网、手机等，相对于印刷时代线性、理性思维的特征，电子媒介更偏向于人类的直觉和感官。在电子媒介时代，通过将声音、光影转化为电子信号，实现了信息远距离、及时的传播，使得现实空间有了前所未有的重构与延伸。电子媒介时代开始于19世纪初电报的发明，1920年11月2日，美国匹兹堡KDKA电台开始播音，标志着世界上第一家广播电台正式诞生，作为建立在无线电技术基础上的广播，超越了以往印刷媒介的空间限制，极大地拓展了人类的信息传播行为和方式。③ 1936年，英国广播公司在伦敦建成世界上第一座电视台，次年英国第一次进行户外电视实况转播。电视诞生后，经历了从黑白到彩色、从地面电视到卫星电视、从模拟信

① 姜继红，郑红娥．消费社会研究述评［J］．学术研究，2005（11）：26-30.

② 姜继红，郑红娥．消费社会研究述评［J］．学术研究，2005（11）：26-30.

③ 李鹏．媒介技术发展与广告传播形态［J］．新闻爱好者，2010（24）：70-71.

号到数字信号，通过影像、声音、字幕以及特技等多种手段传递信息，给受众以强烈的现场感、视觉冲击力。1983 年，互联网络正式诞生，计算机与通信技术、网络技术、多媒体技术的高度融合，形成了集书信、电话、书籍、报刊、广播、电视、电影等于一体的综合性媒介体系，其发展突破了传统的大众传播框架，包含了人类信息传播的两种基本的方式，即人际传播和大众传播。电子媒介凭借其先进的技术手段构建了一个几乎以假乱真或真伪难辨的影像世界，对社会的物质和精神消费、生产影响巨大。电子媒介对社会经济、政治、文化、思想、情感等各个层面进行了全方位渗入，人们在日常生活中随时随地能感觉到电子媒介渗透的力度、深度、广度。

（三）景观社会中的影像传播

20 世纪 60 年代，电子媒介对消费社会符号形象的传播与塑造，造就了以视觉为先导的景观社会。“景观”原意为一种展现出来的可视的客观景色、景象，也指一种主体性的，有意识的表演和作秀。① 景象社会指涉依照符号、商品和景观来组织的媒介社会和消费社会，又指涉当代资本主义的种种体制的和技术的机构。② 1967 年，居伊·恩斯特·德波（Guy Emest Debord）出版了著作《景观社会》，提出了“景观社会”理论，认为“在现代生产条件无所不在的社会里，生活本身展现为景观的庞大堆聚。直接存在的一切全部化为一个表象”③。在景观社会，真实的世界变成纯粹影像时，纯粹影像就变成真实的存在，景观社会利用各种各样专门化的媒介，为社会大众提供虚构的事物与符号。因此，基于直观而自然交流方式的视觉就被提高到以前曾是触觉享有的特

---

① 肖建华．图像文化的社会基础［J］．江汉论坛，2013（10）：130-135.

② 周宪．视觉文化与消费社会［J］．福建论坛（人文社会科学版），2001（2）：29-35.

③［美］丹尼尔·贝尔．资本主义文化矛盾［M］．赵一凡，等译．北京：生活·读书·新知三联书店，1989：115.

别地位。①

在德波的理论中，当代社会的商品生产、流通和消费，乃至在这种生产关系中形成的人与人的关系，均以视觉影像为中介。② 随着电子媒介如电影、电视的产生，商品的影像开始从物脱离出来，将自身建构为超然于物外但又规定着物的统治者。商品不再直接展示自己，而是通过影像的中介来展示自己。这也意味着，商品的物的使用性开始被商品的影像规定性所取代，任何商品如果不能转化为影像，也就没有存在的现实性。③ 在当代社会，景观成为决定性的力量，影像制造欲望，欲望决定生产，影像时代已经到来。

消费社会的形成对世博会的展示形式产生了深刻影响。世博会是对人类社会“进步”的思考，世博会传达的主题理念是对未来发展的探索，而展示形式的变化几乎与社会发展同步，消费社会的发展特征在世博会的展示形式上得到快速反应。初期世博会展示主要以象征工业生产的机械及其工业产品进行静态陈列，后来逐渐发展出娱乐性和节庆性，最终形成影像主导的主题演绎展示形式。

二、世博会展示中影像的传播力

（一）影像符号的特性

电影、电视的影像艺术不仅是空间艺术也是时间艺术，集视听于一体，能够表现事物的运动过程。而由照相机完成的静态图像只能表现事物的瞬间动态，它不能表现对象的运动过程，静态图像叙述的是凝固的历史、定格的事件，是影像的一种特殊的、静止的存在状态。影像作为符号的研究主要有两条脉络：一是源于美术史领域的图像研究，是从

---

① 肖建华．图像文化的社会基础［J］．江汉论坛，2013（10）：130-135.

② 周宪．视觉文化与消费社会［J］．福建论坛（人文社会科学版），2001（2）：29-35.

③ 仰海峰．德波与景观社会批判［J］．南京社会科学，2008（10）：9-16.

19世纪在欧洲美术史研究领域中的图像学研究发展而来，源于美术研究的图像学研究将研究对象限于艺术史。作为奠基人之一的潘诺夫斯基，不只关注艺术作品的主题或含义，同时也致力于语境、意义的探寻，将图像当做其他事物的象征。另一脉络源于语言符号学，将图像作为一种非语言符号，重点研究其象征和文化意涵。在索绪尔的符号学中，语言文字能指表现为声音或形象，是符号的物质形式，所指是指由这种声音或形象在人头脑中所引发的概念，是符号的内容，两者的关系是完全任意的、偶然的、非自然的和非习惯的。索绪尔没有涉及图像符号，但索绪尔的所指、能指图式建立了起结构主义的语言符号研究范式。皮尔斯按照符号和它所指代对象之间的关系，将符号分为图像符号（icon）、索引符号（index）和象征符号（symbol），图像符号和它所指代的对象之间存在像似关系；罗兰·巴特的《图像修辞学》以语言结构的方式研究了图像表意层次。随着符号学深入图像研究，两条研究路径有合流倾向，并逐渐进入大众图像文化研究。①

摄影机记录的影像符号具有迹象性特征。皮尔士认为照片与其所表现的对象之间的“相似性”是在一定条件下被制造出来的，如在物理学上，像点和物点是一种共轭关系，物点决定像点，这种严格物理学意义上的对应，是摄影之前任何图像形式都不具备的。② 自然界存在各种天然景象，如阳光、沙漠、海洋，是影像产生的前提。在早期的摄影中，照相机成像无论摄影者如何进行控制，其过程主要是一个光学—化学（或电子学）的过程，即摄影的成像过程是“自动”完成的，这与画家“手动”制作“作为艺术的图像”有着本质区别。摄影所拍摄的影像完全依赖由光线、材料、地形等要素组成的自然界景象。在摄影成像的那一特定时空点上，作为符号的影像及其所指代的现实景象必然共

① 胡易容．论图像的符号性——驳米切尔图像转向论的“后符号学”命题［J］．社会科学战线，2012（10）：146-151.

② 戴雪红．消费社会语境下商品包装艺术的视觉化审视［J］．包装工程，2012（22）：1-3，8.

同在场。苏珊·桑塔格指出："一幅画即使达到了绘画水准的相似性，也不过是陈述一种阐释罢了，而照片简直是记录一种发射现象（物体反射的光波）——任何绘画都不能留下主体的物质印记。"① 正是因为影像具有迹象性的特点，使得影像在传播信息过程中比文字具有更多的真实性效应。② 在视觉技术高度发达的当代，影像的真实性被不断美化、极限化、虚拟化，影像符号的能指与所指已分离，形式与内容游离，出现了符号的自指与意义丧失的现象，但是，通过"自动"完成的影像依然具有强大的"证据"作用。在世博会展示中，由照相机完成的静态影像在许多展馆中依然占有重要地位，如在动感、全景影像占主导的沙特馆，电梯运动的开端、墙上中沙领导人的会面场景，就是照相机记录的历史时刻，见证了中沙关系的友好。

影像符号与指代对象的相似性，使得信息的感知过程更为轻松。在人的视觉感知过程中，对眼前事物进行感知时，大脑会积极调动以往积累的视觉经验，迅速与头脑中已经存在的概念相匹配，查找与之相吻合的形象，然后确认感知对象的种类、属性、特点。影像符号的光影形态与所指代的对象在外部造型、姿态、颜色、质感等物理属性上相似，相对于文字符号，影像符号与事物的外部面貌特征更为接近，受众解读影像符号的方式与日常生活中视觉感知现实世界的方式很相像。影像符号在头脑中解码，并作出判断要相对容易，因为在人脑的视觉图典中，与现实物体肖似的视觉形象有较大的储存量，完成解码的过程也更为简单、迅速。③

对现实的再现一直得到传统研究的重视，在数字媒体时代，文字的

---

① ［美］苏姗·桑塔格．形象世界［C］//陈永国．视觉文化研究读本．北京，北京大学出版社，2009：119.

② 曾庆香，郭磊．图像化生存：规训与展演——论图像作为符号［J］．国际新闻界，2011（2）：43-49.

③ 姜竹松．论视觉传播中形象肖似符号的修辞与意义［J］．装饰，2006（11）：39-40.

主导地位被影像取代，影像表征成为图像转向文化语境中主导性的表征方式和呈现形态。虽然影像与其所指代的对象具有相似性，但在科技高度发展的景观社会，影像符号已不是现实的直接对应物，主要体现在：影像符号作为一种文化表征，既是表征的方式，又是表征的结果；表征的本性是扭曲，影像表征的本性也是对现实某种程度的扭曲，不完全等于现实；影像不是直接的现实，而是现实的符号化与介质化表述，在编码和解码的过程中会出现许多不同的可能性；影像符号本是半开放性文本，但常常被配上文字、音乐等说明性或效果性要素，会对影像意义的解读产生指引作用，将半开放性文本改编为封闭性文本，或倾向性文本；影像符号只是现实某个角度、某个部分在平面上的投射，是某个角度的真实，如果用它来代表整体对象会产生以偏概全的效果。①

从表征仿现实化的运作机制来说，影像与文字等传统表征方式类似，均将现实作为表征活动的主旨。从仿现实的效果而言，摄影机所生产影像的表征效果与现实相像，是一种照相式“自动”摹仿，与文字表征的摹仿效果不同。② 语言文字是人类社会化的结果，是封闭的符号系统；语言的发音、文字的所指具有很大的随意性，但是一旦形成社会规范，就只能按照一定的规则进行解读。而影像是半封闭的符号系统，因为影像具有复制属性和文化属性，就它的复制属性来说，认识自然界中的景象，对影像符号也能认识；就它的文化属性来说，它没有像文字那样相对稳定的规则，不同的人由于文化背景的不同，对于相同的影像符号会产生不同的认知。③

（二）影像中信息的传播途径

影像是图像符号与声音符号的集合，视觉感知是信息传播的主要方

① 李勇．图像表征的当代认识论危机［J］．哲学动态，2013（7）：86-91.

② 李勇．图像表征的当代认识论危机［J］．哲学动态，2013（7）：86-91.

③ 刘洪．像差·像压——试探图像传播的表征机理［J］．现代传播（中国传媒大学学报），2007（5）：16-19.

式。摄影、摄像、电影、电视、计算机虚拟影像以及漫画、动漫、卡通制品、电子游戏等这些动态、有声、互动的数字媒介超越了绘画、图片等“凝固的真实”，构成了当今图像文化统治。① 影像的出场、接触和使用越来越成为司空见惯的事情，为人们提供了新的选择、新的感受、新的经验，影像已成为现代社会信息传播的重要形式。②

影像通过直观、“真实”地展示现实，来传播信息、意义、情感和价值观念。影像能以其所展现的逼真细节和生活原型见长，影像传播以其“图的真实”表征着现实生活中的“原型真实”，传递着“媒介真实”，从而建构着人们对媒介意识中的“观念真实”。③ 在影像中，受众总是可以找到“现实”的表象，“现实”的外貌、形状、大小、色彩、关系等可以被直接给出，让观看者成为“目击者”。这种具象的“现实”总是让观众更容易相信它所显现的形象，并按照图像意识的牵引解读出它所意指的世界。从观看，到感知，到意义解读的过程，也是影像说服力彰显的过程。④ 影像的色彩、线条、空间、光影、构图、运动等所组构的影像符号体系，是更为直观和具体的表达形式，能够将抽象、概括的信息和意识形态化为简洁、真实的形象，直接诉诸受众的视觉，促使其形成直观、明晰的印象。影像还能与其他符号形式相互关联，相互依赖，促使更丰富的信息输出和意义生成，如在世博会广泛采用的 4D 电影，影像把视觉、听觉、触觉融合起来，共同为同一展示主题服务。⑤

---

① 肖建华．图像文化的社会基础［J］．江汉论坛，2013（10）：130-135.

② 刘丹凌．图像时代国家形象视觉塑造的悖论［J］．社会科学研究，2013（5）：190-195.

③ 陈红玉．消费时代的图像传播及其媒介权力［J］．南京社会科学，2014（11）：103-108.

④ 刘丹凌．图像时代国家形象视觉塑造的悖论［J］．社会科学研究，2013（5）：190-195.

⑤ 刘丹凌．图像时代国家形象视觉塑造的悖论［J］．社会科学研究，2013（5）：190-195.

影像本身即是一种大众化的符号体系，人们对于影像语言的阅读和解释能力较之文字而言，更具有民主性和平等性。影像意识具有某种与生俱来的品格，它具有自身独特的意向联结和立意方式。人们对影像的常规性观看和理解不是建立在长期的学习过程、深厚的知识积淀、丰富的生活阅历基础之上的（虽然这些因素或多或少会影响人们对影像背后意义的挖掘），而是建立在自觉的影像意识基础上，因为影像的意指对象和影像的现实对象具有合一的特征。①

影像较少诉诸理性，更多的是利用感性诉求，产生强大的情感感召力来传递信息。② 影像可以把分散、易逝、隐匿的现实以集中、连续、详尽的方式加以展现，冲击、切割、强化观看者的情绪、情感。对于历史的、已逝的景象，现代影像科技能使之重现、还原，使其具体、生动地展现；将其重新载入现实当中，使过去时光在与现在时光的关系当中产生新的意义，观看者的情感在影像复原的历史当中获得了新的存在感和质感，击破了时间所建立的疏离感和区隔感。③ 上海世博会西班牙国家馆，利用影像和视觉形象，对人类城市发展历史进行了思考，观众如置身于远古人类生活的场景中，产生强烈的在场感。影像还能通过其表征外在的修辞性、娱乐性和诱惑性特征对人的无意识和欲望产生引导作用。

（三）世博会国家形象影像传播的困境

摄影诞生后，照片被作为现实的复制，反映着现实。电影的出现，影像的传播效果得到突破性进展：从黑白到彩色，从无声到有声，从静

① 刘丹凌．图像时代国家形象视觉塑造的悖论［J］．社会科学研究，2013（5）：190-195.

② 陈红玉．消费时代的图像传播及其媒介权力［J］．南京社会科学，2014（11）：103-108.

③ 刘丹凌．图像时代国家形象视觉塑造的悖论［J］．社会科学研究，2013（5）：190-195.

止到活动，清晰度、亮度、色彩饱和度，制作精度不断提高。在电视、电脑网络等视觉媒介技术的推动下，曾经作为事物存在直接证据和客观性、精确性典范的影像，逐渐转化为由电脑生成或合成的超现实虚拟影像，影像成为具有欺骗性、不确定性和异质性的拟像①，这些转变使得影像具有影像泛滥、影像与现实脱离、视觉霸权、判断结构缺失等困境问题。②

第一，影像的泛滥消解了主导性信息。数码照相机、智能手机，以及照片、视频编辑处理软件的普及为影像制作开启了广阔的空间，将影像的制作权从一种职业系统中解放出来，使更多的主体，如专业机构、职业工作者、业余爱好者等获得接触、参与影像生产和传播的机会。电视、互联网、电脑、手机等各种终端设备则为影像的快速、广泛传播提供了支撑③，使当代社会成为一个影像高度堆积的社会。无论是大众媒介，还是大众的日常生活，都呈现出高度影像化的趋势，影像形成了对人的全面“围困”。当代文化是一种影像泛滥的文化、审美泛化的文化，人们既盼望享受影像带来的视觉冲击，又希望逃避影像的困扰。④在影像泛滥的语境下，国家形象的影像是一幅碎片化的图景，由不同主体，基于不同目的、从不同视角完成的影像产品，必然会呈现出不同的内容偏重，承载不同的意识形态和价值观念。⑤ 观众在进入世博会展馆之前，必然已经接触到有关国家形象的影像，这些充斥人们日常生活、庞杂的影像信息同时也消解、干扰着世博会国家形象建构所呈现的信

---

① 高字民．从影像到拟像——图像时代视觉审美范式的变迁［J］．人文杂志，2007（6）：119-124.

② 刘丹凌．图像时代国家形象视觉塑造的悖论［J］．社会科学研究，2013（5）：190-195.

③ 刘丹凌．图像时代国家形象视觉塑造的悖论［J］．社会科学研究，2013（5）：190-195.

④ 刘伟斌．论消费时代视觉文化的困境及其超越［J］．求索，2010（10）：69-71.

⑤ 刘丹凌．图像时代国家形象视觉塑造的悖论［J］．社会科学研究，2013（5）：190-195.

息，使世博主题理念处于一种支离、破碎、矛盾的状态，由此世博会国家形象的信息被扭曲、淹没，受众很难对国家形象形成统一的、整体性的认知。

第二，影像脱离了与现实之间的原有联系，成为真实的幻象。鲍德里亚分析了影像与现实关系的四个阶段：（1）图像是深度现实的反映；（2）图像遮蔽了深度现实并使现实去本质化；（3）图像遮蔽了现实的缺失；（4）图像不再与任何现实发生关联，而成为纯粹的拟像。在鲍德里亚看来，影像对现实的客观反映只是停留在第一阶段，而随着视觉技术的发展，影像开始脱离现实，伪造、篡改甚至扭曲了现实，虚假的拟像取代了真实的图像。①

在早期摄影阶段，影像虽然是对现实的反应，但反映的现实并非等同于绝对真实，影像文本的生产者存在各种观点、视角、风格，影像文本对现实进行了筛选、过滤，凸显、放大了某些符合制作者主观的内容，而隐藏、遮蔽了其他不需要的内容。近年来，电脑的出现加速了影像对现实的脱离，摄影照片可以被任意修饰，甚至利用电脑轻易制造出现实中完全不存在的影像，影像的生产和复制已经逐步脱离于现实，甚至形成自我完善的系统，完全摆脱了对现实的依赖，成为纯粹的拟像。中国馆《清明上河图》影像即采用电脑虚拟中国宋代的繁华景象，但这里所呈现的不是中国当代的现实，仅仅是中国过去的传统文明，其中存在影像与现实、当代与历史的区隔，难以与今天的中国产生全面联系。因此，环幕电影《历程》进而介绍了中国改革开放以来所取得的成绩，这是对国家形象展示的重要拓展与深化。

第三，影像的视觉霸权。人类认识及把握世界的途径主要有看、听、嗅、味、触这五大原初感觉形式，人类通过它们与世界进行着信息的交流。视觉时代的来临，影像为大众化消费提供了有利途径，消费主

① 张劲松，廖维晓．媒介批判理论的语境转换：影像·景观·拟真［J］．国际新闻界，2010（8）：57-61.

义反过来又推动视觉文化产业的发展壮大。视觉文化与当下消费模式的互助互动，导致大众对逼真影像的依赖更加明显，而对语言文字等其他交流方式无暇顾及。由此，其他感觉形式遭遇挤抑与颠覆的处境，促使视觉影像确立了它的霸权地位。① 世博会展示中观众对视觉感官刺激的追逐，在一些以实物展示方式为主的展馆，观众的关注度往往严重不足，对静态展示所传达的文化理念也缺乏了解的兴趣。

第四，影像判断结构的缺失。影像擅长展示意象、展示景观、展示局部以及细节，但是它难以展现抽象的、概念化的、整体性的、普遍性的东西。梅萨里在《视觉说服：形象在广告中的作用》中指出，形象性和标记性都可以看作视觉影像产生说服的积极因素，但是结构的不确定性是视觉的消极因素。他指出："视觉结构所缺少的，特别是将其与语言文字相比较，正是一套表示因果关系、相似关系，以及除时空关系之外的其他任何关系的明确手段。"② 这里所说的视觉结构的不确定性，是指视觉语言不像文字语言一样具有严密的逻辑性，在表述因果关系、相似关系时擅长严密的论证，从而难以产生符合逻辑的论证效果，影像判断结构的缺失无法对事物间的联系做出明确的表示，意味着视觉说服的过程无法包括明确的论点。上海世博会中国馆环幕电影《历程》，展现了从 1978 年到 2010 年中国社会的变化，为了将时间不断流逝的意思表达清楚，影片使用了旋转门，让观众在旋转门的不停旋转和时间一年一年流逝之间建立联想，并让年号数字在屏幕闪现、消失，希冀让观众准确理解导演所极力表达的意义。

三、世博会展示影像与意识形态

1796 年，拿破仑时期法国法兰西研究院院士、哲学家、政治家德

---

① 古世仓，魏庆培．视觉时代的文化逻辑与文学生存［J］．厦门大学学报（哲学社会科学版），2012（1）：8-15.

② ［美］保罗·梅萨里．王波译．视觉说服 形象在广告中的作用［M］．北京：新华出版社，2004：13.

斯蒂·德·特拉西（Destutt de Tracy，1754—1836）在其《意识形态原理》一书中最早明确提出并正式使用了意识形态概念。① 作为启蒙主义运动中的一个重要的科学理性概念而被提出来的“意识形态”，经由经典马克思主义的理论阐释，发生了革命性的变化。在葛兰西那里，意识形态是“一种在艺术、法律、经济行为和所有个体的及集体的生活中含蓄地显露出来的世界观”。他将上层建筑划分为市民社会和政治社会。政治社会的权利执行机构是军队、法庭、监狱等专政工具，采取的是暴力形式；而市民社会由政党、工会、教会、学校、学术文化团体和各种新闻媒介等构成，以意识形态或舆论方式得以维持。②

鼎盛于20世纪五六十年代的法兰克福学派则认为“虚伪性”是一切意识形态所固有的普遍特性。在他们看来，一切意识形态都是其制造者们为巩固与扩大自身的阶级利益而杜撰、虚构出来的，其目的是左右人们的思想，决定社会的生活。法兰克福学派的意识形态概念，不仅包括统治阶级的思想意识，还包括科学、技术、文化、心理等，他们把“与真理相对的一切东西”都称作意识形态。在发达工业社会，信仰、科学理论、大众文化、艺术、法则等这些哲学的、道德的、宗教的、认知的活动都具有意识形态的特征。意识形态通过制造虚假的幻象，美化和幻化现实，为国家权力统治的合法化辩护，具有欺骗性与操纵性。这种辩护的功能通过宣传、教化等手段来实现，使虚假的幻象成为人们习以为常的一种生活样式，其结果是个人不仅失去了反抗现存制度的批判性与否定性，而且成为维护现实的保守力量。③

影像虽然与指代对象具有相似性，但并不是对现实的机械反映，在

---

① 岳杰勇．意识形态概念的流变与考察［J］．河南师范大学学报（哲学社会科学版），2012（5）：7-10.

② 姚坦．媒介意识形态传播的转向［J］．湖北社会科学，2012（1）：183-185.

③ 车玉玲．20世纪意识形态论域的三个维度［J］．哲学动态，2002（12）：24-27.

影像背后总是隐藏着意识形态属性，任何影像都蕴含着一定的思想、观念、倾向。① 德波认为，图像（景观）的空前积聚，满足了视觉快感和享受，它体现的是符号价值的生产和消费，是当代社会主导性的生活模式。图像（景观）不仅是当代社会主导性的生活模式，还具有意识形态功能，更是一种隐性的意识形态。无论是通过电影、电视、网络视频还是其他影像，呈现在人们面前的各种图像（景观），其本质都是认同性地或者无意识地支配着人们的欲望、行为和思想。人们在图像文化的引诱下，将现存的生活方式误为是本真的存在方式，并自愿地学习、模仿和顺从这种生活方式。② 影像的意识形态功能主要体现在以下几个方面：

第一，影像不完全是对现实的复制，而是对社会意识形态的反映。在虚拟现实和电脑模拟的时代，影像的生产更多的是精心组合、设计和编排的产物。影像生产者根据自己的意识形态需要选择拍摄和剪辑，把不同时空中的画面任意地组合在一起，编造出故事，组成所谓事件的现实和历史的真相。③ 这种经过选择、加工的产品不具有普遍性，也没有代表性。因此，在真实与虚拟的界限模糊情况下，大众的认知是会受到社会意识形态的控制和引导安排的。在景观社会，由于人们对影像的信任与依赖，常常会把影像的内容当成真实的情形，常常根据各种影像文化所提供的信息建构关于这个世界的拟像，人们对世界的观察与经验也往往是以影像来进行直观的具象化。④ 在一定的社会意识形态价值观指导下的影像生产、传播、接受，会在某种程度上影响受众对这个世界的观点。上海世博会澳大利亚馆利用360°旋转环幕电影，以三个孩子的

---

① 陆涛．形象·文本·意识形态——图像学研究的三个关键词［J］．齐鲁艺苑，2013（3）：107-112.

② 肖建华．图像文化的社会基础［J］．江汉论坛，2013（10）：130-135.

③ 何丽野．当代影像意识形态批判［J］．南京社会科学，2011（2）：54-60，74.

④ 段钢．图像符号的意识形态操控［J］．河北学刊，2007（6）：52-57.

故事介绍了澳大利亚在经济、农业、工业、旅游等方面的蓬勃发展，传达了澳大利亚“土地很古老，国家很年轻”，城市充满活力的主题理念。在精美的影像画面中，隐含着澳大利亚人民友好热情、自然环境舒适、适宜居住的价值判断（见图 3-1）。

图 3-1　上海世博会澳大利亚馆 360°旋转环幕电影①

第二，连续、强烈的视听冲击力，让观众无暇思考和怀疑。在景观社会中，各种现实景观和影像景观纷至沓来，将看不见的、隐性的意识形态变成了看得见的景观、影像。这些娱乐性强、趣味性高的景观、影像不停地冲击着公众的心灵，使得人们渐渐丧失了分析、批判等理性能力，在不知不觉中顺从、认同、维护影像所传达的意识形态。② 世博会大量使用运动影像，通过新颖的叙事，色彩、造型、光线、质感、运动

① 神韵在线．“畅想之洲”澳大利亚馆 360 度环幕电影立体体验［EB/OL］.［2010-07-06］．http：//news. sctv. com/gnxw/rdxw/201007/t20100706_406151_3. shtml.

② 聂立清．景观社会与我国主流意识形态控制［J］．河南师范大学学报（哲学社会科学版），2009（2）：19-22.

以及声音等不断变化形式，强迫观众不停歇地接受它的连续性和唯一性，不容许观众停下来思考和判断，进而影响其思辨，使其在不知不觉中接受影像的价值观。例如上海世博会韩国馆主题电影《和声城市》：众多韩国明星扮演成一群“wish makers”，将城市变成美丽的花园，帮助一位因事故致残、失去舞蹈家梦想的小女孩找回自信和微笑。热力四射的明星偶像劲歌热舞、3D 虚拟动画、镜头与画面元素的快速运动，营造了一个梦幻般的城市，唯美、动感的画面将观众带入紧张、强烈的节奏之中，影片透露出的互相关爱的价值观则悄然进入观众头脑中。通过为影像增加新的视觉要素，不停地吸引观众的注意力，使得影像的意识形态功能得到强化。①

第三，影像形象的直观性、接受的广泛性和传播的便捷性，能够被广泛的社会阶层所解读，因而影像的意识形态得到了广泛而有效的传播。例如上海世博会美国馆《花园》影片，没有语言对白，通过视觉和音乐的表达形式，讲述了一个在城市里生活的小女孩想把一片废弃的空地改造成一个生机勃勃的花园的故事。小女孩的努力、梦想最终感动了社区居民，在他们的共同努力下，小女孩完成了梦想。对于美国馆影片，不同观众可能会有不同的解读，有的解读为改善人类的居住条件、生活环境，有的解读为每个人都要热爱生活，还有的解读为只要努力，梦想定能实现等。影片给观众心灵上造成强烈的震撼与共鸣，以最简洁的方式诠释“美国梦”的内涵，让所有的观众都能在影片中体会到美国馆影像传递出来的美国文化、社会的价值判断。

第二节　世博会跨文化传播中的影像沟通

跨文化传播（intercultural communication）指属于不同文化体系的个人、组织、国家之间所进行的信息传播与文化交流活动，即信息跨越

① 段钢. 图像符号的意识形态操控［J］. 河北学刊，2007（6）：52-57.

文化体系的传播现象。① 跨文化传播作为一门独立的研究学科，其诞生有三个标志，一是 1959 年美国文化人类学家爱德华·霍尔的经典著作《无声的语言》出版；二是 1970 年国际传播学会正式成立跨文化交际学分会；三是 1974 年《国际与跨文化交际学年刊》创刊。②

有效的跨文化传播在其发生、发展的过程中，要求参与者不仅依赖自己的代码和编、解码方式，同时也了解并参与对方的代码和编、解码方式，因为它是一种互动的传受活动。在这个过程中，交流的双方通常对对方所传递的信息及其行为方式感到陌生和新奇，参与者的行为、观念、感情和理解力会产生相应的变化。在全球化和多元化的今天，世界经济、文化联系日益紧密，越来越多的人生活在两种或多种文化圈层之中，他们具有多重文化身份，并经常处于不同文化价值和生活方式的变化中。由此可知，跨文化传播在当今社会中广泛、深入和频繁地发生着。

一、世博会的跨文化传播效应

世博会集聚了来自世界各个不同文化的大量观众，1970 年大阪世博会的参观人数达到 6421.8 万；2010 年上海世博会参观人数为 7308 万，这是任何其他种类的国际集会都无法企及的。在一定的时间内，来自全球多个国家的不同肤色、不同语言、不同社会的几千万人们聚集在特定空间，展示各自丰富多彩的文化，共同思考当前面临的问题，探讨人类未来的发展，世博会已经无可争辩地成为全世界最大的跨文化传播平台。③ 160 多年来，世博会已经由最初展示先进工业产品演变为展示各国经济、文化和科技发展成果的综合舞台，而支撑世博会的核心价值

① 童兵．试析跨文化传播中的认识误区［J］．新闻大学，2004（3）：20-24.

② 李炯英．中国跨文化交际学研究 20 年述评［J］．解放军外国语学院学报，2002（6）：86-90.

③ 周小祥，庄恩平．2010 年上海世博会跨文化传播的价值与策略［J］．徐州师范大学学报（哲学社会科学版），2010（2）：67-70.

一直未变，这就是文化的交流与传播。国际展览局专家、上海世博会主题演绎顾问卡门女士说，世博会本身就是一个媒体。① 世博会使用全球范围内的通用语言，向世界各国观众传播各个民族的文化，它跨越了文化之间的鸿沟，在不同国家之间建立某种联系，用共同的理念和主题引起世界不同国家和民族的共同关注，在异质文明之间充当沟通桥梁。在世博会期间，大量普通观众在短时间内领略世界各国文化，亲身体验和理解多样性的世界文化。

（一）世博园区的文化场域是移植的文化

世博会脱胎于机器时代，是工业文明的产物，世博会的举办形式随着时代发展在不断变迁，但世博会的精神内核没有变，其背后支撑的是文化。世博会展示的文化是一种移植的文化，是一种参展国刻意建构的文化场域，各国场馆中的文化资源并不是原发自然性的，而是临时从其文化母体那里移植过来，或是具有特定文化背景的专业人员现场设计、建造出来的。②

世博会把根植于世界各个民族地区的文化异地移植到多文化并存的世博园区内，通过集中式的展示方式，在有限的空间内微缩展示不同国家、民族的传统文化、生活方式。世博会展示的这种文化在空间上和时间上与其原初文化背景相分离，被赋予了一种存在于不同时间与地点的新的文化背景，这种非真实的符号化过程让观众停留在对某个文化碎片的表面参与上，却无法理解碎片背后的文化全貌与深层的文化精神内涵。如果观众随后出现在原生文化环境中的时候，用他们在世博园区所看到的“文化”去衡量所看到的“真实的文化”时，观众的游览体验

① 胡劲军．人类的沟通盛会　文化的传播平台——浅析世博会的跨文化传播效应［J］．新闻记者，2007（11）：12-14.

② 张涛甫．世博会：文化传播的竞技场——兼论 2010 年上海世博会的跨文化传播意义［J］．新闻记者，2010（11）：4-9.

会受到影响，还会影响他们对于民族原生文化的正确解读。①

（二）世博会是文化竞争的舞台

文化的魅力、政治价值观的吸引力、意识形态的感召力成为国家软实力的表现，软实力竞争已成为目前世界各国竞争的重要形式。② 世博会最初由西方国家建构，其他国家后来逐渐参与，是国家展示其硬实力和软实力的舞台。在当代世博会，文化软实力的展示受到更多重视，世博会成为世界各国、地区的文化竞技场。

在世博园区有限的时间、空间里，在世博会规定的主题框架下，各个国家与民族如何将自己的文化软实力展示给观众，并获得良好的传播效果，是所有参展国展览实施的目标。世博会文化的竞争主要以符号的形式体现，载体主要有：世博会的主题演绎形式、凝聚参展国文化的特色建筑、参展国的文艺以及场馆解说等人员活动、文化互动与碰撞的世博论坛、世博文化向园区外辐射的大众传媒等。各个参展国家都充分发挥自己的智慧，在各个环节均努力参与，希望通过自身独特的文化符号、呈现方式引起观众的关注。但观众会根据自己的参展目标与动机，选择相应的展馆游览，由此造成热门场馆排成长队，而冷门场馆则无人问津。世博会的文化竞技，竞争的是有限的观众注意力。③

（三）参展国文化的参与体验式传播

体验是人们对所经历的事、物及环境在生理、心理上的综合感受和情感升华，它以人为本，尊重人性和人的个性，强调满足人精神的、社

① 孙九霞．族群文化的移植："旅游者凝视"视角下的解读［J］．思想战线，2009（4）：37-42.

② 郭明飞．软实力竞争与网络时代的文化安全［J］．马克思主义与现实，2011（3）：178-181.

③ 张涛甫．世博会：文化传播的竞技场——兼论 2010 年上海世博会的跨文化传播意义［J］．新闻记者，2010（11）：4-9.

会的、个性的需要的重要性，让观众直接参与并成为体验的主体，造就一种无法遗忘的感受，使其精神需求得到最大限度的满足，从而赢得观众的信赖和忠诚，对体验对象形成良好的印象。① 体验作为一种涉及感官、情感、情绪等感性因素和智力、知识、思考等理性因素的人类心理活动，不是自发产生的，而总是在某种诱发下发生的。

世博体验是观众在参展国精心策划的主题引导下，对展馆中文化符号、展陈方式的感受和认知活动，在参观浏览、与馆方人员交往、互动行为、参与巡游活动经历中形成自己的独特感受。现代世博会提供了高质量的文化展示环境与视觉展示内容、丰富多彩的文化活动让参观者主动参与进来，从而深刻地理解不同文化之间的差异性，增强了人们互相了解、学习和交流的意识和愿望。② 来自不同文化背景的观众通过亲身经历、实地感受，凭借自己的感官、心智去获得关于参展国的政治、经济、历史文化、自然景观、民风民俗等方面的主观认识。③

（四）世博会的仪式化传播

詹姆斯·凯瑞认为："传播的仪式观不是指空间上讯息的拓展，而是指时间上对社会的维系，它不是指一种信息或影响的行为，而是共同信仰的创造、表征与庆典……其核心则是将人们以团体或共同体的形式聚集在一起的神圣典礼。"④ 与传递观不同的是，仪式观以仪式为隐喻，强调的不是信息在物理空间上的扩散，而是一个文化共享的过程，即通过信息的共享来达到在时间上对一个共同体的维系，它强调的不是控制

---

① 李安平．体验营销中的企业广告传播策略［J］．当代传播，2010（5）：102-104.

② 周小祥，庄恩平．2010 年上海世博会跨文化传播的价值与策略［J］．徐州师范大学学报（哲学社会科学版），2010（2）：67-70.

③ 谭世平．中国国家形象的构建模式探析——体验传播的视角［J］．湖南社会科学，2008（5）：190-192.

④ ［美］詹姆斯·W. 凯瑞．作为文化的传播"媒介与社会"论文集［C］．丁未，译．北京：华夏出版社，2005：28.

与权力，而是共享与交流。① 现代意义上的仪式不仅包括那些具有超验价值的活动，如基督教中的浸礼、圣餐礼等，还包括形式化的活动，如特定文化中餐桌的规范摆设，以及习惯性活动，如固定的、与意义无涉的生活日程安排等。②

世博会是一个现代化的文化事件，是全球化的产物，同时也在成为一支推动全球化的象征性力量。数千万观众被邀请参与世博园区里思考人类未来的共同性活动，向世人表明它已成为影响全球的文化事件，是一个世界性的文化仪式。③ 世博会的文化传播活动被限定在特定的时间与空间语境下，目的在于参与和体验，打造一个现代性的文化信息分享舞台；世博会的主题理念、对未来思考的回答，在一个更为开放的文化场域中，在观众参与和体验的过程中得到认同、确认。全球化语境下的世界交往，需要有共同的交往伦理和秩序，世博会在演化过程中，逐渐建立起一个有秩序、有意义、支配和容纳人类行为的文化世界，形成了一套相对稳定的规则、主题演绎机制，以及程序化的运作体系。④

二、世博会国家形象跨文化传播中的误读

误读（misunderstand）这一概念，由美国批评家哈罗德·布鲁姆提出，他认为误读是一种“创造性阅读”。⑤ 哈罗德·布鲁姆理论中的“误读”并非传统意义上的误差性阅读或错误的阅读理解，而是指读者

① 宦晓渝．媒介仪式与国家形象塑造——以央视 2010 年上海世博会开幕式直播为例［J］．东南传播，2011（1）：27-30.

② 石义彬，熊慧．媒介仪式，空间与文化认同：符号权力的批判性观照与诠释［J］．湖北社会科学，2008（2）：171-174.

③ 张涛甫．世博会：文化传播的竞技场——兼论 2010 年上海世博会的跨文化传播意义［J］．新闻记者，2010（11）：4-9.

④ 陈力丹．传播是信息的传递，还是一种仪式？——关于传播“传递观”与“仪式观”的讨论［J］．国际新闻界，2008（8）：44-49.

⑤ 蒙象飞．中国国家形象建构中文化符号的运用与传播［D］．上海：上海外国语大学，2014：59.

创造性的阅读方式。从文化的视角看，误读是“一种文化在解析另一种文化时出现的错误理解和评估”①。在特定自然环境、历史传统中形成和发展起来的具有恒久生命力，并成为该民族文化精神结晶的个性和特征，就是这种文化的特质和基点，它们存在于这一民族的思维方式、行为规范和文化传统之中，构成自己民族文化的独特性。② 这些独特性使特定文化模式中个人和群体能够界定自我、区别他者、加强彼此同一感，凝聚成某一民族文化特有的根本特征。同时，这些文化独特性也是异质文化交流中对他者文化产生误解的内在因素。

在跨文化交流中，人们总是按照自身的文化传统、思维方式和自己所熟悉的知识、经验去解读另一种文化，他们自身的经历、文化背景决定了他们的“看”与“看到”，决定了他们对另一种文化如何选择、如何区隔，然后又决定了他们如何去解读，决定了他们的态度、情感和判断。③ 跨文化传播中编码在甲文化中依据甲文化的符码进行，而解码是在乙文化中依据乙文化的符码进行。如果甲乙两种文化的符码、编码与解码系统规范、语境等存在较大差异，就会产生误读，出现相互之间的理解困难与交流障碍。④

误读是跨文化传播中一种普遍存在的现象，可能是有意的，也可能是无意的；传播者对异质文化的认识与现实相背离，或接受者对文本信息的误解、曲解，都可能产生误读。世博会上的文化误读主要源自参展国展馆的符号编码完全按照本民族的语境进行，对观展观众的关注较少；而观众却按照自己的文化传统和思维模式，在参观游览过程中对异国文化进行错位的认识、偏颇的理解、倾向性的评价，视自己的需要而

---

① 张威．文化误读与比较新闻学［J］．国际新闻界，2001（2）：71-75.

② 姜智芹．文化过滤与异国形象误读［J］．云南社会科学，2005（4）：117-120.

③ 乐黛云．比较文学与比较文化十讲［M］．上海：复旦大学出版社，2004：32.

④ 邱凌．国家形象宣传片的跨文化传播策略［J］．现代传播（中国传媒大学学报），2011（12）：35-38.

进行文化选择、文化改造和文化接受等。① 在世博会的文化场域下，文化被误读的主要因素包括中国传统文化的博大精深难于解读、国外观众对中国的刻板印象、语境文化的差异、意识形态的不同等。

（一）中国传统文化的博大精深

中国传统文化本身注重深层文化的发展，注重文化理念、哲学思考。中国传统文化博大精深，源远流长，历经5000年的积累与沉淀，已深深融入中华民族的血脉之中，成为中华民族共同的精神记忆和中华文明特有的文化基因。② 在消费社会，人们普遍追寻消遣、轻松、通俗的文化，对抽象、深奥的传统文化精髓则难以理解，特别是对于文化传统完全不一样的跨文化观众。2005年爱知世博会，中国馆的宗旨是通过介绍中华文明，让世界了解"中国的智慧"，即通过展示中华文明几千年的演变脉络，让观众了解中国"天人合一""物我两忘"的传统哲学思想，以及"行到水穷处，坐看云起时"的诗的境界。③ 在主题的演绎中，主办方要通过视觉要素的组织以及视觉符号的编码，将中国传统文化中深奥的哲学思想、意境表达出来，难度较大；而使跨文化的国外观众理解起来则更加困难，甚至会产生误读。

（二）国外观众对中国的刻板印象

刻板印象（或定型观念）是指一个群体成员对另一群体成员的简单化的看法，是一种固定的印象，与其代表的真实情况并没有太大的关联。刻板印象中有符合事实部分也有不符合事实的部分，而不符合事实部分的定型观念就是偏见。④ 1922年李普曼在《公共舆论》一书中首

---

① 姜智芹．文化过滤与异国形象误读［J］．云南社会科学，2005（4）：117-120.

② 刘莲香，王正军．弘扬优秀传统文化　提升我国文化软实力［J］．内蒙古社会科学（汉文版），2010（1）：122-126.

③ 陈映芳．爱知世博会上的"中国之迷"［J］．读书，2005（12）：66-72.

④ 关世杰．跨文化交流学：提高涉外交流能力的学问［M］．北京：北京大学出版社，1995：181.

先提出了“刻板印象”这一概念，用以解释人们对世界的错误观念和偏见，专指那些事实上不正确的、非理性的、刻板固执的态度，认为成见或者“脑海中的景象”强烈影响着整个认识过程。①

（三）语境文化的影响

1976年，美国文化人类学家爱德华·霍尔根据交流中所传达的意义是来自交流的场合还是来自交流的语言，提出了高语境文化和低语境文化的概念。爱德华·霍尔认为，任何事物均可被赋予高、中、低语境的特征。② 高语境是指绝大部分信息或存于物质和情境中，或内化在个人特性中，极少数存在于编码清晰的被传递的信息中。低语境事物恰好相反，大部分信息处在传递的信息中，以便补充语境中丢失的部分。低语境强调的是双方交流的内容，大量的信息被置于清晰的语言编码中，人们明确地陈述事物。

在高语境文化中，艺术表现不重言传而重意会，多用事实和场景说话，表现手法大多运用隐喻、暗示、象征、反喻、联想、静默等，具有很高的艺术性。③ 不同语境国家的社会大众，对高语境和低语境展示的理解和接受的程度也不同，呈现出很大的差异，高语境文化受众有深层剥离意义的能力，并且需要在这种深层剥离中享受快感、智慧，显示体悟能力。如果信息的编码采用高语境文化，而观众却采用低语境文化进行解码，就会造成沟通的障碍和意义共享的困难，甚至产生误读。④ 2005年爱知世博会在中国馆里有一组名为“生命之树”的艺术装置，

① 赵士林．“光环幻想”与“妖魔推断”——美国大学生对中国的刻板印象［J］．上海大学学报（社会科学版），2012（6）：117-127.

② 唐德根，章放维．两种会话方式与高低语境文化［J］．东南大学学报（哲学社会科学版），2005（5）：91-94，128.

③ 杨世铭．高语境广告特点及其跨文化传播策略［J］．郑州大学学报（哲学社会科学版），2009（5）：166-169.

④ 杨世铭．高语境广告特点及其跨文化传播策略［J］．郑州大学学报（哲学社会科学版），2009（5）：166-169.

它与乐队的表演一起构成光与影、音乐与歌声的组合，共同营造了中华文明与天地共生的氛围。① 这种表现方式将展示主题置于含蓄深沉的声画之中，呈现出内隐、婉约和曲折的特点；但这种含蓄的表现方式较难带动低语境文化观众的情绪和情感变化，较难引起跨文化观众的共鸣和理解（见图 3-2）。

图 3-2 2005 年爱知世博会中国馆内的灯柱“生命之树”②

（四）审美认知的差异

审美认知偏重于感性，但又不脱离理性，是主体与客体的互动过程。审美认知相对科学认知、道德认知，更偏重于体验，重在主体对事物的体会、体悟，其中又渗透着理性的思维活动。艺术形象的审美认知

① 陈映芳．爱知世博会上的“中国之迷”［J］．读书，2005（12）：66-72.

② 图游：2005 日本爱知世博会（上）［EB/OL］.［2005-07-30］．国际在线，http：//gb. cri. cn/7383/2005/07/29/153@ 640640_12. htm.

要经历感知层面、认知迁移层面、理性批判层面三个阶段。① 感知层面的认知是审美活动中的感觉、知觉过程，同时还包括审美想象和审美领悟等形成的综合体，它是审美活动得以发展的基础，是审美认知的核心。② 在感知层面，视觉艺术形象刺激受众的视觉器官，引发受众喜欢、新奇、愉悦或厌恶、拒斥、痛苦等直观反应。③ 认知迁移层面则包括观众的感情体验、移情联想，在这个层面的认知中视觉形象与主体的移情联想、感情体验相互作用，形成主体情感的意向。在感情激发、生成和扩展的过程中，由情感的诱导而由情入理、升华、凝聚，进而跃升到理性批判层面，如观众的艺术鉴赏、哲学领悟等。在这个阶段，人们通过感知经验对外来的刺激进行分析、测试、整理，结合自身的人生经验进行综合、判断、分析，得出结论，形成一种认知、认识，以做出相应的反馈、反应。④ 在这个过程中，人的经验、文化背景起着重要作用，决定了观众"看到"的内容，直接影响其判断后的反应。对相同事物不同的审美认知，会引起观众的不同的情感反应，以及理性判断。

在中国传统文化中，将龙作为中华民族的象征，认为龙腾空飞跃、吉庆祥和、大气磅礴，具有皇权的威严庄重。但是龙的英译为"dragon"，容易和西方宗教典故中的"dragon"（象征邪恶）发生混淆。⑤ 王丽雅通过调查发现，美国受访者认为龙的含义为负面的人数呈

① 王欣．论电影音乐的审美认知［J］．黄钟（武汉音乐学院学报），2009（3）：32-39.

② 王欣．论电影音乐的审美认知［J］．黄钟（武汉音乐学院学报），2009（3）：32-39.

③ 陈越红．四维影像中电影声音设计的审美认知［J］．当代电影，2009（5）：115-119.

④ 王欣．论电影音乐的审美认知［J］．黄钟（武汉音乐学院学报），2009（3）：32-39.

⑤ 陈雅莉．全球媒介事件中的民族符号与国家形象传播［J］．中州学刊，2013（7）：174-176.

现明显多数，约52%的美国受访者认为龙具攻击性、象征意义是负面的。① 在爱知世博会中国馆长方形的建筑内，将龙的图案以浮雕的形式展现在正面廊道的墙壁上，凶狠、威严的气势震慑人心，从近前走过会产生惊心的感受，对于跨文化的西方观众，对中国龙会产生危险凶恶的感知，进而产生拒斥的情感与认知（见图3-3）。

图3-3　2005年日本爱知世博会中国馆外墙上的大型浮雕龙②

（五）意识形态的不同

跨文化传播主体的活动，往往或强或弱地渗透着其自身的主体意识。世博会跨文化传播的主体——政府，不仅无法脱离意识形态的羁绊，而且在某种程度上它们需要发挥意识形态的辩护功能，以维护自身

① 王丽雅．中国文化符号在海外传播现状初探［J］．国际新闻界，2013（5）：74-83.

② 爱知世博会中国馆浮雕墙［EB/OL］.［2005-05-14］．千龙网，http://images. qianlong. com/mmsource/images/2005/05/14/nkjcq2005051404-1. jpg.

的形象；同时，跨文化受众也有自身的意识形态。① 跨文化观众往往是根据自身的意识形态对传播主体所传播的信息进行理解，两者之间的意识形态存在对接问题。如果两者之间的意识形态比较接近，不存在障碍，对接较为顺畅，受众便倾向于对这些信息进行优先式解码，此时沟通良好而顺畅；如果两者的意识形态相差较大，观众就会对传播者所传递的信息进行妥协式解码或者对抗式解码，误读就会产生。②

文化误读表明，在不同文化体系间建立意义与价值的充分理解与分享存在着一定的障碍，这种障碍会带来意义解读的困惑、心理情感的隔膜及文化身份的疏离。③ 跨文化传播要想达到预期的传播效果，就必须努力寻找与其他文化的共同点，通过文化适应、文化整合、文化超越的方式，共建不同文化体系之间的和谐对话，减少意义解读的困惑、心理情感的隔膜及文化身份的疏离。只有发现、承认、尊重和利用不同民族的不同文化，实现对他民族的文化宽容与适应，才能真正实现跨文化传播的等值与增值效果，破解跨文化传播的文化误读问题，扩大跨文化传播影响力和效果。④

三、影像在世博会国家形象跨文化传播中的优势

影像具有视觉直观性，世博会展示中利用影像能够营造文化符号的使用语境，有利于观众准确理解文化符号的意义，加强跨文化传播效果；影像还能提升观众的在场感，实现展馆与观众之间的互动仪式情感交流。同时，影像具有“真实”性，能以“事实”的直接呈现改善观

---

① 李彦冰．政治合法性、意识形态与国家形象传播［J］．现代传播（中国传媒大学学报），2012（2）：70-72.

② 李彦冰．政治合法性、意识形态与国家形象传播［J］．现代传播（中国传媒大学学报），2012（2）：70-72.

③ 孙顺华．跨文化传播中的“文化误读”及其背后的国家权力——耐克“恐惧斗室”广告引发的思考［J］．新闻界，2005（6）：64-65.

④ 胡琼华．论跨文化广告传播中的文化误读与身份认同［J］．编辑之友，2011（12）：52-55.

众的刻板印象，降低展示内容的意识形态感受，尊重不同的审美认知，减少跨文化沟通中的障碍。总之，影像在一定程度上减少了世博会跨文化传播中的误读。

与文字符号相比，影像传播的信息更容易被跨文化观众所理解。世博会跨文化传播重在从特定文化视角中提炼出自身文化精髓，尊重文化的多样性与独特性，探索出既可以让观众清晰理解，又具有本国、本民族特色的文化视觉符号与编码。① 在跨文化传播过程中，尽管文字符号与影像符号同样具有跨越时间和空间的能力，但是需要经过学习才能掌握的文字符号却不能够轻易跨越文化的异质性空间而被人们普遍接受。对西方人来讲，中国的汉字曾经被认为是艰深晦涩的“天书”，特别是蕴聚着中国传统文化精华的中国古代汉语，即便是中国观众也很难能够真正读懂。② 而对于影像符号来说，虽然文化背景、经历的不同，对同一影像符号也会产生不同的解读，但与复杂的语言文字符号相比，影像符号在跨文化传播中具有许多优势，影像符号往往能使信息的传播变得更直接、更便捷、更迅速。影像直接诉诸人们视觉感觉系统，对不同民族、不同国家、不同性别乃至不同信仰的人都能够产生直观的、生动的印象，有时这些影像符号甚至会产生比语言符号具有更真切、更具体的传播效应。③

在世博会展馆，观众来自不同的国家、地区，任何一种语言文字都会对部分群体产生沟通障碍。影像符号在某种程度上充当着无须翻译的通用语言，雕塑、建筑、风俗民情、文化传统、自然风貌，都能以视频影像的方式，跨越国家、民族的边界，呈现在世博会展馆的各种屏幕

① 梁涛．论广西跨文化旅游发展的符号化诉求——基于东盟游客感知的视角［J］．广西民族大学学报（哲学社会科学版），2011（1）：109-113.

② 贾磊磊．全球化语境中的跨文化表达——论非文字类文化符号的传播效应［J］．现代传播（中国传媒大学学报），2011（12）：17-21.

③ 贾磊磊．全球化语境中的跨文化表达——论非文字类文化符号的传播效应［J］．现代传播（中国传媒大学学报），2011（12）：17-21.

上。作为诉诸视觉感观的直接、具象性符号，影像符号冲破了不同语言、不同文化的障碍，建构了一种跨越时间以及空间的、以视觉感知为特征的信息流通通道，避免了特权语言的疏离和偏见，使跨文化双方的沟通交流更加顺畅。观众不管是来自英语国家，还是德语国家；无论来自遥远的异域，还是周边不同的文化圈层，都能或多或少地接收到影像符号所传达的信息。利用“像似性”原则组成的影像符号系统更容易实现意义的跨文化流通，从某种意义上来说，人们感知和领会影像符号的能力本身就具有跨文化性。① 例如，上海世博会沙特馆内没有任何实物、模型，全部利用影像，将主题理念准确地呈现给观众。

第三节　世博会国家形象的影像符号编码

从主题理念的确立，到表征符号的选择、组合，再到影像文本的形成，这一过程就是编码的过程，同时也是意义的生成过程。② 在世博跨文化传播中，观众总是按照自己的文化背景对影像进行解码，要使双方的沟通能顺畅进行，编码者须在传递本土文化的同时，还要创造出与解码者在某种程度上共同的意义空间，了解对方的文化、历史以及认知习惯。斯图亚特·霍尔在论述电视的编码与解码时，根据马克思主义政治经济学生产、流通、使用（包括分配和消费）以及再生产理论，提出电视话语流通经历了三个阶段：第一阶段是“制码”阶段，电视话语“意义”的生产，即电视专业工作者对原材料进行加工的阶段；第二阶段是“成品”阶段，电视作品一旦完成，“意义”被注入电视话语后，占主导地位的便是赋予电视节目意义的语言和话语规则，此时的电视节目就变成了一个开放的、多义的话语系统；第三阶段是最重要的阶段，

① 刘丹凌．图像时代国家形象视觉塑造的悖论［J］．社会科学研究，2013（5）：190-195.

② 包鹏程．影视意义的生成：编码与解码［J］．影视镜像，2006（4）：89-92.

是观众的“解码”阶段。霍尔指出，观众的“解码”有三种方式，第一种是编码者主导式解码，观众直接从电视新闻广播或者时事节目中获取内涵的意义，并根据信息编码的参照符码将信息解码；第二种是协调式解码，解码过程中包含着相容因素与对抗因素的混合，即受众认可部分符码信息，而在某个有限的、情境的层次上，按照自己的规则解码；第三种是对抗式解码，受众完全理解符码赋予的字面意义和内涵意义，但以一种全然相反的方式去解码信息。① 从编码、解码的过程可以看出，意义不是由传播者单方面“传递”给受众的，而是由传播者与受众通过“编码与解码”机制而建构的。世博会国家形象的跨文化传播要寻求受众按照编码者的主导进行解码，至少需进行协调式解码，以避免受众对抗式解码。

在数字媒体时代，世博会国家形象的编码，是在世博会文化场域下，将抽象化、概念化的世博会主题理念，借助于特定的文化符号以及现代视觉展示技术，以影像化、影像化、虚拟化的方式进行直观的呈现和表述。

一、世博会国家形象视觉展示的主题理念

理念是一种理性的观念、思想，包含着人们的主观态度和倾向，带有某种评价的意味，是人们对某事物的价值判断。世博会国家形象展示的主题理念来源于国家形象的定位，来源于国家的现实状况、政府意图、国外观众的认识现状。世博会主题演绎的要求，即是针对这些要素的理性分析和综合判断而提出来的。

（一）世博会视觉展示主题理念的民族性

民族性是民族文化的精神内核，任何民族文化的形成都是该民族在

① ［英］斯图亚特·霍尔．编码、解码［C］//罗钢，刘象愚．文化研究读本．北京：中国社会科学出版社，2000：345-358.

历史发展过程中文化积淀的结果，并随着历史的发展和社会的进步不断进行继承与创新。文化的民族性是在社会历史发展过程中群体对文化的精神、思想、内涵、审美等方面的认同，是群体价值判断的结晶，它深刻反映了文化的内涵、文化的品格、文化的价值、文化的精神与文化的未来等发展趋向，具有历史性、阶段性、地域性和独特性等特点。① 民族性是一个比较概念，是民族共同体在自己创造的各种文化形态上表现出有别于其他共同体的特性，它是相对于其他民族而体现出来的一种个性；民族性是一种界限，它划出了该民族与其他民族的界限，民族性的性质决定了一个民族的文化在世界文化格局中所能够占有的份额及其应有的地位，并在某种程度上影响着世界文化伦理的形式。② 在世博会展馆的设计中，民族性得到了广泛的重视，在全球化与数字高科技的共同作用下，民族文化呈现出新的面貌，传统文化精神得到弘扬和发展。

1. 利用传统文化彰显展馆的民族识别性

文化的核心价值观是一个民族、一个国家、一种文化整个价值体系中处于中心地位、具有主导作用的价值取向，它集中体现着人们关于个人、家庭、国家乃至人类社会的终极理想，左右着人们在政治、社会、伦理、审美、历史领域对于是非、善恶、美丑、正邪的基本判断。③ 中华传统文化源远流长、博大精深，是设计者取之不尽的灵感源泉，许多学者从不同研究角度提出了中华文化特色的核心理念。例如，贾磊磊等认为“和谐”“仁爱”“自然”反映了中华民族对世俗生活的现实要求以及对未来前景的美好憧憬，是中华文化的核心价值观。陈剑将中华文化的基本精神归纳为以下七个方面：和而不同、天人合一、包容特征、

① 金哲．我国钢琴作品的民族性审视与世界性传播［J］．东北师大学报（哲学社会科学版），2014（4）：136-141.

② 胡俊红．设计的因缘：中国家具设计的民族性研究［M］．合肥：合肥工业大学出版社，2008：19.

③ 贾磊磊，潘源．中国传统文化的核心价值观：和谐·仁爱·自然［J］．东南大学学报（哲学社会科学版），2012（3）：56-60，127.

人格价值、天下为公、人伦情怀、开放变革。① 吴光认为中华传统文化的基本精神体现在以下三方面："以人为本、以德为体"的道德人文精神；"以和为贵、和而不同"的多元和谐精神；"实事求是、经世致用"的务实精神。② 中华传统文化的核心理念，符合中国社会发展的客观要求，也反映了人们的普遍愿望及基本诉求，是中国文化代代相传的内在动因，是确立中国自身的文化品格，构成了与异域文化进行对话、交流、互动的基础。中华传统文化的核心理念、符号为设计师提供了丰富的设计理念和表现语言，形成了一国展馆区别于他国展馆的独特性特色，在世博园全球文化竞相争艳的大舞台上，民族性展馆具有鲜明的识别性。

2. 设计者的民族文化身份强化了展馆的民族性

设计作为一种文化行为，主要表现为物质层次与观念两个层次。设计的物质层次，体现的是设计文化观念的表层，主要表现在设计作品的形象、实体、材料和商业运作等；设计文化的观念层，也就是设计师的文化观念，它在设计中处于核心和主导的地位，是支配各种设计要素和一切活动方式的基础和依据。设计的物质层最为活跃，而设计师的文化观念层则相对稳定，它需要设计师具有深厚的文化底蕴，具有强烈的文化归属感。③ 设计师的文化身份是一种设计师对本源文化的认同，既与其民族、国家的属性相关，又与其设计的作品、设计的思想根源、设计的理想密切相关，最终通过作品得以呈现。④ 世博场馆、展品的独特性，来源于物质建构形式，更来源于设计者的观念。具有独特文化身份的设计者以特有的方式表达对国家形象定位的理解，将抽象的主题理念

① 陈剑．中华文化的基本精神［J］. 求是，2013（11）：26-27.

② 吴光．中华传统文化的核心理念及其当代价值［J］. 社会科学战线，2013（2）：1-6.

③ 贺洛乙．当代设计师的文化身份［J］. 艺术研究，2008（3）：68-69.

④ 李砚祖．设计的文化身份［J］. 南京艺术学院学报（美术与设计版），2007（3）：14-17.

与自身的文化身份同化成独特的设计语言，使世博会展馆充满着鲜明的地域特色与文化个性。

3. 呈现民族性的传统文化应与现代文明结合

在利用传统文化突出展馆民族性的同时，还必须使传统文化与现代文明相结合，使传统符号中蕴藏的文化内涵、文化精神、民族风情等，与现代文明的核心价值进行对接，不断地挖掘传统文化符号的现代精神和文化内涵。辛秋水将现代文明的核心价值归纳为科学精神、全球伦理、民主观念、法治精神、市场意识等几个方面，在世博会展示中，传统文化的现代化主要体现在科学精神、全球化等方面。①

首先，传统文化与科学精神的结合。科学的思维方式是理性的，在当代，摆脱非理性的思维方式，运用科学的、理性分析的思维方式成为现代文明的重要价值观。世博会的宗旨就是体现人类社会的进步，因此科学精神是世博主题展示的核心理念之一。传统中国社会产生了丰富的自然科学技术和人文科学成果，蕴含着中华民族独特思维方式的自然科技与社会科学，为现代文明的发展提供了借鉴。在世博会展示中，宣扬中国传统文化中勇于创新的科学精神以及在解决自然与社会问题中呈现的民族智慧，是中华传统文化与现代文明对接的途径之一。

其次，传统文化与全球化的结合。在全球化的背景下，国际经济往来日益频繁，文化的交流与互动也日渐深入，各民族文化之间相互作用，彼此借鉴、吸收，形成了多元文化林立并存、民族文化彰显独特性的文化格局。② 国际化语言是人类共性的、不用转换语言文字表述的、容易辨识的图形符号；或是一种逻辑、推理，是理性的方法③，全球文

① 辛秋水．传统文化与现代文明对接的若干问题［J］．学术界，2010（2）：26-34，284.

② 金哲．我国钢琴作品的民族性审视与世界性传播［J］．东北师大学报（哲学社会科学版），2014（4）：136-141.

③ 胡海萍．从视觉设计看国际化和地域性［J］．包装工程，2008（4）：129-131.

化符号与逻辑成为东西方都能理解、接受的国际化语言。

设计须使用国际化的语言进行对话与交流。在确立主题理念时，需要强调文化艺术的国际性，即要采用其他国家大众能够理解的内涵与形式，实现民族文化的有效传播与交流。在设计中，若片面强调民族文化的独特性，忽视国际观众的心理与感受，会不利于设计的表现力与竞争力的提升。同时，强调国际化也需要体现文化的地域性和民族特征，需要使用国际观众能够接受的语言传达民族化的内容、观念。设计是文化理念、概念与表现形式的融合，用表层传统符号表达民族文化已不符合现代设计观念的要求。中国的现代设计的民族精神应在更高的审美层次上进行探索与追求，潜藏于设计师的文化品质之中，在设计表达中自然而然地流露、体现。①

（二）世博会视觉展示主题理念的主要取向

1. 对未来的向往与思考

“梦想引领人类城市的未来”是上海世博会城市未来馆的核心概念。未来是想象中的，充满着希望、诱惑，每个人都可以依据自己的设想构筑未来的世界。对未来的向往与思考，也是许多世博会国家馆设计的核心概念。英国是全球人均绿化面积最高的国家之一，设计者希思瑞克希望把绿色带到上海世博。种子是孕育未来的源头，上海世博会英国馆用种子象征绿色、象征生命、象征起源。被誉为“种子圣殿”的英国馆，形如蒲公英，外表面是由成千上万的细长杆触须组成的长方体结构。这些触须顶端都带有一个细小的彩色光源，可以组合成多种图案，并且每根杆的末端都放置颗种子，就像琥珀一样，寓意生命的希望。上海世博会丹麦馆如同童话书，分为“我们如何生活”“我们如何娱乐”“我们如何设想未来”三个“章节”，从丹麦运来的海水形成象征哥本

① 田原．论传统文化与视觉设计师的个人文化品质［J］．东岳论丛，2009（2）：159-161.

哈根海港的人工湖，还有安徒生童话中的“小美人鱼”雕像也融入场馆，使其宛若个蔚蓝海水中的童话世界，寄寓着人们对未来美好生活的向往与憧憬。西班牙馆的展示概念为“我们世代相传的城市”，设计者借助动感的舞蹈，通过钢结构支架呈现出波浪起伏的视觉动态，再利用藤条装饰形成外立面的动感效果，场馆被设计成复古而又创新的“藤条篮子”建筑，西班牙馆展示从远古时期的野蛮和文明到现在的变化，引导观众畅想未来（见图 3-4）。

图 3-4　上海世博会英国馆①

2. 科技发展的创新与进步

世博会被视为科技创新的盛会，世博会多次将科技作为主题，如“一个世纪的进步”“科学、文明和人性”“太空时代的人类”“人类·自然·科技”等。科技也成为许多世博会国家馆的核心概念，利用当代建筑与创意观念，对世博主题进行了完美演绎，场馆建筑及其内的展品是世博会展示科技进步理念的载体。上海世博会阿联酋馆展示了

① 世博英国馆图片［EB/OL］.［2011-02-13］. 昵图网，http：//www. nipic. com/show/1/50/4234950kfa3c8d40. html.

拼装新技术，其外形是一种以生态节能方式模拟沙漠沙丘的真实形态，造型优美而富有动态感，场馆由高度精密的结构板拼接而成，柔性的节点使得场馆便于安装和拆卸。芬兰馆在建筑材料、结构构造上都展示了新的基于可持续发展的高新科技理念，展馆建筑表皮是一种新型纸塑复合材料，以标签纸和塑料的边角余料为主要原料，屋顶的雨水收集系统和太阳能电力系统可为建筑节能和供能，墙壁和顶部的开口促进了自然通风，控制展厅与室外环境的热交换。意大利馆的外墙材料则采用了一种类似玻璃的透明材质——透明混凝土，这是一种特殊的由树脂与水泥混合而成的具有一定透明度的先进新型建筑材料。日本馆体现了排风系统的科技理念，其外观是由含太阳能发电装置的超轻"膜结构"包裹而成的半圆形大穹顶，穹顶上设计出多个可"呼吸"的凹槽和"触角"，如同拥有活力的生命体；采用一整套相辅相成的动态节能系统，将最先进的环境控制技术及材料技术融入这个会呼吸的未来建筑（见图3-5）。①

图3-5　上海世博会阿联酋馆②

① 戴云倩，陈永明．从概念到设计：上海世博会场馆解读［M］．北京：海洋出版社，2011：70.

② 世博开幕式彩排 参观世博馆可住帆船酒店［EB/OL］．［2010-04-27］．http：//s13. sinaimg. cn/orignal/3e6ae347g8596ae658e6c&690.

3. 文化传统的独特性

世博会国家馆是表现国家历史、民族特色文化的载体。它们依托本国的传统文化资源，以本国的传统民族建筑为原型，或直接模仿，或运用其建筑元素组合重构对设计理念进行表现，如卡塔尔馆仿造巴尔赞塔，尼泊尔馆主体为大型佛塔，巴基斯坦复制了拉合尔古堡，马来西亚馆屋顶外形如“木船”，突尼斯馆使用了高大的拱券式门洞，等等。①还有的展馆通过建筑的造型、表皮、材料的符号化，或对传统建筑构件进行异化来实现对传统文化的展现，如外形抽象且不规则的波兰馆，外墙布满镂空花纹，表皮的创意来自波兰的传统工艺民间剪纸；澳大利亚馆以现代的建筑材料——耐候钢来象征性地表现具有本国特征的红色内陆地区；中国馆的造型则展现了中国古建筑部件斗拱的放大、变形等特征。

4. 绿色生态的倡导与实践

据统计，城市里碳排放，60%来源于建筑维持功能本身，而交通工具（如汽车）只占到30%。如果没有有效的节能导向，建筑的发展必将成为经济社会发展难以承受之重，因此发展生态建筑已经势在必行。另外，全球资源的日益枯竭、气候变迁的加剧均促使生态概念建筑的兴起。② 1974年美国斯波坎世博会、1984年美国新奥尔良世博会、1985年日本筑波世博会、1990年日本大阪世博会、2000年汉诺威世博会、2005年爱知世博会都把主题确定为人类自身进步、科学技术与可持续发展等绿色生态相关的问题上。

绿色生态的倡导与实践也是各国家馆关注的重要话题，设计者希望借此展示本国绿色、自然、环保的国家形象。上海世博会瑞士馆由底层的都市空间和馆顶的自然空间组成，观光缆车往返其间，仿佛在城市和自然风光景点之间漫游。整个建筑充分体现了城市和乡村相互依存、互

---

① 董立军．展馆设计指向国家形象［J］．美术观察，2010（9）：17-18.

② 德国驻上海总领事馆文化教育处．生态城市　绿色未来——2010年上海世博德国馆的话语［J］．创意设计源，2010（1）：14-20.

惠共生的关系，强调人类、自然与科技的生态平衡。德国馆由四个主体组成，连成片的绿化在几个体块间穿插，蜿蜒而上，场馆内与外的空间被打破，到处都是绿意环绕的怡人景色。法国馆是一个充满绿意的空间，绿化的布置几乎无处不在，展馆外墙立面上的垂直绿化形成道道独特的“绿色瀑布”，建筑和绿化在水的倒影中相互交融，显示了展馆绿色生态的主题理念。

（三）中国世博会展示的主题理念及其不足之处

展馆建筑、展品是世博会国家形象的载体，是主题理念的物质表现形式。

从展馆来看，中国馆的主题理念以传统文化表现为主，经常糅合着政治要素。与日常建筑强调使用功能不同，世博会国家馆建筑的象征意义是其追求的主要目标，国家馆代表着一个国家或一种民族文化，在实验现代设计理念的同时，还具有强烈的身份识别性和意识形态性。民族传统文化符号的选取与组织会使国家馆呈现出区别于他者的独特个性，并传递出一个国家或民族的价值观。在中华人民共和国所参加的历届世博会中，1982—1998 年多次使用牌楼作为中国馆的主要建筑形式；2000 年德国汉诺威世博会上发生了改变，采用了长城影像；2005 年爱知世博会则使用了百家姓；2020 年上海世博会中国馆的“东方之冠”，并没有完全将中华经典建筑搬到世博会，而是选取了建筑部件“斗拱”，将其放大而形成新的建筑。上海世博会中国馆突显出“天下观”之尊者面孔，暗含中国以“天下观”之王者气魄和“东方之冠”之东方代表来自我指认，是“以自己特色文化参与国际事务和组织协调事务的有力证明”，是希冀“向世界表达自我的一次充满自信而有尊严的形象建构”，具有较强的政治意蕴。①

① 孟建．2010 上海世博会“中国国家形象建构”分析——基于视觉文化传播理论的世博诠释（上）[J]．现代传播（中国传媒大学学报），2011（2）：86-89.

从展品来看，改革开放后，中国与西方大国在经济、文化等各个领域的交流与合作不断深入，改革开放所释放出来的巨大的物质财富使中国人的自信具有了更加坚实的基础。改革开放以来，中国在世博会上的展品出现较大变化，除了传统手工艺品外，展品还有古代科学技术、现代高科技成果、园林艺术等，特别是360°环幕电影、火箭发射技术等；展示方式更加灵活多样，有产品展示、观念展示以及现场表演等，将传统元素和时代精神、世博主题与中华智慧进行了融合演绎。中国参展世博会由改革开放初期的了解、学习，到上海世博会较为成熟的展览表现形式、高科技运用，世博会主题演绎理念有了较大进步。

中国参展世博会主题理念提炼的不足之处主要体现在以下几个方面：

（1）概念简单罗列。传统文化符号概念大量简单罗列，而对概念的关联缺少梳理以及缺乏文化语境的营造，使中国馆成为由中华传统文化符号随意堆砌而成的建筑。2005年爱知世博会的主题是：自然的智慧。中国馆的主题为：自然、城市、和谐——生活的艺术。中国馆的设计强调中国元素，百家姓、十二生肖、腾龙、四方神、四大发明等中国文化符号在中国馆大量堆砌，在展厅内部空间中，以浮雕壁画的方式将各个省市的地方性文化符号概念进行大量罗列，其结果是中国馆成为中国文化符号的大杂烩（见图3-6）。大量传统文化符号的杂乱堆积，“组成了一道语义含混的空间谜语”，反而让中国形象“成为当下‘世界’中不可思议的‘他者’”，在世博会上“把一百多年前的‘农业中国’变成一个庙会般的‘民俗中国’”。①

（2）过分强调政治诉求。1851年，中国在以西方世界主导的世界博览会上首次登场，展出了丝绸、棉花、药材、茶叶、雨伞、折扇、刺绣、漆器、翡翠、瓷器等农业与手工艺产品，塑造了农业国的形象。在

① 冯原．国家馆的中国症候——世博会中国馆的历史形象与符号策略［M］//朱大可，张闳．21世纪中国文化地图（2008年卷）．上海：同济大学出版社，2010：55.

图 3-6　爱知世博会中国馆①

此后的一百年，大致上注定了中国与世界的关系以及中国的世界形象——它被排斥在那个钢铁、工业和技术的进程之外，成为这个日益强大的西方工业列强眼中的“农业他者”。②

中华人民共和国成立以后，由于意识形态与冷战的原因，中国被封闭在世界主要国家的体系之外。改革开放后，随着对外交往的扩大，经济实力的提升，大大强化了中国人在西方世界面前的自我想象，混杂着反思和自卑的双重心理，突显了“急于走向国际社会的中国人的征服欲和一夜暴富的炫耀冲动”③，在世博会的展示中蕴含着强烈的政治诉

① 爱知世博会给苍鹰“腾地”［EB/OL］.［2010-03-03］. 东方早报，http：//news. hexun. com/2010-03-03/122829085. html.

② 冯原. 国家馆的中国症候——世博会中国馆的历史形象与符号策略［M］//朱大可，张闳 . 21 世纪中国文化地图（2008 年卷）. 上海：同济大学出版社，2010：55.

③ 冯原. 国家馆的中国症候——世博会中国馆的历史形象与符号策略［M］//朱大可，张闳 . 21 世纪中国文化地图（2008 年卷）. 上海：同济大学出版社，2010：55.

求。2010年上海世博会中国馆的“东方之冠”，采用斗拱多重叠加的夸张形态，并以“中国红”作为外观基色，俯瞰世博园区。作为权力的注解，大面积的红色强化了建筑立面自身的征服、逼迫和警告的语义。正如显示旧帝国权力意志的北京宫式红墙一样，中国红被涂刷在巨大的权力王冠上，散发出强有力的震撼气息。这固然可以成为国家权力的强大宣叙，但却跟世博会“促进世界各国经济、文化和科学技术的交流和发展”的主旨相背离。① 中国馆“东方之冠”自我指认为东方代表，注重权力崇拜和官帽美学，过分关注政治诉求，强调中国的政治形象特色来保持自尊，“反而凸显了刻意隐瞒的自卑感”。②

（3）偏离世博主题。传统文化及其符号，一直是中国馆设计的主要表现依托。在传统文化元素现代演绎的过程中，对中国文化符号的过于痴迷、倚重，对建筑、对现代设计的不自信，妨碍了世博会主题的表达。1982年的美国诺克斯维尔世博会的主题是“能源——世界的原动力”，是新中国第一次参展世博会。中国馆的展示集中在中国的文化特色和传统工艺方面：文化展品主要是长城的城墙砖和秦王墓里的兵马俑，手工艺展品主要是景泰蓝、瓷器、玉石象牙雕刻和红木家具等。在表演区，中国馆安排了中国画画家和工艺师现场表演。这些展品与展示方式对民族文化和国家形象过于注重，但忽视了对“能源——世界的原动力”世博会主题的表达。2000年汉诺威世博会的主题是“人类、自然、科技”，中国馆外立面用低廉的数码打印表现蜿蜒的长城，成为一个完全游离在主题表现之外的展示馆。③ 2005年中国馆立面大面积的红色、十二生肖等与世博会“自然的睿智”的主题也难以产生内在

① 朱大可．世博冷思考——朱大可论世博（三篇）［J］．公共艺术，2010（5）：47-49.

② 冯原．国家馆的中国症候——世博会中国馆的历史形象与符号策略［M］//朱大可，张闳．21世纪中国文化地图（2008年卷）．上海：同济大学出版社，2010：55.

③ 董卫星．世博会，主题演绎至上［J］．创意设计源，2010（4）：50-54.

的关联。

（四）世博会国家形象展示主题理念的确立

1. 理念是对某事物的价值判断

世博会的主题揭示了当代人对于主题的普遍认同与思考，国家馆的主题演绎就是以其国家、民族或地区的独特文化来诠释世博主题。确立国家馆展示的主题理念，不仅需要展现一个国家、民族独特的传统文化、民风民俗、自然景观，更需要以观众为中心，从国家当前的定位出发，表达当代人类所共同追求的文化价值，以及处理与主题相关的事务的独特智慧。在世博会展示中，确立主题理念须对文化符号进行整合，使其符合时代性要求并弱化政治诉求。

2. 整合文化符号，表达共同的主题理念

在世博会展示中，为了展示独特的民族文化与智慧，或为了更好地为今天的现实问题提供解决线索，需要使用传统文化符号。但是在世博会传播场域，民族传统文化符号与文化语境相抽离，单独的文化符号难以完整传达出它所表征的内涵意义，也会造成跨文化观众的理解困难。主题理念的顺利流通，须充分利用、发掘文化符号间的关联，选择、重组相关的文化符号，整合文化符号的形式与内涵，使之共同为主题理念服务，使意义传达得更准确、更快捷，如日本馆遣唐使、鉴真、朱鹮等文化符号都是为中日友好作出贡献的人物、事物，彼此之间存在内在联系。

3. 传统文化展示应当符合时代性要求

在文化艺术的发展中，一种艺术思潮往往代表了一个时代的艺术特征、艺术风格乃至艺术发展的方向，传统文化符号的内容、形式、风格、表现方法、表达方式，以及创作队伍都会受到艺术思潮的影响。世博会展示中的传统文化符号需适应当代文化需要，符合当前的时代性要求。时代性是在新的历史条件下形成和发展的，是体现民族特质、顺应时代潮流的思想观念、行为方式、价值取向、精神风貌和社会风尚的总和，世博会展示中的传统文化展示应当符合当时当地人们的共同兴趣、共同价值观，融入当代文化艺术观念，与现代文明对接。当前正处于全球化浪潮下，传统文化必然会受到各种文化思潮的影响，在民族传统文化符号的应用中，设计者当以民族传统文化内涵及地域性精神为依据，以影像艺术的形式为载体，吸收、借鉴其他民族文化的优秀文明成果，使本民族与其他民族文化相结合，创新传统文化符号的呈现方式，提炼出符合时代要求的展示主题。

4. 强调主题演绎的民族智慧，弱化政治诉求

中西社会历史发展不同，政治制度、意识形态差别巨大。在世博会上强化政治诉求，不仅不符合世博主旨要求，还容易引起西方观众的反感，如上海世博会中国馆建筑刻意强化“天下观”的意识形态，很容易引起西方观众的排斥心理，反而不能达到国家形象建构、传播的目的，而主题演绎的民族智慧展示，则普遍受到观众的欢迎，如“智慧长河”以高科技 3D 技术虚拟宋朝盛景的《清明上河图》，体现出中华文化处理人与人、人与城、人与自然关系的大智慧。上海世博会日本馆首先介绍了中日的文化交流史，以及中国文化到日本后的演变，然后介绍了中日合作拯救珍稀鸟类朱鹮的故事，在随后的音乐剧中，糅合了中国昆剧和日本传统戏剧能剧的元素，“心之和、技之和”传达出日中友好合作的日本馆主题理念，日本馆不仅回避了政治诉求，还以中日友好的要素来连接中国观众，取得了国家形象建构的良好效果。

二、表征世博会国家形象的影像符号设计

（一）能够表征国家形象的文化符号

2011 年 11 月，联合国教科文组织通过了《世界文化多样性宣言》，其中对文化作了如下定义：“把文化视为某个社会或某个社会群体特有的精神与物质、理智与情感的不同特点之总和。除了文学和艺术外还包

括生活方式、相处方式、价值观、信仰等。”中国传统文化是中华民族共同拥有和创造的、能够反映民族特质和风貌的民族文化，它以儒家思想文化为主体、并涵括其他文化形态、思想等，是中国人代代相传的文化遗产和宝贵财富。① 中国传统文化符号，是指中华民族历史上长时间沉淀下来的代表性形象元素，反映了中华民族特有的精神、物质、理智与情感等方面的特质，如语言符号、图案符号、标志性人物、实物符号等，这些符号的出现就能使人联想到中国。中国传统文化符号是在五千年浩瀚的文化长河中孕育而成的，经过了历史的淘汰和选择并被大家所公认，它题材广泛、内涵丰富，富有中国传统审美思想，凝聚了中华民族几千年的智慧精华。② 中国文化符号，包括语言文字、历史典故、地理风光、传统艺术、生活方式、传统节日、思想精神等类别。③

文化符号是文化精神的表征，一经形成便标志着文化核心价值观的形成。在国家形象的建构中，文化符号被广泛运用，成为十分重要的国家形象话语描述和话语建构的信息传播载体。国家虚拟形象在很大程度上正是由其承载文化内涵的各种文化符号构建的④，外国人通过龙、长城、丝绸、茶叶、瓷器等文化符号认识中国，中国人则通过西洋镜、火车、汽车、好莱坞电影等文化符号了解西方国家。

文化符号之所以能够表征国家，在国家形象的建构中被频繁使用，主要原因体现在以下几个方面：

（1）文化符号是民族文化的一种呈现方式和存在形式，体现出其背后的一个民族的历史特质。文化符号是一个民族在长期的历史发展变

① 李军．中国传统文化符号与现代招贴设计［J］．山东大学学报（哲学社会科学版），2011（6）：159-160.

② 李军．中国传统文化符号与现代招贴设计［J］．山东大学学报（哲学社会科学版），2011（6）：159-160.

③ 雷彤，朱麟．从美国电影看中国文化符号［J］．电影文学，2014（17）：14-15.

④ 蒙象飞．中国国家形象建构中文化符号的运用与传播［D］．上海：上海外国语大学，2014：53.

革中，经过有意识或无意识的不断选择、淘汰，最终沉淀下来的物质文化和精神文化的精华，高度凝练了一个国家、社会或民族的文化内蕴。① 文化符号的形成是一个自然的历史过程，如孔子只是春秋时期诸子百家之一，但他的思想被后人逐渐认同，成为中华文化思想的代表和标志。②

（2）文化符号是文化自觉与文化自信的重要标志。当某种文化现象成为标志，并被人们普遍接受时，表明它所代表的事物、人物、事件及其体现出来的精神，被文化群体共同认可，从而产生共同文化意识。③ 人们通过对自己本民族、本国家的文化符号的认知，产生强烈的文化自信和民族自豪感，构建本民族文化身份，形成文化身份认同。④ 文化符号就是文化自觉的符号化，凡是没有符号化的文化现象，都是偶然的、分散的、表象化的，不能产生文化的一致性。⑤

（3）跨文化之间的交流与传播，借助文化符号，能使沟通更便捷、效率更高。文化符号有利于带动整体文化的传播、扩散。处于相同文化背景的人们，由于对文化符号有相近的记忆而产生共鸣，能够快速凝聚本文化群体的力量，达成共识。对于跨文化受众，文化符号由于其形象、凝练的形式，容易引起跨文化受众的好奇与关注，加强互相交流的愿望，从而实现不同文化背景的人们在短时间内互相学习、了解对方，加快信息流动的速度。西方受众通过故宫，可以了解中国的历史与皇权；通过中餐，能够了解中国人的生活方式；通过中国画、书法，则对中国传统艺术产生不同程度的认识。

---

① 蒙象飞．中国国家形象建构中文化符号的运用与传播［D］．上海：上海外国语大学，2014：53.

② 邴正．面向21世纪的中国文化形象与文化符号——建设社会主义文化强国的理论思考［J］．社会科学战线，2013（3）：12-16.

③ 邴正．面向21世纪的中国文化形象与文化符号——建设社会主义文化强国的理论思考［J］．社会科学战线，2013（3）：12-16.

④ 蒙象飞．中国国家形象建构中文化符号的运用与传播［D］．上海：上海外国语大学，2014：53.

⑤ 邴正．面向21世纪的中国文化形象与文化符号——建设社会主义文化强国的理论思考［J］．社会科学战线，2013（3）：12-16.

（二）中国在世博会上使用的文化符号

1. 中国展馆建筑的文化符号

中国国家馆的建造多依托中华传统文化，使用经典建筑形式、传统文化符号来展现中华文化之精深，如牌坊牌楼、亭、长城等。

牌楼也称为牌坊，因其历史悠久、内涵丰富以及审美价值独特，牌楼庄严、荣耀、非凡气派，晚清以来已成为传统文化的标志，象征和代表着中华文明和历史悠久的中国。牌坊牌楼的文化价值主要体现在：牌坊牌楼体现了中国古代传统社会人们的人生理想及古代的封建礼制和传统道德观念，如“光宗耀祖”“流芳百世”“贞节牌坊”等；立牌坊牌楼是我国古代社会的一种重要的民风民俗，而牌坊牌楼本身也是古代民风民俗的一种重要展示载体；牌坊牌楼是中国古代城市、建筑、雕刻艺术的完美结合。① 在世博会上，中国馆的建构经历了从形如官衙、公署，模拟北京城墙、长城、孔庙，仿故宫、皇家居室的照搬传统，到借用传统建筑构件和装饰再现“中国古典复兴式建筑”，再到近些年来拼贴传统文化符号和化用传统建筑构件为整体构型的阶段，但是牌楼作为中国展馆门户的方式几乎贯穿始终。②

亭最初的实用功能是停留休息、观赏景色，后来在文学作品中过渡到美学理念的象征，反映了古人对吉祥、美好、富贵、幸福的永恒追求。在历史的演进过程中，亭建筑成为一种意象建筑的代表，是具有特色的文化内涵与象征意义的园林建筑③，亭也是中国在世博会上最常见的建造物。1878 年巴黎世博会中国馆院中央便建有一小亭；1883 年渔业博览会，为讨得举办国英国王室的欢心，税务司金登干

① 郑宏．北京牌坊牌楼景观的保护、恢复与增建［J］．北京规划建设，2010（5）：113-118.

② 胡斌．如何呈现“中国”——世博会中国馆建筑的符号特征［J］．荣宝斋，2010（6）：72-83.

③ 崔慧敏．探析古代文学中“亭”的建筑之美［J］．语文建设，2013（8）：77-78.

听从执委会成员汉密尔顿侯爵的建议，说服海关总税务司赫德在展馆周围修建了有中国特色的凉亭茶室和小桥；1904 年圣路易斯世博会中国馆门外建有八方小亭一座；1905 年列日世博会中国馆的国亭屋顶盖黄瓦，屋脊装饰小狮子雕塑，设有两层屋顶，上圆下方，以寓“天圆地方”之意。①

长城精巧的设计和丰富的造型，充分体现了实用与审美、对称与自由、静止与运动、阳刚与柔美、疏与密相结合的思想，具有重要的美学价值。② 长城简约、厚重、变化、豪迈、雄伟壮观，成为国家的象征，多次在世博会中出现。1878 年巴黎世博会、1982 年诺克斯维尔国际能源博览会、2000 年汉诺威世博会都有长城的形象出现（见图 3-7~图 3-9）。

图 3-7　1878 年巴黎世博会中国馆小亭③

① 胡斌. 如何呈现“中国”——世博会中国馆建筑的符号特征［J］. 荣宝斋，2010（6）：72-83.

② 郭光. 长城 5 种语言文字 中英法德俄［M］. 北京：中国青年出版社，2011：10.

③ 仝冰雪. 世博会中国留影（1851—1937）［M］. 上海：上海社会科学院出版社，2009：45.

图 3-8 1933 年芝加哥世博会中国牌楼和咖啡厅①

图 3-9 2000 年汉诺威世界博览会上的中国馆②

① 仝冰雪．世博会中国留影（1851—1937）［M］．上海：上海社会科学院出版社，2009：137.

② 历史上的世博会中国馆［EB/OL］.［2010-05-07］．浙山浙水网，http：//www.zszs.cn/expo2010/2010/05/07/101083.htm.

2. 中国展品的文化符号

世博会展馆展品中的文化符号是世博会上国家形象建构最主要的手段。

晚清中国在世博会上的文化符号大致分为五类：一是农渔牧及其副产品符号，如茶、烟草、渔品、狩猎品、药材、棉花、五谷杂粮等；二是矿产品及其初级制品符号，如铜、铁、金、玉、银等；三是手工艺制品符号，如绸缎、漆器、瓷器、雕器、木竹制品、蜡、扇子等；四是中国文化用品符号，如古玩、文房器用等；五是体现中国风俗人情的文化符号，如烟具、拐杖、祭器、草舍、刑具、衙门模型等。在这些文化符号中，出现频率较高的主要是茶、丝绸、景泰蓝、绣品、雕器、瓷器、玉器、竹器、古董等。① 茶是中国在世博会上的常见展品，茶文化是中国饮食文化的重要组成部分，有着悠久的历史、完美的形式、丰富的内容和巨大的影响力，渗透着中华民族传统文化的精华，是中国人的一种特殊创造。丝绸是中国连接世界的纽带，在世界上享有很高的声誉。在著名的丝绸之路上，丝绸成为中国文化传播的使者。世博会上的丝绸文化符号代表了丝绸文化独特的艺术魅力，意指丝绸多种多样的加工技艺、风格独特的品种结构、先进的织机工艺、浓郁的民俗色彩和纹样，以及丝绸文化对中国美术、诗歌、雕塑、神话故事等的影响（见图3-10）。②

晚清在世博会上由茶、丝绸等文化符号所表征的是一个传统农业国家形象，经济上以农副产品、手工制品等为主，文化上以文房四宝、古玩字画等为主，工艺上以瓷器、丝绸、绣品等为主。同时，还出现了体现中国落后、愚昧、丑陋习俗，以刻意迎合外国人猎奇需要的文化符

① 洪振强．国际博览会与晚清中国“国家”之形塑［J］．历史研究，2011（6）：4-20，190.

② 陈洁，陈玉红．丝绸文化在丝绸品牌建设中的传承与创新［J］．丝绸，2013（9）：70-74.

图 3-10 1878 年巴黎世博会中国馆内部①

号，如烟具、缠足等，使得晚清的国家形象整体呈现出较为落后的面貌（见图 3-11）。②

民国时期，中国馆的文化符号依然以农产品符号和手工艺品符号为主，体现时代进步的机械制品、交通类展品符号较少，表征了一个经济、文化、科技上依然相对落后的国家形象，如 1915 年巴拿马万国博

① 仝冰雪．世博会中国留影（1851—1937）［M］．上海：上海社会科学院出版社，2009：47.

② 洪振强．国际博览会与晚清中国“国家”之形塑［J］．历史研究，2011（6）：4-20，190.

图 3-11 1904 年圣路易斯世博会中国馆内景①

览会上，中国展出了屏风、扇面、瓷器、乐器、丝绸、铜器、铁器、茶叶、烟叶、铁路模型、黄河桥模型、科学仪器等（见图 3-12）；1926 年费城博览会展出丝绸、织锦、字画、陶瓷、漆器、翡翠、茶、罐头食品、雨伞、化妆品、革制品、电器、铜钢制品、印刷工艺、商务印书馆的出版物及汉字打印机等②；1933—1934 年芝加哥世界博览会上中国馆里的展品除日用之瓷器、漆器、陶器、茶叶外，还有漆制中国十大伟

① 仝冰雪．世博会中国留影（1851—1937）［M］．上海：上海社会科学院出版社，2009：95.

② 曹必宏．民国时期中国参加世界博览会纪略［J］．中国档案，2010（5）：27-29.

人、价值百万的翡翠宝塔以及嵌玉围屏、古铜古瓷、绘画雕刻、刘姓玉器等。①

图 3-12　1915 年巴拿马万国博览会美术馆中国展品②

中华人民共和国成立之后，世博会上表征中国的主要以中国历史文化符号、现代科技符号为主，如 1982 美国诺克斯维尔市世博会展出体现中国科技成就的相关展品、农村沼气利用、秦始皇兵马俑、长城砖等③；1988 年布里斯班世博会中国馆展出传统手工艺品外，还展出 360°环幕电影、艺术家现场表演工艺美术制作等；1992 年西班牙塞维利亚世博会中国馆展出了中国古代的四大发明，以及现代航空、航天技术；2000 年汉诺威世博会中国馆展出信息高速公路、未来航天、现代

① 曹必宏．民国时期中国参加世界博览会纪略［J］．中国档案，2010（5）：27-29.

② 仝冰雪．世博会中国留影（1851—1937）［M］．上海：上海社会科学院出版社，2009：114.

③ 吴陈，吴宇，王希．新中国首次参加世博［J］．人才资源开发，2010，10：76.

中国展品、古代中国展品和环幕电影等（见图 3-13）；2005 年的爱知世博会则成为中国传统文化符号的堆积，如“十二生肖”图案、百家姓、民族音乐、河图洛书、楚国箭楼、马王堆龙、汉代画像石造型、杭州六和塔、憨笑弥勒佛、三星堆面谱、苏州寒山寺、秦兵马俑、清明上河图、仿明清的书斋文化等。与晚清、民国相比，改革开放后的中国在世博会文化符号的选择上，更注重体现中国传统文化，以及中国所取得的科技进步，这些文化符号表征了中国综合国力的提升、经济的发展、科技的进步，以及对未来的期望。

图 3-13　2000 年汉诺威世博会中国馆展出航天器①

（三）表征国家形象的传统文化符号影像化

传统文化符号是民族文化在特定历史条件下积累、沉淀而成的，具

① 人类现代文明始于世博会 奥运辉煌也“沾了世博光”［EB/OL］.［2010-04-30］. 人民网，http：//news. 163. com/10/0430/15/65HEKA65000146BC_3. html.

有清晰的识别性，是国家形象表征的重要形式；而世博园区里的文化是移植的文化，在世博会展示的特定时空中，传播的语境与媒介都发生了变化，要使传统文化符号传达出准确的意义，世博传统文化符号的影像化需要做到意义传达完全、营造准确传达意义的语境、与高科技展示技术完美结合、符合时代性。

（1）文化符号影像化时传达的意义要完全。罗兰·巴特在《神话学》中认为，神话（一种传播体系）是由两级符号系统构成的结构，第一级系统中的符号，即外延意义，作为能指进入二级系统，与二级系统的所指构成一种新的符号，他称之为“意指”；第二级系统又称为“含蓄意指”或“内涵”，其充满了文化象征意义和意识形态性。① 罗兰·巴特的符号外延是指“某个符号与其所指对象间的简单关系或字面关系”，影像符号本身所直接传达出来的外延意义，是自然的、客观的，可以直观感知的。罗兰·巴特认为，内涵意义就是把外延意义加以固定或冻结；将某个单一的且经常是意识形态的意指加诸到意符之上，而掏空了第一层符号的意义。② 影像符号的内涵意义是在外延基础上衍生出来的意义，是以外延为基础，附加上新一层的意义，构成新的所指，它与所代表的文化或使用者的价值系统有关。③ 在世博会展示中，不仅要让观众获得文化符号明确的外延意义，还要让观众领会文化符号的内涵意义。2000 年汉诺威世博会中国馆的正面是巨幅长城照片，长城影像符号的外延是抵御异邦入侵的城墙，外观上雄伟、壮观、巍峨、险峻，而内涵意义则是中国人民的勤劳、勇敢、吃苦耐劳和创造精神，以及抵御侵略、反抗外敌、保卫和平的决心，但这个第二层的内涵意义

---

① 张静．论罗兰·巴特符号学与视觉传播理论［J］．人文杂志，2013（9）：70-74.

② ［法］罗兰·巴尔特．符号学原理［M］．王东亮，等译．北京：生活·读书·新知三联书店，1999：86.

③ 包鹏程．影视意义的生成：编码与解码［J］．理论与创作，2006（4）：89-92.

往往不被西方观众所理解。① 意识形态是内涵意义的延展，即在内涵意义中再现的意义。内涵意义是意识形态传播的主要表现形式，巴特将这种内涵意义的运作称为神话。他所谓的“神话”，不是一般意义上的神话，“而是指一个社会构造出来的以维持和证实自身存在的各种意向和信仰的复杂系统”②。在“神话”中，具有意识形态的内容被隐藏和转化，看起来更自然、更透明、更习以为常，而受众会不知不觉受到意识形态的影响。上海世博会《清明上河图》通过宋代繁华的街衢市井，以古喻今，表征当今中国太平盛世里民间的祥和与安逸，以及中国政府注重经济发展、关注民生的价值倾向。

（2）传统文化符号影像化中的运动表现须符合传统文化的要求。运动是影像最重要的美学特征，是最富有表现力、最能感染人的视觉元素，包括被拍摄对象的运动、摄像机的运动、主客体的复合运动，以及蒙太奇运动，即运用蒙太奇手法，由镜头衔接与转化产生的运动。传统文化符号形成于漫长的民族文化发展过程中，通常以静态的方式存在，传统文化符号对运动的表现，主要是在空间中以“静”示“动”，同情感、意象层面的时间动感相互贯通，亦即显现在“气势”“气度”和“气机”的生动变化里，显现在艺术形式唤起的情感节奏中。古典中国绘画浸渍着深厚的“动”意识，它力图突破空间再现的藩篱，表现深藏在景物中的“动”感，如宋代画家郭熙的《早春图》，画中形态各异的景物造型，充满动感的线条，描绘出山间一道清泉从岩缝中飞流直下，一波三叠，流水潺潺；以及树木已经长出嫩芽，显得生趣盎然的动势。美术绘画擅长描绘静态的物体，在表现时间和运动方面存在很大的局限性，绘画表现运动所注重的是通过画面所描绘的“一瞬间”以展示它的过去和未来，引导观者的情感与想象，是想象中的运动。影像表

① 熊关，费学军，姚宝荣．国际古迹遗址理事会专家对中国世界文化遗产误读的跨文化解析［J］．旅游科学，2008（3）：45-48.

② 李彬．符号透视：传播内容的本体诠释［M］．上海：复旦大学出版社，2003：136.

现运动和绘画不同，它能最大限度地表现现实世界各种运动存在形式，表现运动过程、运动的时空变化，表现出绘画所不能表现的运动美。传统文化符号影像化中的运动表现，应当符合传统文化符号的风格特点，与民族精神相结合，反映民族心理、民族气质。

（3）传统文化符号与高科技展示技术的结合。世博会 160 多年的历史中，每一届世博会的成功举办都离不开科学技术的推动和支撑，电影、彩色胶卷、汽车装配、电视机、计算机、机器人等相继在世博会上的展示，使得 20 世纪的历届世博会将科学技术进步对人类文明的影响表现得淋漓尽致。借助高科技展示媒介技术，世博会演绎了大量的精彩时空，成为世博会展示的闪光点，如上海世博会的全息影像、3D 电影、大屏幕、虚拟现实等。当今世博会的传统文化符号影像化，高科技展示技术的应用不可或缺，在传统文化符号影像的生成、呈现中需要与现代高科技展示技术完美融合。在世博会展示中，特别是在回顾历史、展望未来的主题中，往往会偏重于从科技角度来设计，利用高科技手段的力量。上海世博会《清明上河图》大屏幕展示将传统文化符号与现代科技进行了完美结合，高科技的投影、大屏幕、影像制作技术，融合了中国古代人物服饰、建筑、国画等传统文化符号，让古画中的人物像今天的人类一样运动起来。运用现代科技对传统文化进行创新，对传统文化符号影像化中注入新的艺术观念和时代精神，使观众在领略传统文化的同时，感受到了全新、震撼的视觉体验。

三、世博会国家形象的影像化叙事

叙事学是关于叙事的理论和系统的研究，作为一门独立的学科 1969 年诞生于法国，是在语言学、修辞学、逻辑学、符号学的基础上发展起来的。① 西摩・查特曼、诺思洛普・弗莱从故事的语言学结构和表现结构

① 赵新利，张蓉．国家叙事与中国形象的故事化传播策略［J］．西安交通大学学报（社会科学版），2014（1）：97-101.

两个层面对叙事展开分析，这种叙事结构可以用图 3-14 描述。①

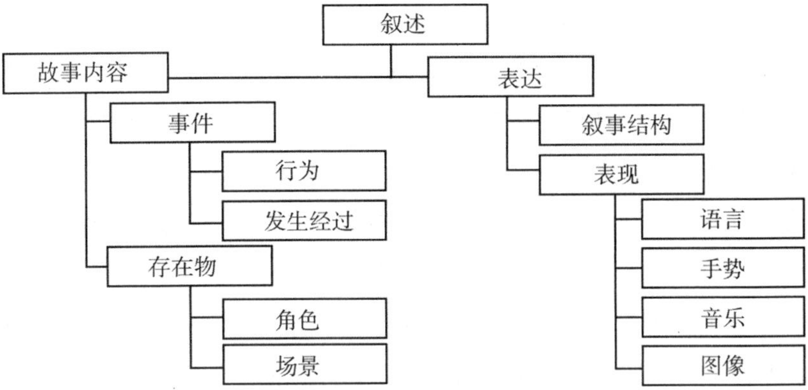

图 3-14　叙事结构图②

学者任悦在分析故事的语言学结构、叙事的传播学结构后，提出了影像的叙事结构：影像生产者有一种影像表达的观点，这种观点对应着一种影像观众读故事时的解读观点，在考虑观众解码因素后，通过影像符号的编码，组织影像元素如构图、景别、色彩、灯光，最终形成影像化的叙事。③

国家形象的影像叙事首先应关注目标观众，了解他们的文化背景、兴趣、动机，确定能吸引他们、打动他们的符号或影像。在内容的选择上，应追求平民性、日常性、文化性，着力表现当代西方观众感兴趣或陌生的领域；以现实为参照，注重普通人真实生存状态的展现，以一种当下中国百姓日常生活常态的多样图景来传达观点，客观真实地呈现中国现状。④

① 任悦．视觉传播概论［M］．北京：中国人民大学出版社，2008：158.

② 任悦．视觉传播概论［M］．北京：中国人民大学出版社，2008：158.

③ 任悦．视觉传播概论［M］．北京：中国人民大学出版社，2008：159.

④ 赵艳．《中国国家形象片——角度篇》的叙事策略分析［J］．现代传播（中国传媒大学学报），2011（8）：165-166.

国家形象的影像叙事需要以不同的文化逻辑建构出一个虽然有些相似、但以自身论证规则演绎出的、具有说服力的意义世界。对文化传统进行梳理及通俗化地阐释，勾连中国传统观念并与西方现代思想的一致性对接，寻找在外来文化刺激下适时苏醒的本民族文化传统的内部因素，对中国的国民性格进行提炼总结，并寻求相应的影像符号编码。这样的叙事在与西方文化具有相似的精神内涵的同时，也可以体现由于始终处在自身根源性的历史语境中而保持的差异性，这种差异性主要是指日常生活的表现形态、话语表述及其规则。①

观众在跨文化交流中对其他文化进行认知与主观判断时往往与意识形态无关，但这并不意味着这种国家形象缺乏意识形态性，而是参展国用“非意识形态性”的构成素材及其经验资源，建构出一个具有“意识形态性”的国家形象来。国家形象影像叙事中即便所叙述的故事与意识形态性无关，缺乏明确的意识形态性符号，但仍能塑造出一种看不见而能感受到的“意识形态性”国家形象。在世博会跨文化传播中，展示普通人的日常生活时，表面似乎与意识形态性无关，但意识形态及价值倾向隐藏在人物选择、场景设置等诸多方面，并没有直接显露出来。观众在观看时，影像信息在现代视觉技术的组织、处理下，故事的世界观、人生观、政治观就会展现出来，观众逐渐感受到带有某种情感与政治判断的中国形象。②

影像叙事中的语境是叙事发生的背景，世博会国家形象展示需要营造适当的叙事语境。语境不是一个静态的、凝固的概念，而是一个动态的、发展的概念，因为沟通本身就是一个动态过程，语境也在交流过程中随之改变。有学者认为叙事语境可分为当下语境和社会文化语境，两者紧密联系、密不可分。叙事是发生于某个特定时刻和地点、与交流对

① 陈林侠．大众叙事媒介构建国家形象：从特征、论证到文化逻辑［J］．中州学刊，2013（10）：84-90.

② 陈林侠．大众叙事媒介构建国家形象：从特征、论证到文化逻辑［J］．中州学刊，2013（10）：84-90.

象之间的特殊对话，因此讲述者的期望以及对当下时空和对话关系的觉察等构成了叙事的当下语境。讲述者在与交流对象的互动中讲述自己的故事，故事是双方共同建构的，其意义也会随着双方之间的共同建构、互动以及讲述的当下背景而发生改变。① 社会文化语境是与当下语境存在内部联系的另一种语境。要了解社会文化如何渗透影响了个体的叙事，不仅要通过对事件本身的分析来发现其中的社会文化作用，还要超越事件本身，发现其背后的社会文化作用。故事从来就不是也不可能完全是个人的，个体叙事常常依赖于文化脚本和语境。② 世博会的影像叙事中，任何一种影像符号的意义都与它的语境密切相连，不仅应体现相应的空间意义，更要利用空间符号去建构视觉图景，在叙事空间中建构、生成影像的语境。③ 2005 年世博会中国馆，虽然堆积了大量的中国传统文化符号，但对这些文化符号的语境都缺乏建构，使跨文化观众在面对这些符号所传递的信息过程中出现接收困难。

四、世博会国家形象的影像修辞

修辞，通常的解释是“对语言的修饰”，从而使表述更加具有说服力、生动形象。修辞可以理解为广义的象征，因此，也可以用“象征”来指代所有的修辞。符号学公认的源头之一便是修辞学④，修辞是符号编码的重要手段之一。亚里士多德在其著作《修辞学》中给修辞下的定义是“一种能在任何一个问题上找出可能的说服方式的才能”⑤。古

① 刘毅，郭永玉．叙事研究中的语境取向［J］．心理科学，2014（4）：770-775.

② 刘毅，郭永玉．叙事研究中的语境取向［J］．心理科学，2014（4）：770-775.

③ 赵艳．《中国国家形象片——角度篇》的叙事策略分析［J］．现代传播（中国传媒大学学报），2011（8）：165-166.

④ ［美］韦恩·C. 布斯．修辞的复兴［M］．穆雷，等译．南京：译林出版社，2009：51.

⑤ 任悦．视觉传播概论［M］．北京：中国人民大学出版社，2008：111.

典的修辞是对语言编码问题的关注，核心思想就是更好地说服受众接受自己的观点，而在20世纪30年代产生、60年代盛行的新修辞学则对修辞的研究领域进一步扩展。代表人物肯尼思·伯克认为："修辞学除了关注口语和书面语，关注促销、求爱、社会礼仪、教育等话语之外，还要关注绘画，有时甚至是建筑。"①

罗兰·巴特论述了语言对影像的修辞。1964年，罗兰·巴特在论文《图像修辞学》中将图像的信息划分为三种：语言性信息、非代码图示性信息和代码图示性信息。罗兰·巴特认为，在视觉传播中，语言学信息实际上存在于每个形象中，如标题、解说词、附加的新闻稿、电影对白、幽默漫画的对话框等。语言学信息对于影像的功能主要有两点：锚固和接替。锚固功能是指语言针对影像的多义性固定所指、明确概念，从而引导解释影像，限制内涵意义向着编码者意图的方向发展。与影像所指的自由性相比，语言的所指具有一种抑制价值，也即清晰概念的功能。语言学的接替功能没有锚固功能运用那么广泛，它一般在卡通、漫画、电影中使用，通常是一段对话，与影像形成互相补充的关系，去发掘影像本身难以解释的意义。②

除了语言对影像的修辞外，影像修辞还有影像对影像的修辞。在影像编码过程中，已选择的符号单位依照一定的结构规律，以线型方式组合符号群，再由符号群组合成段落，最后形成文本。影像中最小的符号单位——单镜头画面缺乏完整的叙事表意功能，借用蒙太奇的结构手段，将画面组合起来，形成一定的结构，表达出完整的意义。为了使影像所呈现的信息更生动、更形象，就需要在镜头画面及其组接中，积极运用各种表现手法，运用各种各样的修辞，即辞格，常见的有隐喻、转喻、并置等。③

---

① 任悦．视觉传播概论［M］．北京：中国人民大学出版社，2008：113-114.

② 张静．论罗兰·巴特符号学与视觉传播理论［J］．人文杂志，2013（9）：70-74.

③ 包鹏程，孔正毅．纪录片中的修辞［J］．新闻大学，2004（3）：82-84.

（1）影像隐喻编码。隐喻是指通过一个词或短语以一事物或想法替代另一事物或想法，并以此来暗示两者之间存在一种相似性或类推性。① 影像隐喻在具有某种共性但表现形式不同的事物之间建立起含蓄的比照关系，可以将抽象的观念用可视的影像表达出来。② 在上海世博会中国馆影像《历程》中，为了体现从 1978 年到 2010 年的时间流逝，导演使用了旋转门的镜头隐喻时空的转换。

（2）影像转喻编码。转喻其实质是用一种事物来替代与它相关的另一种事物，或用一个词来表示它可以使人联想到的其他事物。本体与喻体并不相似，但关系十分密切，在特定的言语环境中，从喻体就可想到本体，并不需要借助比喻词来识别。③ 转喻也称为换喻，常用于某一种属性或部分喻指全体，或全体指代部分。在上海世博会中国馆《历程》中，用勤劳、积极乐观的建筑工人喻指中国劳动人民。

（3）影像并置编码。将相关联的画面并置，便可以建构一种观点，重复的画面可以起到强化特定意义的功效，也加强了画面结构的节奏和韵律。④ 上海世博会中国馆《历程》影像，将一组镜头速度加快，利用相似节奏的镜头并置、重复，形成了一种中国充满活力、经济快速发展的形象。

---

① 杨军燕. 英语修辞格暗喻与转喻的多维辨析［J］. 教学与管理，2010（6）：97-98.

② 朱永海. 基于知识分类的视觉表征研究［D］. 南京：南京师范大学，2013：112.

③ 杨军燕. 英语修辞格暗喻与转喻的多维辨析［J］. 教学与管理，2010（6）：97-98.

④ 包鹏程，孔正毅. 纪录片中的修辞［J］. 新闻大学，2004（3）：82-84.

第四章　数字媒体语境下世博会的视觉表达艺术

第一节　影像主导的展馆空间

建筑空间历来受到很多关注，有关建筑空间的研究，大体分为两类：一种是以欧几里得空间为基础，研究建筑空间的构成规则与应用；另一种是以知觉心理学为基础的空间理论的研究。① 欧几里得式的研究，因空间构架、工厂预制的施工方法以及某些理想城市规划方案等关系、三维度立体几何学的应用，这种研究范式受到广泛重视。② 但组合几何学具有冷漠而抽象的性格，许多建筑理论家逐渐认为建筑空间具有与数学空间根本不同的性质。③

吉迪恩在他的著作《空间·时间·建筑》中，把空间问题作为现代建筑发展的中心，对建筑空间的概念进行了论述，总结了空间的三种观念：第一种建筑空间观念同量体与量体间的相互作用有关，内部空间

---

① ［挪］诺伯格·舒尔兹．存在空间建筑［M］．尹培桐，译．北京：中国建筑工业出版社，1990：10.

② ［挪］诺伯格·舒尔兹．存在空间建筑［M］．尹培桐，译．北京：中国建筑工业出版社，1990：10.

③ ［挪］诺伯格·舒尔兹．存在空间建筑［M］．尹培桐，译．北京：中国建筑工业出版社，1990：11.

是不被注意的。第二种空间观念从罗马时期的万神殿开始，到18世纪末期。内部空间及圆屋顶构架问题开始成为建筑的最高目标，建筑空间的形成即是内部的挖空。第三种空间观念始于20世纪初期，建筑物不受墙壁局限的空间发散特质获得重视。第三种空间观念与第一种空间观念有相似的地方，强调建筑的外部空间，建筑向雕塑接近，雕塑向建筑接近；同时第二种空间观念（即内部空间的挖空）的影响依然存在，由此导入第三种空间观念的新要素：内外空间的贯穿。① 吉迪恩强调了建筑内外空间的相互作用，摆脱了欧几里得空间中机械地组合的思考方法，试图进一步阐明全面关系到人类意识中的世界形象发展的质的差异，他说："空间形象转移到情绪领域的过程，由空间概念来表现，它表明了人与环境的关系，精神上表现了人类对峙的现实。人们面前的世界，因空间概念而改变。如果空间概念起作用，则首先由该空间概念强制地、图形式地描绘出自己的位置。"②

凯文·林奇对建筑空间进行了深入的研究，提出了存在于市民知觉世界中的城市空间，以"可意象性"作为空间形态要素及环境评价的分类标准，归纳出"道路、边界、区域、节点、标志物"组成城市空间意象的五种要素。"环境意象是观察者与所处环境双向作用的结果。环境存在着差异和联系，观察者借助强大的适应能力，按照自己的意愿对所见事物进行选择、组织并赋予意义。"③ 林奇所说的环境意象，是把环境与存在空间联系在一起所进行的论述，展现了不同于物理世界的心理意象。

舒尔兹从海德格尔的存在论出发，将建筑空间定义为存在空间的具

---

① ［瑞士］希格弗莱德·吉迪恩．空间时间建筑：一个新传统的成长［M］．王锦堂，孙全文，译．武汉：华中科技大学出版社，2014：16.

② ［挪］诺伯格·舒尔兹．存在空间建筑［M］．尹培桐，译．北京：中国建筑工业出版社，1990：9-10.

③ ［美］凯文·林奇．城市意象［M］．何晓军，译．北京：华夏出版社，2011：4.

体化，提出了五种可以分辨出来的空间概念：肉体行为的实用空间，直接定位的知觉空间，环境方面为人形成稳定形象的存在空间，物理世界的认识空间，纯理论的抽象空间。对于这五种空间概念，舒尔兹认为："实用空间把人统一在自然、'有机'的环境中，知觉空间对于人的同一性来说是必不可少的。存在空间把人类归属于整个社会文化，认识空间意味着人对于空间可进行思考。最后，理论空间则是提供描述其他各种空间的工具。"①

世博会建筑空间除了要满足建筑的实用功能，为观众提供一个舒适、便捷的空间环境外，还需要通过各种空间符号的运用，营造林奇所说的"意象环境"，传达展馆的主题理念，成为国家形象传播的空间载体。

一、世博会场所空间的构成

世博会展馆空间的主要形态是场所。与空间相对抽象，具有开阔、自由的特点相比，场所则显得具体，其性质也更加封闭、稳固。② 诺伯舒兹③在《场所精神：迈向建筑现象学》中说："场所不只是抽象的区位，而是由具有物质的本质形态、质感及颜色的具体的物所组成的一个整体。这些物的总和决定了一种'环境的特性'，亦即场所的本质。"④空间是被相互联系的实体物质有限制、有目的地营造出来的，当人的活动赋予它特定的意义，形成独特而内在的精神和特性之后就成为场所。⑤ 他继而指出，场所是由"空间"和"特性"构成的，"空间"暗

① ［挪］诺伯格·舒尔兹．存在空间建筑［M］．尹培桐．译．北京：中国建筑工业出版社，1990：7.

② 傅立宪，尹洪．环境艺术中空间与场所探析［J］．南昌大学学报（人文社会科学版），2012（6）：130-134.

③ 即前文诺伯格·舒尔兹，各译者所译名称不同。

④ ［挪］诺伯舒兹．场所精神：迈向建筑现象学［M］．施植明，译．武汉：华中科技大学出版社，2010：7.

⑤ 张位中．国内古城镇旅游可持续发展理论模式研究——基于文化空间与场所精神理论［J］．城市发展研究，2014（10）：13-16.

示构成一个场所的元素是三向度的组织，“特性”一般指的是“气氛”，是任何场所中最丰富的特质。相同的空间，经过空间界定元素（边界）具体的处理手法可能会有不同的特性，同时空间组织对特性的形成有某些限制，“空间”和“特性”是互动的关系。①

场所精神是场所的特性和意义，是空间特性集中和概括化的体现，“场所精神的形成是利用建筑物给场所的特质，并使这些特质和人产生亲密的关系”②。世博会展馆通过场所精神的营造将世界各地的地域特征、文化传统、自然地理等，甚至是已经消失的场所精神，在世博场域进行了展示和再现。上海世博会沙特展馆外观形似一艘高悬于空中的“月亮船”，地面和屋顶栽种了150棵枣椰树，形成一个树影婆娑、沙漠风情浓郁的空中花园。馆内重点向观众呈现四种类型的城市：能源之城、绿之城、文化古城、新经济之城，喻示水、石油和知识是沙特阿拉伯城市发展的安身立命之本。沙特馆或通过对沙特原有场所精神的营造，或在原有场所精神的基础上增加新的场所精神因素，向世界观众呈现了沙特阿拉伯地理、历史、文化、经济等特色，实现了场所精神的异地再现和升华（见图4-1）。

世博会展馆场所空间是由多种类型的空间并置，在同一场所进行融合，形成的异质混合空间。场所空间的主要构成空间有：现实空间、复制空间、虚拟空间等。

（一）流动的现实空间

现实空间是由客观物体组合而形成的实体空间。世博会展馆的现实空间由展馆墙壁、楼板、天花板、窗户、展品、灯光、道具等元素对场

① ［挪］诺伯舒兹．场所精神：迈向建筑现象学［M］．施植明，译．武汉：华中科技大学出版社，2010：23.

② ［挪］诺伯舒兹．场所精神：迈向建筑现象学［M］．施植明，译．武汉：华中科技大学出版社，2010：23.

图 4-1　上海世博会沙特馆①

馆室内空间进行分割、区隔，形成的特定边界间的虚空区域。现实空间具有三维的物理尺度，由具有一定长、宽、高的实体所界定。观众体验与交流都是在现实空间中进行的，现实空间是人的精神活动和情感体验的基础。

世博会展馆现实空间中由于各种视觉张力的相互作用而形成空间运动感、秩序感。格式塔心理学认为心理现象是一个整体，部分相加不等于整体，大脑在综合和认知景物时遵循四个法则：相似性法则，即大脑趋向将形状认知为最简单、最稳定的图形；接近性法则，即距离近的物体比距离远的物体更容易被大脑联系在一起；连续性法则，即大脑尽可能寻求流畅、完整的线条进行认知；公共目标法则，即元素目标方向趋于一致。② 空间中色彩、大小、高低、距离等要素的对比，在大脑认知

① 中国建筑工业出版社．2010 年上海世博会建筑［M］．北京：中国建筑工业出版社，2010：94.

② ［美］保罗 M. 莱斯特．视觉传播：形象载动信息［M］．霍文利，等译．北京：北京广播学院出版社，2003：55-57.

的相似性法则、接近性法则、连续性法则、公共目标法则作用下，视觉平衡被打破，大脑认知又会寻求新的稳定，从而在整个空间中形成各种具有倾向性的动力，如扩张和收缩、前进和后退、上升和下降等力量感，影响空间的整体视觉感受，形成不同性质的空间。

在1929年巴塞罗那国际博览会上，建筑师密斯·凡德罗设计的德国馆，入口前面的平台上是长方形的水池，大厅后院有一个小水池，以水作为纽带，将室内外空间互相贯通，形成了彼此呼应的流动空间。大理石和玻璃构成的墙板是简单光洁的薄片，纵横交错，布置灵活，具有穿透性，形成了既分割又连通，既封闭又开敞的空间序列。①密斯·凡德罗设计的德国馆打破了传统六面体空间的概念，所有空间都互相穿插与渗透，界限模糊，这种不确定的空间关系使人对空间产生了在运动和视觉上的全新体验，被称为“流动空间”②。密斯忠实于现代材料本身的特性，尝试用柱和玻璃两种透质界面营造全新的建筑空间，并自由地应用现代抽象的语言表达古典的性格。巴塞罗那国际博览会德国馆和古根哈特住宅，奠定了密斯的流动空间理论的基础。③密斯的流动空间，突破了传统意义上封闭的建筑空间，本质上是内部空间与外部空间的相互流通。此后密斯所倡导的流动空间影响至今，经过时间与形式的演化，当今的空间所具有的流动性更具内涵（见图4-2）。④上海世博会印度尼西亚馆体现了半开放式的建筑设计特色，展馆以竹为主要建筑元素，辅以棕榈、橡木搭建而成，线性的竹制材料墙体，使得内外空间互相穿透。印度尼西亚馆将休闲区、多元区、城市区三个功能区及排队等

---

① 李政，李贺楠．密斯·凡德罗与巴塞罗那德国馆［J］．世界文化，2010（5）：10-12.

② 傅洁．激进的空间美学与保守的建构原则——从巴塞罗那国际博览会德国馆出发，探索流动空间的创作［J］．华中建筑，2010（5）：5-9.

③ 杨卫丽，童乔慧，杨洪福．曼纽尔·卡斯特与密斯的流动空间比较试析［J］．河北建筑科技学院学报，2005（4）：20-22.

④ 张雪菲，王丽颖．环境空间流动性［J］．安徽文学（下半月），2012（3）：127，129.

图 4-2　1929 年巴塞罗那国际博览会德国馆①

候区共四个部分合理布局，各区既相互独立，在空间上又相互穿插、配合。观众沿曲折的候展弯道，步行进入展区坡道入口开始游览，体验空间的运动与变化，领略印度尼西亚的历史传统与展馆的环保理念（见图 4-3）。再如上海世博会西班牙展馆“藤条篮子”，建筑外墙是用藤条、柳条编织而成，通过钢结构支架来支撑，呈现出波浪起伏的流线型；阳光可透过藤条缝隙，洒落在展馆内部，形成了内外空间的穿透（见图 4-4）。

（二）影像的复制空间

影像是时间与空间的复合。电影既是时间的艺术，同时又是空间的艺术。电影的时间与空间相辅相成，时间是空间化的时间，空间是时间

① 陆达之．我的建筑随笔：密斯的德国馆［EB/OL］.［2014-01-11］. http：//www. sankaijian. com/2014/interview_0111/244. html.

图 4-3　上海世博会印度尼西亚馆①

图 4-4　上海世博会西班牙馆②

① 上海世博会印尼馆图片［EB/OL］.［2010-06-18］. 昵图网，http：//www. nipic. com/show/1/38/a1316bb1e1a81b1b. html.

② sjw1947. 走马观花上海世博园之二（意大利馆、西班牙馆）［EB/OL］.［2011-12-29］. http：//www. 19lou. com/forum-134-thread-30516782-1-1. html.

化的空间。① 影像时空复合首先是在时间上展开叙事，随着镜头的转换，空间不断展开、展现，在进展中显示、变化。同时，影像时空复合又是由蒙太奇组合、镜头运动、对象的运动、声音的流动等综合构成的，在时间的流动中，形成静态与动态的空间、间断与连续的空间、客观与主观的空间的交叉复合。②

影像的画面空间作为直接由摄影机抓取的场景，既是呈现给观众的具体空间，又是影片故事发生与发展的最为直接的载体。影像的画面空间是客观世界形形色色的物理空间在感光物质材料或电子感光器上的聚焦，是一种记录式或复写式的仿真性再现，也是客观物理三维空间在二维屏幕上的再现与复制。影像的画外空间是画面未展示的空间，也是由画面空间所引导和提示，在观众头脑中形成的一个隐藏的三维想象空间。画外空间通过镜头运动、演员调度、声音展示及空镜头等方式呈现，是一个暗示性的场景空间，虽然它不直接出现在屏幕上，但在影像叙事中和画面空间同等重要。③

影像画面的空间感，是由于画面的取景构图、物象的透视关系与人的视觉幻觉交叉复合而造成的。影像通过画面制式的选择、取景构图的技巧、纵深调度的处理，利用影像上、下、左、右、前、后、中、外的空间运动，实现了影像的画面空间与画外空间的转换与扩展。④ 影像中所有的具体场景、画框所呈现的全体造型与对象，以及显现的空间与隐藏的空间，随着叙事过程而向观众不断呈现，并与其他影像叙事要素相结合，形成了观赏主体意识中的总体空间⑤，影像的符号、叙事、意识

① 潘秀通．电影的空间观［J］．文艺研究，1988（1）：94-97.

② 路璐．时空之争与电影空间探析［J］．江苏社会科学，2012（6）：187-192.

③ 张治国，胡清．电影画面空间的呈现方式及叙事表达［J］．电影文学，2010（21）：15-16.

④ 潘秀通．电影的空间观［J］．文艺研究，1988（1）：94-97.

⑤ 路璐．时空之争与电影空间探析［J］．江苏社会科学，2012（6）：187-192.

形态等在时空的变化中得以完整显现。

影像的叙事空间是创作者对故事或事件中原有的空间进行取舍、处理和表现以及重组的结果，是电影制作者所认为的最具代表性和最适合故事或事件中的事物活动或存在的场所空间及其组合，是电影创作者运用影像表现手段来建构而成的一个由活动画面和声音构成的意象性空间。①

（三）视觉技术生产的虚拟空间

世博会展示的虚拟空间主要体现为视觉技术发展所生产的拟像空间。数字图形技术的发展为虚拟空间奠定了技术基础，在艺术表现、影片效果的需求下，虚拟空间在影像艺术上得到非常广泛的应用。为了增强影像画面的真实感、表现力和视觉冲击力，符合当代观众的体验需求，借助现代视觉影像技术，创作者可以灵活地将以前很难或者无法拍摄到的虚拟元素融入自己的作品中，形成虚拟空间。与传统实拍技术相比，虚拟现实技术的发展为影像创作者提供了更为广阔的空间。② 创作者借助虚拟空间来展现或暗示故事的发展空间，并表达某种观念或意识，而观众则通过虚拟空间的提示来想象和建构完整的故事空间，并体会到创作者所要传达的某种观念或意识。

“进步”是世博会永恒的主题，创作者常常通过虚拟空间的营造，将历史、未来以及未知领域的理念传达给观众，引发观众思考。上海世博会城市未来馆的虚拟空间展现了未来城市的场景，是“城市，让生活更美好”主题的直接反映。例如在城市未来馆中有一面 500 平方米的超大型 LED 屏幕，由卜桦创作的动画电影《未来视点》在滚动播放着并带领参观者游历不同的未来城市。该电影通过虚拟空间为观众呈现

① 蒋玖荣．电影《哈利·波特》虚拟空间创意的影像表现［J］．电影文学，2012（16）：123-124.

② 耿聪．论现代电影中的虚拟空间创意［J］．电影文学，2012（21）：18-19.

了一个复古、自然、环保的未来世界，带给观众以奇特的体验过程（见图4-5）。

图4-5　上海世博会城市未来馆①

虚拟空间的创造者与观众都是现实的，虚拟空间的参照也具有现实的意义。虚拟空间的创造者是现实社会中的人，具有自己独特的专业表现方法、思想观念，由此，虚拟空间是其对现实空间的某种认知与反应；观众也是现实的，他们在现实世界中形成的审美观、价值判断，他们的选择表达了对现实的某种观点。虚拟空间本身，是现实空间在观众力量的影响下，经过创造者的变形、扭曲，最终得以以某种虚拟的形式体现出来。因此，虚拟空间在某种程度上折射着现实空间（见图4-6）。

① 世博会城市未来馆动画艺术家卜桦访谈［EB/OL］.［2010-06-02］. 艺术中国，http：//art. china. cn/sheji/2010-06/02/content_3543444_6. htm.

图 4-6　上海世博会城市未来馆①

二、世博会展馆场所之间的流线

世博会展馆空间是由场所与通道空间组成的，场所可看作节点，具有连接功能的空间可看作流线，展示空间序列可以看作由节点与流线两个部分组成的空间系统，节点通过流线相互连接，观众即在场所节点间相互流动。

展馆的游览路线大概有以下三种基本形式：串联式流线、辐射型流线、通道式流线。② 根据展示设计的需要，可以将上述三种形式混合加以利用。串联式流线的形式是指每个场所节点之间，首尾相接、互相套

① 世博会城市未来馆动画艺术家卜桦访谈［EB/OL］.［2010-06-02］. 艺术中国，http：//art. china. cn/sheji/2010-06/02/content_3543444_6. htm.

② 陈和虎 . 博物馆的游馆路线设计方案［J］. 大舞台，2014（9）：49-50.

穿。这种流线简洁、清晰，有强烈的连续性和引导性；但易使人产生疲劳，经常会导致堵塞，适合以历史为轴线的展示主题。辐射型流线是各个场所布置在中心大厅周围，流线以中央枢纽区为核心进行发散；这种方式路线简单、紧凑，但流线的连续性和不确定性大大增强，适用于逻辑性不强的展示主题。通道式流线指场所空间由一条通道串联起来，游客参观了一个展厅，通过通道移到下一个展厅，整个参观过程具有明显的指向性，不易引起交叉和拥堵。观众游览的过程就是观众身体与视线在展馆空间中运动的过程，观众在所处的环境空间中获得一系列连续的印象，最终形成了对空间环境的抽象和整体的认知。这种认知，不只是单纯的各个空间认识的简单叠加，而是会随着空间的组织和安排发生变化。① 因此，在展馆空间的流线设计中，运用连续的空间序列、形成节奏感、流线隐喻等手法，有助于调动观众情感，准确地传达出设计者的理念。

（1）连续的空间序列。展馆的场所空间组合正如电影的故事情节发展，围绕特定的主题，将场所空间连续展示给观众。展馆每个空间序列都有自己的分主题，而联系各个空间的线即为展馆空间的总主题，每个场所之间相互穿套，充分流畅地表达整体空间的理念。上海世博会中国馆的展示以“寻觅”为主线，利用连续的空间序列，带领参观者游览“东方足迹”“寻觅之旅”“低碳行动”三个展区，在“寻觅”中发现并感悟城市发展中的中华智慧。

（2）形成节奏感。电影的节奏是通过故事情节、蒙太奇组接、拍摄对象的运动以及摄影机的运动实现的，形成叙事空间在时间上的有起有伏、有抑有扬的节奏。在展馆空间中，运用一个或多个空间对比元素贯穿序列的各个空间，通过元素在不同空间之间的变化而产生不同的空间、氛围，在一个场所节点使观众的情绪高涨，而在另一个节点让观众

① 刘滨谊，张亭．基于视觉感受的景观空间序列组织［J］．中国园林，2010（11）：31-35.

感觉舒缓，充分调动观众不同的情绪反应，形成或欢快舒畅、或恬静自然、或奔放激烈、或静谧徐缓的节奏感，有利于提高观众的观展兴趣并加深记忆。例如，上海世博会西班牙馆三个展厅所营造的场景氛围各不相同，形成了紧张到放松、激烈到安静的节奏变化。

（3）流线的隐喻。在设计参观流线时，除了要使观众在行进或驻足凝视中，获取信息、接受知识、听取讲解，调动观众的视觉、听觉等感官及神经系统集中在展项内容上以外，还要充分运用流线的隐喻作用。① 流线必须与主题内容协调一致，才能强调主题，如欢乐祥和的氛围就不宜选择曲折盘旋的流线。体现经济、科技的发展，可以采用上升的运动流线。如上海世博会中国馆，为了体现快速发展的大国形象，展馆体形高大，底层宽敞的大厅中央，电梯缓缓将观众送到楼上，观众在向上升起的电梯中，感受到充满活力、快速发展的大国形象。展示主题内容决定空间氛围，空间氛围又制约流线，因而在设计流线时要恰当运用流线对空间氛围的隐喻。②

三、数字媒体时代的展馆空间由影像主导

在认知语言学中，空间映射论运用数学中的映射原理来分析联想和认知推理过程，认为这一过程就是使一个心理空间中的概念与另一个或多个心理空间中的概念产生映射关系，从而形成新的心理空间，即形成新的概念的过程。③ 从输入空间到整合空间的整合过程是通过某种关键关系对输入空间进行压缩，形成新的整合空间，这些关键关系有时间、空间、表征、变化、价值、角色、类比和因果关系等。④ 在上海世博

① 李加林，肖贵洞．关于博物馆参观路线科学性的探讨［J］．中国博物馆，1996（2）：53-57.

② 李加林，肖贵洞．关于博物馆参观路线科学性的探讨［J］．中国博物馆，1996（2）：53-57.

③ 王红孝．隐喻的空间映射与概念整合［J］．外语教学，2004（6）：9-13.

④ 张辉，杨波．心理空间与概念整合：理论发展及其应用［J］．解放军外国语学院学报，2008（1）：7-14.

会，主要参展国展馆通常采用影像作为主要的展示形式。观众站在展馆现实空间中，眼前呈现的是复制或虚拟空间，以及由其提示的画外空间，复制或虚拟的影像空间对现实空间进行拓展、重构，并通过空间的心理属性，各种空间互相叠加、融合，最终在观众的总体认知中形成现实空间、复制空间或虚拟空间以及画外空间的整合空间。

在当代世博会展馆的各种构成空间中，影像的复制空间或虚拟空间主导着展馆场所的空间建构，包括精神、内容、氛围、结构、形式等，甚至还主导了展馆建筑的外形。2010 年上海世博会西班牙馆由“起源”“城市”“孩子”三个主题展厅组成。“起源”展厅主要由影像呈现，参观者仿佛置身于岩洞，头顶上不时出现点点星光；视觉设备将影像投射在巨大的岩壁上，观众近距离感受奔腾的海洋、远古的化石、在激昂的鼓点中翩翩起舞弗拉明戈舞者。在沸腾般的奔牛节中，挥舞着红布的人群把参观者带入狂欢的现场，还有 NBA 球员加索尔、网球选手纳达尔等西班牙明星人物也会出现在观众眼前。影像所呈现的故事与场景，震人心魄，令观众印象深刻，成为西班牙场馆最大的亮点。

中国馆的展示空间也是影像主导的，展馆以宋代张择端的《清明上河图》为蓝本而创作影像作品，进行了动态演绎，以逼真的形态还原了宋朝都市的繁盛景象，又以动态的形式为名画赋予了新的时代内涵，因而该影像也被称为“镇馆之宝”。影像《清明上河图》和由陆川执导的电影短片《历程》位于中国馆最高、最大的顶层，观众需要从地面乘坐电梯才能到达。影像对展示内容、形式、空间氛围，以及观众的参观流线、感受都有决定性的影响。

沙特馆更是将影像对空间的建构发挥到极致。观众站在传送带上，身旁是一些巨大的屏幕，介绍沙特的自然、人文；随后观众置身在悬空的通道中，四周是影像的世界，好似在沙漠里行走，又像在天空中遨游、在水下潜游。观众还可以自由走动，在移动过程中，从不同角度体会巨幕电影所带来的震撼。

第二节　情感沟通：世博会国家形象的记忆

情感是极为复杂的心理学概念。在亚里士多德看来，情感是具有意向性的意识形式，它总是针对或关于某个具体对象的。“情感包括所有使人改变看法另作判断的情绪，伴之而来的是苦恼或快感，例如愤怒、怜悯、恐惧和诸如此类的情绪以及和这些情绪相反的情绪。”① 康德曾在相当长的时期内把情感归结为一种神秘的抽象的存在。② 克罗齐弥补了康德对创造性想象的疏忽，澄清了康德暧昧不明的情感概念，认为情感是心灵对自我活动的感觉，包括印象、感受、体验、激情等。③ 克罗齐指出：“情感，或灵魂状况并不是一种特定的内容，而是用直觉范畴所看到的整个宇宙。”④ 克罗齐把经济活动、整个实践乃至人的全部生活都看作情感的根源或直觉对象。⑤

克莱夫·贝尔论述了审美情感。1913 年，他在著作《艺术》中提出艺术作品的本质属性是“有意味的形式”⑥。“意味”即审美情感，“形式”即线条和色彩的排列组合关系，“有意味的形式”是按照某种神秘规律，对线条、色彩以某种特殊方式进行组合，形成某种形式或形式间的关系，从而感动观众，激起人们的审美情感。但贝尔“有意味的形式”不包含心理和历史取向的人物画像、插图等“描述性的绘画”，并认为描述性绘画的形式不是用作表达情感的对象，而是用作暗

---

① ［古希腊］亚里士多德．修辞学［M］．罗念生，译．上海：上海人民出版社，2006：75.

② 张敏．克罗齐美学论稿［M］．北京：中国社会科学出版社，2002：123.

③ 张敏．克罗齐与西方美学现代转型——试论克罗齐学说在美学史上的意义［J］．上海大学学报（社会科学版），2007（6）：24-29.

④ 张敏．克罗齐美学论稿［M］．北京：中国社会科学出版社，2002：124.

⑤ 张敏．克罗齐与西方美学现代转型——试论克罗齐学说在美学史上的意义［J］．上海大学学报（社会科学版），2007（6）：24-29.

⑥ ［英］克莱夫·贝尔．艺术［M］．薛华，译．南京：江苏教育出版社，2005：5.

示情感或传达信息的手段，它们触及不到审美情感，因为它们用以打动人们的不是它们的形式，而是它们的形式所暗示、所传达的观念或信息。①

苏珊·朗格的情感较为宽泛，包括审美情感以及人类的概念、行为、理性和知识等。苏珊·朗格立足于她的符号思想，提出“艺术，是人类情感的符号形式的创造”②，艺术品所表现的东西就是人类的情感。苏珊·朗格的情感是指广义上的情感，是人类整个的心理领域，亦即“任何可以被感受到的东西——从一般的肌肉觉、疼痛觉，舒适觉，躁动觉和平静觉到那些最复杂的情绪和思想紧张程度，还包括人类意识中那些稳定的情调”③。

一、世博会展示艺术与观众的情感结构

情感的结构，主要有情绪维度与情绪分类两大理论解释取向。维度取向认为各类情感之间彼此相关，应抓住情感的主要维度进行结构性阐释，如 Russell 的效价——唤醒模型，以及 Thayer 活力——紧张模型等。④ 分类取向认为情感具有几种相对独立的基本情感，基本情感进行复合可形成新的情感。⑤ 基本情感是人和动物所共有的，是先天的、本能的；非基本情感或复合情感，则是多种基本情感混合的产物。⑥ 特纳

---

① ［英］克莱夫·贝尔．艺术［M］．薛华，译．南京：江苏教育出版社，2005：8-9.

② ［美］苏珊·朗格．情感与形式［M］．刘大基，等译．北京：中国社会科学出版社，1986：51.

③ ［美］苏珊·朗格．艺术问题［M］．滕守尧，译．北京：中国社会科学出版社，1983：13-14.

④ 乐国安，董颖红．情绪的基本结构：争论、应用及其前瞻［J］．南开学报（哲学社会科学版），2013（1）：140-150.

⑤ 乐国安，董颖红．情绪的基本结构：争论、应用及其前瞻［J］．南开学报（哲学社会科学版），2013（1）：140-150.

⑥ 乐国安，董颖红．情绪的基本结构：争论、应用及其前瞻［J］．南开学报（哲学社会科学版），2013（1）：140-150.

总结了多个学科的研究者所提出的基本情感，将其归纳为愤怒、恐惧、悲伤和高兴。① 情感的复合是指某种基本情感与另外一种基本情感复合，产生一种新的情感。这种新的情感能够更加准确地反映个体的情绪感受、表情与协调性②，如“较多的满意——高兴”与“较少的厌恶——恐惧”复合，生成感激、自豪等；“较多的厌恶——恐惧”与“较少的满意——高兴”复合，生成敬畏、崇敬、崇拜等。

唐纳德·A. 诺曼（Donald A. Norman）在《情感化设计》中，从设计学的角度提出情感化设计的理念。他运用心理学分析了人类情感的多样性，将情感分为三个水平层次：本能水平层、行为水平层和反思水平层。③ 本能水平层反应最快，可迅速对好与坏、安全与危险作出判断，具有生物本能性，是形、色、声音等给人带来的感官刺激；行为水平层是支配日常行为的脑活动水平，可由思考层增强或抑制，也可以增强或抑制本能层，行为水平层的情感是关于物品外观和使用的感受，即物品使用后的乐趣、效率或不满；反思水平层则是大脑思考层次，能意会物品形式所具有的象征含义，使用者在使用某个物品后能引起联想，能够显示物品使用者的文化品位和个人形象。反思层在前两个层次的作用下，由审美、情感、意识、理解、个人经历、文化背景等因素共同作用，可在使用者心理上产生的深刻记忆。④

在世博会展示艺术实践中，这三个层次的情感体验均得到广泛应用，但有时在同一个场所中，三个层次的情感是交织在一起的，难以绝对区分。有时为了整体的设计目标，空间要素的情感层次会有所侧重，

---

① ［美］乔纳森 H. 特纳．人类情感：社会学的理论［M］. 孙俊才，文军译．北京：东方出版社，2009：2.

② ［美］乔纳森 H. 特纳．人类情感：社会学的理论［M］. 孙俊才，文军译．北京：东方出版社，2009：7.

③ ［美］Donald A. Norman. 情感化设计［M］. 付秋芳，程进三，译．北京：电子工业出版社，2005：6.

④ 王冰迪，许彧青，王明明．从情感体验谈商品包装的情感化设计［J］. 包装工程，2009（8）：161-163.

不同空间要素的设计会聚焦在观众不同层面的情感上。在上海世博会中国馆影像《清明上河图》的场景中，在观众聚集区外的地面上设置了稍亮的灯光而没有直接照射到观众身体与屏幕上，这样既不影响屏幕上影像的亮度，同时又营造了富有变化的空间层次，从而保证了观众体验的舒适。这种基于观众本能层情感的设计，是最真实、最直接和最易于激发的情感体验（见图4-7、图4-8）。在屏幕与观众之间的地面上，是

图4-7　上海世博会中国馆影像《清明上河图》（一）①

模拟河流的流水，水上的涟漪增添了观众体验的趣味，与营造清明上河图的情境十分契合，同时也使观众与大屏幕保持在设定的距离，以保证最佳的观赏距离。观众通过大屏幕上虚拟的宋代民间生活，可在大脑中再现、联想起宋代人民安居乐业、繁荣昌盛的景象；现场的高新影像虚拟技术、大屏幕展示技术又使观众意识到这是当代中国，从

① 唐艺设计资讯集团有限公司.2010上海世博会空间［M］. 天津：天津大学出版社，2010：17.

而在观众的整体意象中产生中国是繁荣大国的联想。这种视觉符号所传递的价值观念、理念等能激起观众的认同或反思，属于基于反思层情感的设计。

图 4-8　上海世博会中国馆影像《清明上河图》（二）①

二、世博会展示中观众的情感唤起

自然景物、艺术符号等各种外源信息都能唤起和激发人的愤怒、恐惧、悲伤、高兴基本情感与各种复合情感反应。同时，观众情感的唤起受到观众自身经历、信仰、价值观等的影响，在自身多种心理因素的综合作用下，情感的某种倾向逐渐占据主导地位，情感的发展才会沿着某个确定的方向发展。如果物品具有美的属性，符合观众的审美判断，就易唤起愉悦的联想，情感就会驱使观众去靠近和接触它；如果外物的刺激是令人反感的，只能唤起不愉快的情感经验，感情就会驱使人们躲避或停止行动。② 从唐纳德·A. 诺曼的情感三层次论来看，本能水平层和行为水平层的情感没有方向与目标带有较大的盲目性，容易被唤起，也很容易消失，适用于给观众提供舒适的生理观展空间，以及在世博园区海量展示信息中，迅速抓住观众眼球，引起观众关注。反思水平层的

① 孟繁玮. 展示创意与文化态度——也谈上海世博会的展馆设计与国家形象［J］. 美术观察，2010（9）：21.

② 蔡毅. 生命之流：艺术情感的运动生成［J］. 云南社会科学，2000（3）：85-92.

情感是由标志、符号引起的联想和回忆实现的，具有主导方向，其意向、品质不同于本能水平层和行为水平层。反思水平层情感相对稳定而不易消失，对观众认知和行动的改变具有重要引导作用，因此，在世博会展示艺术中，通常运用反思水平层情感来引导观众的情感发展方向，记忆展馆展示的主题理念，以强化展示传播效果。

在前文我们讨论了欧美、日韩等地游客更重视世博会文化探索，对世博会新技术、新景观感兴趣，更乐于享受世博会营造的欢乐的、有趣味的氛围。因此，世博会展示必须重视观众文化体验、新奇事物、娱乐享受的情感需求，借助世博会展示空间的各种形式要素，采用叙事、空间氛围、民族艺术等方式唤起观众的情感。

1. 通过叙事唤起

世博会展示中的叙事有空间叙事、影像叙事。空间叙事是借助展品、装置、道具等空间构成要素的组合与陈列，形成有意味的故事性场所空间；而影像叙事则主要通过影像空间中的造型、色彩、灯光，以及摄影、蒙太奇组接等进行。

在世博会的传播场域，展品本身就是艺术作品，或者从生产、流通、消费的循环链条里抽离出来①，经过特别的组合、陈列，展示特定民族的历史渊源、文化传统、社会现状、语言文字、宗教信仰和生活方式等，以空间化的形式构成了对于参展国文化的叙事。这些特别征集的展品，是参展国文化及其价值观的体现，代表了聚合民族器物的动态过程，承载着民族历史的表述范式。② 通过沉淀民族精神的展品，可以引起观众的广泛联想，唤起观众情感，传播参展国家的主题理念。上海世博会丹麦馆将根据安徒生童话所创作的“小美人鱼”铜像，从哥本哈根长堤公园海边移居世博园区，放置于丹麦馆中央，让观众感觉置身于

① 安琪．民族文化与博物馆叙事——近代西南的“器物民族志”［J］．民族文学研究，2010（3）：37-45.

② 安琪．器物民族志：中国西南民族博物馆与族群叙事［J］．贵州社会科学，2010（2）：129-136.

安徒生的童话王国。安徒生童话《海的女儿》中美丽、精灵、善良的人鱼公主曾经伴随了很多观众的童年和少年时光，成为观众心中挥之不去的童话情结，“小美人鱼”不仅诠释了丹麦馆的主题“梦想城市”，还让观众产生无限的联想和回忆。

上海世博会的影像叙事，受到世博会发展历史上的空前重视，各种高新影像技术被广泛采用，如全息影像、4D 影院、环幕影院、数字互动等，创作者充分发挥自己的创意观念和叙事手法，运用独特的题材、空间、技术和独特的观影方式，给观众带来无比震撼的视听体验。① 上海世博会日本馆通过影片《朱鹮的故事》讲述中日共同拯救朱鹮的故事，拉近了中国观众情感上的距离，也表达了创作者对中日两国人民友好交往的期待；澳大利亚馆影片《姊妹》讲述了 21 名澳大利亚和中国女性的工作与个人生活，以及她们在不同领域所取得的成就，试图与中国观众建立一种亲近感；在葡萄牙馆内的广场，观众可以观看影片“葡萄牙，一个能源的世界”，短片以中国传统文化中的金、木、水、火、土五行元素演绎今天葡萄牙的国家风采，展示了葡萄牙的水利工程、软木生产国的发展历程、葡萄牙女郎的奔放舞姿等文化符号，让中国观众备感亲切。

2. 通过空间氛围唤起

氛围是场所特定的气氛或情调，是客体环境在主体心理产生的情绪和感受。② 世博会展馆充分运用材质、灯光、影像、声音等各种艺术的、技术的手段，结合人体工程学和环境心理学，调动最佳的声、光、电等的配合，营造有生命、有张力的空间，触动人们对环境的知觉和情感，形成强烈的情感体验和精神满足。③

① 何平华．多屏时代视频广告的叙事转向［J］．上海师范大学学报（哲学社会科学版），2012（4）：129-136.

② 华炜，易俊．复合展示元素　营造场所精神——永安国家地质博物馆展示空间的氛围设计［J］．新建筑，2010（3）：132-135.

③ 华炜，易俊．复合展示元素　营造场所精神——永安国家地质博物馆展示空间的氛围设计［J］．新建筑，2010（3）：132-135.

参展国通常利用民族、地域文化氛围的营造，唤起人们对场所的记忆、感受，激起观众的充分想象，满足观众探索、追求异域风情、体验异地文化的欲望。① 上海世博会泰国馆突出了泰国视角和泰式风格，以红色和白色为主色调，融入泰国传统建筑、艺术以及泰式生活方式中的经典元素。泰国馆的内部装饰设计采用泰国传统图案和一系列鲜亮的色彩，例如红色、深红色和金色，这些图案和色彩配以优美的视听技术，为观众营造了一种激动人心的氛围。②

好奇感是世博会观众观展的重要动机。利用展示空间形态营造神秘感，带领观众寻根问底地探索未知世界，也是世博会展示中的常见方式。通过空间的藏与露、密闭与渗透，辅以合理配置材质肌理、灯光色彩、背景音乐、影像变幻，可以增添神秘感来吸引观众，从而激发其好奇心。③ 澳大利亚馆内设置“旅行”“发现”和“畅享”三个活动区，讲述大洋洲神奇大陆上奇异的物种、丰富的文化和宜居的城市。“旅行”展区沿着一条长达 160 米环绕展馆的全封闭玻璃通道，观众从沿途的 6 个小型展区中，利用空间的变化与渗透，使观众领略澳大利亚的历史并体会它的独特之处，感受澳大利亚自然、文化的独特性。④

3. 通过民族艺术唤起

民族艺术是民族情感的载体，由劳动人民在劳动生产过程中创造并发展起来。它凝结着浓郁的乡土感情，承载着人们的深厚情感，并能宣泄和充实人们在生活中的情感内容，是民族文化的集中体现。⑤ 民间艺

① 华炜，易俊．复合展示元素　营造场所精神——永安国家地质博物馆展示空间的氛围设计［J］．新建筑，2010（3）：132-135.

② 唐艺设计资讯集团有限公司．2010 上海世博会空间［M］．天津：天津大学出版社，2010：130.

③ 麦显悦，张俊竹．展示形态符号与情感创意表达［J］．装饰，2008（7）：93-95.

④ 唐艺设计资讯集团有限公司．2010 上海世博会空间［M］．天津：天津大学出版社，2010：124.

⑤ 张堃，郄建业．从民间艺术看民族情感［J］．包装工程，2007（6）：196-197.

人通过音乐、美术、舞蹈等形式，表现与人们生活息息相关的内容，表现自己对生命意义的理解、对美好生活的愿望、对未来理想的寄托，传达着人们对美好生活的向往，抒发着对乡土的热爱、乡情、亲情、友情、爱情等情感，在千百年来的世袭传承过程中，形成了特定的艺术形式、题材、结构。① 在世博会上，运用民族艺术的形式，容易唤起观众对民族传统文化的联想，使其被隐藏在艺术形式之中的民族情感所感染。上海世博会波兰馆的外观犹如折叠的纸张，在设计上融合了波兰传统民间剪纸艺术和现代时尚元素，镂空花纹的剪纸图案营造出明暗对照的独特透光效果。当黄昏降临，变换色泽的室内光线穿透剪纸图案，使展馆呈现出不同的色彩。② 传统民族艺术与现代建筑艺术结合，展现出波兰馆独特的魅力，使观众感受到展馆所传达的深厚历史传统，并唤起了其对波兰既传统又现代的情感认知。

三、互动仪式链视角下世博会数字媒体艺术的情感沟通

世博会的静态展示艺术如雕塑、绘画、摄影等通常以最传神、最具感染力的瞬间形象，以富有个性的艺术语言表达出某个民族、地区的文化内涵，激发观众内心的情感感受和群体认同感，吸引人们的关注和思考，完成意义传达及共有情感的产生和交流。新媒体艺术有数字影像、虚拟现实、互动艺术等形式，不仅可以利用动态的影像为观众讲述故事，还可以将主题要素中的各种排列组合关系设计出某种规则；观众参与其中并与之互动，进而处于现实与虚幻的变换之中，实现人与装置、环境的互动。世博会展示中的新媒体艺术在其呈现、浸入、互动的过程中，原有的静态实体空间被解构，与新媒体艺术的虚拟空间形成动态的混合空间。在新媒体艺术设定节奏和规则的引领下，世博会展示空间中

① 王同亮．浅论民间美术生存环境及文化特征［J］．社会科学战线，2012（6）：265-266.

② 唐艺设计资讯集团有限公司．2010 上海世博会空间［M］．天津：天津大学出版社，2010：286.

的观众群体被富含意蕴的故事与精美的艺术形象所吸引，人群之间有高度明确的关注焦点，实现了情感的互动、共享，形成了充满情感能量的临时集体。

社会学家兰德尔·柯林斯的互动仪式链理论考察了短期相遇的人群集体进行情感交流的过程，他在埃米尔·涂尔干、欧文·戈夫曼等仪式研究的基础上提出："仪式是一种相互专注的情感和关注机制，它形成了一种瞬间共有的现实，因而会形成群体团结和群体成员性的符号。"①仪式通过多种要素的组合建构起来，如两个或两个以上的个体聚集在特定场所、对局外人设定界限、彼此共同关注的焦点、分享共同的情感体验等，各组成要素之间互相配合、互相强化；直到相互关注、情感共享并呈现集体兴奋状态时，参与者就会确立自己的群体成员身份，在内心形成代表群体体验的符号，至此互动仪式建构完成。② 世博会新媒体艺术通过大屏幕、空间再现等方式生成沉浸感，使观众身体犹如在虚拟空间之中，与作品的人物、场景进行着互动沟通；同时，观众在欣赏数字影像艺术时需要经历等待、开始、播映、结束等程序性环节，而体验互动艺术则需要遵循创作者事先设定的规则，人群随着新媒体艺术既定的节奏、焦点或紧张或舒缓，在展厅现实空间与新媒体艺术虚拟空间所构成的融合空间中建立情感沟通的互动仪式。

（一）世博会新媒体艺术仪式情境的营造

仪式情境是"具有情感和意识的人类群体中的瞬间际遇"③，是在特定时空环境中综合展现出来的仪式情形。世博会新媒体艺术通过故事

① ［美］兰德尔·柯林斯．互动仪式链［M］．林聚任，王鹏，宋丽娟，译．北京：商务印书馆，2009：36.

② ［美］兰德尔·柯林斯．互动仪式链［M］．林聚任，王鹏，宋丽娟，译．北京：商务印书馆，2009：85-87.

③ ［美］兰德尔·柯林斯．互动仪式链［M］．林聚任，王鹏，宋丽娟，译．北京：商务印书馆，2009：4.

讲述，再现人物的动作、姿势、舞蹈、演奏、歌唱等表演活动与富有特色的自然风貌，通过展品、场景等实物空间的布置构拟出一个有象征意义的仪式情境，使观众在这样的情境中体验到探索异域文化的愉悦，了解同一问题的不同解决方案，实现世博会主题意义的共享。

1. 国家叙事生成崇高感

世博会展示活动的主体是政府，代表了国家对未来、对人类面临问题所进行的思考，体现的是国家与民族的智慧，在普通观众心理上会产生崇高、博大的印象，如上海世博会层叠出挑、端庄壮观的中国馆建筑“东方之冠”，馆内巨幅数字动画《清明上河图》、环幕电影《历程》，其国家层面的叙事与寓意无不给观众留下震撼、庄严的心理感受。但世博会国家叙事并非都是宏大、严肃的，许多展馆为了拉近与观众的心理距离，通过表现普通微观个体的生活、经历等，从中折射出展馆展示的主题理念。这样的叙事不仅贴近了观众的心理预期，更反映出创作者对观众的人文关怀。在全球不同文化汇集的世博场域下，若观众将个体的面貌与展馆国家进行关联，既能产生亲近而庄重的情感体验，也能对展馆的主题有更深刻的认知。如上海世博会日本馆的朱鹮成为联结日本人民与中国观众之间的情感纽带；美国馆小女孩在众人协助下美化居住的城市，表达出美国人乐观、创新的精神。

2. “阈限”性空间的建构

仪式研究学者特纳认为仪式活动最重要的阶段是脱离日常生活的“阈限”期。① 游览世博会，观众可暂时摆脱日常生活的连续性背景，脱离原有的社会秩序与社会角色，进入无差别、无等级社会的“平等”状态。在世博园区，环境、人际关系、生活习惯、社会角色等均发生改变，代表不同国家、民族风俗人情、生活习惯的文化符号及其呈现方式，

① 王荣，滕星．特纳的仪式理论对少数民族教育的启示［J］．民族教育研究，2016（4）：11-17.

给观众带来了新奇刺激的情感体验。在文化特色鲜明、风格相差巨大的展馆空间中移动，观众会处于一种情绪不稳定的易变状态，进而产生一定程度的亢奋情绪。通过“阈限”空间的建构与强化，易于调动观众的情感，有利于展馆与观众进行更有效的理念分享。在上海世博会中国馆的下部架空，观众随着电梯向空中运行，身体逐渐离开熟悉的地面空间，进入几乎悬空的展馆顶部。物理空间的改变引起了心理的变化，观众此时仿佛脱离日常时空，进入仪式状态。日本馆则通过电梯传送带，在经历漫长的历史时空后将观众送入超强仪式感的新媒体艺术视听空间。

3. 特定氛围强化仪式感

特定空间氛围的营造对仪式感的体验强度具有重要影响。世博会展示运用材质、灯光、影像、声音等各种艺术的、技术的手段，结合人体工程学和环境心理学，调动最佳的声、光、电等的配合，营造出有生命、有张力的空间氛围，触动人们对环境的知觉和情感，满足观众文化探索、求知探奇的需求。在展馆新媒体艺术空间，各个要素被统合于展馆主题的意义系统之中，数字影视、虚拟现实、互动艺术作品借助灯光设置、展品陈列、空间布局，营造出特定气氛表达某种意味，强化了场所空间的仪式感。上海世博会西班牙馆的“起源”展厅，凹凸的四壁、点点星光的夜空、幽暗的灯光，营造出象征西班牙文化起源的远古生活的洞窟空间，放映的影片主题与环境空间融为一体，将观众带入古人的活动空间，与远古西班牙人进行了集体狂欢，神秘而又庄重严肃氛围的营造，使得观众体验到强烈的情感释放和精神满足。

世博会新媒体艺术的国家叙事、“阈限”空间、庄重氛围营造了仪式所需的特定情境，凝练的文化符号系统传递着世博主题的精神价值；场所空间散发出强大的现场感应力，使得观众仿佛接受了心灵洗礼，在共同参与的体验中分享着国家形象的主题理念。2015 年米兰世博会日本馆，摆放了许多高低不同圆形互动投影屏幕；观众仿佛漫步于荷叶池、稻田之中。随着身体的运动，周围泛起涟漪，精美的影像与空间布置，展示了日本四季变化中最美丽的时刻，营造出新奇而庄重的仪式感。观众仿佛与自然亲密接触、融为一体，共同分享着东方健康的生活方式与理念（见图 4-9）。

图 4-9　2015 年米兰世博会日本馆①

（二）互动仪式过程中的情感能量

1. 创作者与观众之间的情感沟通

正如柯林斯所说，“个体是以往互动情境的积淀”②，世博会新媒体艺术的创作者通过对以往世博会观众情感、行为特征的调查与研究，设计出相应的叙事主题、文化符号、奇观景象；当作品初步完成时，还会通过采样方法挑选观众，收集他们对作品的意见与建议，以提高作品传播的广度和深度；经过多次往返互动，作品中不仅融入了创作者的观念、意图，更融入了观众的情感体验。在看似程序固化的新媒体艺术之中，实际上蕴含着创作者与观众之间丰富的情感互动。

融合影像再现、虚拟空间、互动参与的新媒体艺术，观众不仅能够

① 摇曳起舞的“日本稻田”[EB/OL].[2015-09-20]. 中国公共艺术网，http：//www. cpa-net. cn/news_detail101/newsId=6159. html.

② [美] 兰德尔·柯林斯. 互动仪式链 [M]. 林聚任，王鹏，宋丽娟，译. 北京：商务印书馆，2009：33.

清楚地看到影像中每个人物的面部表情，听到他们的声音；而且环境的模拟也极为真实并且具有艺术化效果，使观众产生某种程度身体在场的体验效果。在海德格尔所说的“世界被把握为图像”的视觉时代，世博会的主展项通常采用超大影像屏幕，使现场观众与影像空间的人物共享空间，在新的互动情境之中建立互动仪式的情感沟通。新媒体艺术作品通过各种艺术手段的运用，使观众产生或愉悦、或惊奇、或震撼的情绪反应，从而确立互动仪式情感变化的节奏、情感能量的强度。

2. 观众之间的情感互动

当观众聚集到新媒体艺术展示空间，彼此的身体靠近时，相互之间保持着本能的敏感，能够意识到对方的存在，继而会出现情绪与身体姿态的交换，共享共同关注的兴趣点和情感，从而开始仪式互动过程。随着展示活动的正式开始，生动的叙事、新奇的符号、奇观的画面等激起观众的情感后，通过身体在场的沟通形式向周围扩散，人群的情绪开始高涨，观众个体的情绪也会被兴奋的人群所点燃而达到新的激动或振奋状态，语言与非语言的身体符号相互感染而相互增进，观众群体逐渐演化为充满强烈情感能量的共同体。在展馆特意营造的文化氛围中，团体的情感体验具有鲜明的展馆文化特色，激发与强化了观众个人文化身份的建构与认同。上海世博会德国馆“动力之源”互动开始时，整个展厅空间色调幽暗神秘，金属球开始发光，现场所有观众的注意力都集中在发光的球体上，集体关注的焦点得以形成；美丽的城市风光、火焰和海水，纷繁的图景、富含地方特色的精美画面让观众屏息凝神观看，彼此之间互相感染，集体情绪开始升高；最后观众被分成两批跟着解说人员的指令呼喊，听到喊声后，金属球会自动向声音最响亮的方向摇摆。观众群起大声喊叫，人群的热情充满着整个展厅；当参与者逐步达到彼此的情感节奏后，会产生集体统一的步调，从而形成集体兴奋。在德国馆，展项紧紧抓住观众的共同关注焦点，充分调动观众的集体参与体验，共享团体成员彼此的情感，在集体情感能量的升腾之中，展馆“平衡、和谐”的主题理念得到精美的诠释与高效的共享（见图 4-10）。

图 4-10　德国馆“动力之源”①

(三) 共同的体验符号延长情感记忆

观众在展馆里的情感体验与日常的各种经验、认知、情感综合叠加后，会形成对展馆所代表国家的总体印象；观众对在展馆里的情感体验保持长时间记忆有利于改善和强化对展馆国家的正面形象。世博会观众群体是临时集体，大多数彼此陌生、互不认识，在限定时间内的集体体验活动后，随着离开展馆，共同体验的情感能量就会减弱、淡化。展馆独特的展示方式、精巧的创意元素，往往能引起观众的特别关注，使其留下深刻印象。国人对国宝级文物《清明上河图》中的宋代城市风景已经耳熟能详，上海世博会中国馆影像《清明上河图》在现代数字技术的参与下，复原了宋代繁华的都市生活，使得静态画面动起来了，人

① 德国馆奇观：“动力之源”邀您欢呼［EB/OL］.［2010-10-10］. 中国网，http：//www. china. com. cn/photochina/zhuanti/expo2010/2010-10/03/content_21058079_5. htm.

会走、水会流、鸟会鸣，引起了国内外观众强烈的情感共振。面积放大约700倍的巨大凹凸屏幕影像《清明上河图》、计算机三维生成的宋代人物及建筑、伴随影像运动而生成的真实音响等现代科技与古老艺术结合的神奇元素，均成为观众共同体验后的符号。虽然历经多年，观众依然能清晰回想起参观时的激动心情，引发其强烈的怀念与深刻的情感记忆。

艺术情感的表达不应是孤立的、静态的、单向的，而应与观众群体建立亲善、友好的关系，通过作品营造成功的互动仪式，在平等的互动过程中与观众团体产生情感共鸣，从而强化观众文化身份的建构与认同，促使主题意义的高效共享。从主题演绎来看，世博会观众来自全球各个地方，能够打动观众的主题应当具有共同价值观与普遍化情感，在民族化特色中融入时代精神、全球化思想，应能够创造性地表达民族智慧、贴近普通人的生活。从展示方式来看，在静态的展示活动，观众兴趣点是分散的，彼此之间的情感反应不同步，很难形成强烈的情感能量；而动态的新媒体艺术则能控制观众群体情感反应的时间、节奏、强度，能在精巧创意的引导下形成瞬间爆发的情感能量，使观众群体形成具有强烈情感连接的文化共同体，取得良好的互动仪式沟通效果。在现代世博会的展示已经从展示产品转变为展示智慧的语境下，静态展示适宜作为辅助展示，主展项应采用内容含量更高、沉浸感更强的新媒体艺术。

第三节　艺术形式：世博会跨文化传播中的意义建构途径

贝尔提出的“艺术是有意味的形式”理论是形式主义的。贝尔认为有意味的形式就是艺术，所以艺术就是一种形式，而实际上，许多艺术不仅具有审美情感，而且还有明确的内容、意义，而贝尔所说的艺术排斥了艺术可以包含丰富的内容。① 贝尔把再现和表现对立起来，把观念和意味对立起来，从而使再现性艺术和观念艺术排除在有意味的形式之外。② 世博会展示艺术是一种实用艺术，具有功利性，需要传达建构国家形象的主题理念，因此，世博会展示艺术不仅要激发观众的情感，还要将内容或意义准确传达给观众。

一、世博会视觉展示的艺术形态

（一）作为艺术符号的展馆建筑

黑格尔把建筑当做象征型艺术的典型代表，指出“建筑在本质上始终是象征性的”③，认为建筑在满足功能的基础上，把思想及观念寓于建筑材料构造的造型之中，以暗示创作者的某种理念，激起人们的联想、反思，启迪人们去思考、领会建筑所传达的精神内涵。④ 象征通过对符号的提炼与运用，使传统、日常的事物被赋予新的生命力与思想。象征使抽象的概念具体化、形象化，使复杂深刻的事理浅显化、单一化，还可以延伸描写的内蕴，创造一种艺术意境，引起人们的联想，增强作品的表现力和艺术效果。⑤ 西方古典建筑通常运用源于古希腊的神话文化和雕刻文化符号⑥，使建筑富有神圣的象征意义；现代建筑则大

---

① 饶建华．克莱夫·贝尔的形式美及其来源［J］．美术观察，2012（8）：117.

② 李韬．跨文化视域下的艺术的“形式”和“意味”——以克莱夫·贝尔、苏珊·朗格和杜威为例［J］．文艺评论，2014（1）：11-17.

③ ［德］黑格尔．美学（第3卷·上）［M］．朱光潜，译．北京：商务印书馆，1979：31.

④ 陈扣洋．表现与寓意——谈象征和隐喻手法在现代建筑设计中的应用［J］．美术教育研究，2011（12）：177-179.

⑤ 陈扣洋．表现与寓意——谈象征和隐喻手法在现代建筑设计中的应用［J］．美术教育研究，2011（12）：177-179.

⑥ 金学智．中西古典建筑比较：柱式文化特征与顶式文化特征［J］．华中建筑，1992（3）：14-18.

多以新颖的外观造型、高科技材料、结构方式、空间的组合等，运用造型、色彩、结构、材料、肌理等要素使建筑表达一定的含义，传达某种情感，达到建筑师与使用者之间情感、思想上的交流。

世博会展馆不仅仅是建筑，更是参展国传达主题理念、与观众进行情感交流的场所，是展示本国或地区传统文化的重要窗口，是呈现国家或地区经济、科技、文化的符号。世博会建筑本身就是一件展品，与普通建筑相比，其显著特征不在于具有使用的功能，而在于其所蕴含的意义，在于所负载的时代和文化的信息。

展馆建筑外观造型更多地偏于抽象化和几何化，形态较单纯，但外形独特，创意新颖，具有强烈的识别性，喻示着参展国的主题理念。上海世博会阿联酋展馆外观创意源于沙漠中陡然起伏的沙丘，整体展馆由三座高达 20 米、连绵交织、大小不同的“沙丘”组成，分别代表古代、现代和未来，体现出阿联酋不断变幻、绚丽多彩的自然风光与城市风貌。马来西亚展馆的设计源自马来西亚传统建筑，整座展馆由两个高高翘起的坡状屋顶组成，外形犹如远航归来的“木船”，展现了马来西亚的独特风情和团结的民族精神。芬兰馆“冰壶”宛若一座矗立于水中的岛屿，外形创意来源于芬兰大自然，如海岛礁石、鱼鳞、碧波倒影，自然元素经过重新诠释，以新的面貌呈现了展馆的主题：优裕、才智与环境（见图 4-11）。

建筑表皮不仅是建筑与外界环境对话的媒介，担负着过滤外界影响、营造舒适栖居空间的基本功能，同时也是建筑内外空间环境进行物质、能量、信息交换的介质。① 上海世博会展馆建筑表皮多采用独特的材料，如耐候钢板、藤条、亚克力、透明混凝土、秸秆板、软木等，利用文化符号等要素展现建筑的表情，演绎展馆的展示主题。西班牙馆的藤条、印度尼西亚馆的竹材，展现了自然地理特色，承载了特殊的历史

① 田迪．从上海世博建筑看当代建筑表皮的发展趋势［J］．工业建筑，2010（11）：141-144.

图 4-11　上海世博会芬兰馆①

文化价值、生态价值，并且富有人情味。马来西亚展馆外墙则借鉴了马来西亚传统印染的纹理，由蝴蝶、花卉、飞鸟和几何图案组成，参观者由此可以领略马来西亚槟城、马六甲等世界文化遗产的魅力（见图 4-12）。韩国馆是用韩文符号组成的抽象建筑物，展馆由韩国文字空间化而成，外立面则由大量凹凸的韩文字母构成，利用韩文的组合变化诠释着韩国独特的文化（见图 4-13）。

世博会展馆建筑结构是对技术的彰显，是新技术的符号，体现出展馆对技术美的追求。建筑构造中或起伏或旋转，或并列或交错的不同形体结构，通过象征和隐喻的表现会创造出不同的生命力，流露出内在的精神和气质，给人以美的享受。② 1851 年，首届世博会采用预制装配

① 18 吨废纸扮靓芬兰馆［EB/OL］.［2010-05-04］. 新京报，http://news.cnbb.com.cn/shehui/20100504/379193.html.

② 陈扣洋 . 表现与寓意——谈象征和隐喻手法在现代建筑设计中的应用［J］. 美术教育研究，2011（12）：177-179.

图 4-12　上海世博会马来西亚馆①

图 4-13　上海世博会韩国馆②

式铁结构与玻璃建设了“水晶宫”展馆，引领了现代建筑的发展，其

① 中国建筑工业出版社 . 2010 年上海世博会建筑［M］. 北京：中国建筑工业出版社，2010：116.

② 大南北 . A119g5 韩国馆［EB/OL］.［2015-03-21］. http：//blog. sina. com. cn/s/blog_53d5aff80102vj98. html.

结构技术的创新使人类在新材料和新技术的应用上达到新的高度，实现了形式与结构、形式与功能的统一（见图4-14）。上海世博会英国馆主馆结构呈现为“密闭的立方体”，作为英国政府“送给世界的礼物”，在周边辅房的屋面和景观步道共同衬托下，“礼物”如大自然中风吹蒲公英随风摇曳，营造出极具现代感的震撼视觉效果。

图4-14　1851年伦敦世博会水晶宫外景①

（二）世博传播场域中的装置艺术

装置艺术是艺术家在特定的时空，将日常生活中的普通物品或现成物经过挪用、组合、悬置、搭配、添附、错置等，使其具有新的意义与审美情感的新的组合体。也就是说，装置艺术是利用现成品的实物及其组合，抽取它们本来的作用和意义，转移至特定的空间场所，注入艺术家的新观念。② 1917年，马赛尔·杜尚在男性小便池上签上笔名

① 陈燮君．世博会博物馆［M］．上海：上海文艺出版社，2010：41.

② 高兴玺．论装置艺术中的空间设计［J］．山西大学学报（哲学社会科学版），2010（3）：132-136.

"Mutt"（生产小便池的公司）和"1917"的字样，并命名为《泉》，送入纽约艺术展。这标志着装置艺术由此发轫并不断发展。20 世纪 60 年代，装置艺术开始使用与科学技术紧密联系的电视、录像和投影录像等，虽然最初的投影录像是黑白的。1978 年，马勒尔利用电视和录像技术创作了《前意识》，作品中尸体的头部是电视机中艺术家的头部录像，观众一旦在此装置前坐下，他自己的头部影像就会代替原有的录像，成为尸体的一部分，从而使得互动的要素出现在装置艺术之中。20 世纪 60 年代以来，装置艺术得到快速发展，成为西方众多艺术形态中的主流形式之一，广泛出现在世博会的各个展馆中。

1. 实物装置

实物装置往往把物体本身当做艺术品的基本构成，而且它与当时所处的环境并置成为一体，这就往往使装置成为无法搬取的艺术品。如果把物品挪离它所设置的场所环境，它也就同时丧失了其原本的艺术喻指和艺术的在场性。① 杜尚对他的作品《泉》作出了这样的解释：姆特（Mutt）先生是否自己动手制作这"喷泉"并不重要，重要的是他的选择。他选择了一件普通的日常生活用品，置于使它的使用价值消失的环境中，赋予它新的标题，使它指向新的观念。他以那件物品为起点，创造了新的思想。② 艺术品的意义、观念是与特定的时空紧密联系在一起的，在世博会展示的语境下，要将实物展品的意义展示出来，并让观众正确解码，不产生误读，除了陈列物品外，还需要营造能使观众置身其中的、三度空间的环境语境，促使观众调动视觉、听觉、触觉、嗅觉、味觉感官，在界定的空间内由被动观赏转换成主动感受。在上海世博会中国馆"低碳"展区，由荷花与水帘组成了 250 平方米的"感悟之泉"，这些花期很长的荷花，是从南京特别运送到上海的。荷花、水帘、水景营造了绿色、自然的意境，在世博会展示语境下具有新的意义，展示了

① 顾丞峰，贺万里．装置艺术［M］．长沙：湖南美术出版社，2003：13.
② 徐淦．装置艺术［M］．北京：人民美术出版社，2003：10.

中国人对生态、低碳生活理念的思考（见图4-15、图4-16）。

图4-15　中国国家馆“感悟之泉”（一）①

图4-16　中国国家馆“感悟之泉”（二）②

① 精彩中国馆——感悟之泉［EB/OL］.［2010-10-01］. 中国网，http://www.china.com.cn/photochina/zhuanti/expo2010/2010-10/01/content_21048246.htm.

② 精彩中国馆——感悟之泉［EB/OL］.［2010-10-01］. 中国网，http://www.china.com.cn/photochina/zhuanti/expo2010/2010-10/01/content_21048246.htm.

2. 互动装置

艺术家将自己的观念隐藏在设定的规则、语境中，按照自己的构想，利用感应器、计算机等技术装备为观众建造特定的装置、环境，通过观众的参与体验，在互动过程中与观众进行情感、观念的沟通。由此，便产生了互动装置艺术。在互动过程中，设计者已经为观众设定了规则，预设了特定的环境、条件、设备，观众通常只需要很简单的动作，就能直观看到、听到或触摸到日常生活中罕见的神奇效果，因而互动展示有利于提高观众的参与兴趣、调动观众的积极性。

互动装置艺术创造了一种全新的审美认知方式——观众在交互的过程中对作品进行认知与体验，既是审美主体，又是创作主体；观众不仅满足了学习、探索的期望，还得到使用与满足的心理感受，在体验过程中获得乐趣与享受。在技术高度发达的当代社会，简单、单向的陈列展示已经很难吸引观众的注意，重视观众体验、感受，尊重观众主动创造性的互动装置艺术在世博会更易受到重视。

在上海世博会加拿大馆，“神奇之水”的水池吸引了大量游客。水底原本为灰色，当观众把手浸入水中拂水嬉戏时，水底的颜色立刻变得色彩斑斓起来。随着水流的变化，水中的图案变成一座神奇的城市，仿佛观众在挥洒创意，随手绘出梦想中的城市（见图 4-17）。观众在欣赏艺术作品时，其主动参与性得到调动，同时获得创造的喜悦，展馆的主题理念也得到传播。

3. 影像装置

影像虽然能将意义、观念完整地表达出来，但是要让观众沉入影像所创造的时空之中，激发观众兴趣，取得良好的传播、沟通效果，还需要采用装置的形式，让观众心理上将现实时空与影片时空进行整合，产生沉浸式的体验。

影像装置艺术以影像为中心，重视观众的体验参与，在限定的空间界限内，综合运用电影、电视、音乐、戏剧、绘画、雕塑等手段表达观众关注的展馆主题、民族文化、价值观念、艺术情感。在上海世博会中

图 4-17　上海世博会加拿大馆的“神奇之水”①

国国家电网馆的“魔盒”中，观众完全被空间里的影像所围绕，影像装置“复苏”了观众身体的原始视听感知，强化了影像带来的体验感受。观众全身心沉浸在影像中，既是观众又是演员。一方面作为观众，可以欣赏精美的影像艺术；另一方面作为演员，由于身体的在场、移动，使空间呈现静止、流动状态的变化，为艺术空间增添新的审美亮点（见图 4-18）。②

（三）呈现展馆主题理念的影像艺术

影像艺术利用画面、声音、镜头、蒙太奇、文字等语言符号与非语言符号、视觉符号与听觉符号系统，营造、再现了特定的时空，将信息通过叙事手段加以形象化、情节化乃至故事化的表述与传达，在提供审

① 加拿大馆“兴旺之城”上演太阳马戏团表演［EB/OL］.［2010-08-10］. 网上世博会，http：//www. expo. cn/award/canada/maxi. html.

② 谭青 . 当代装置影像艺术［J］. 大舞台，2011（9）：287.

图 4-18 上海世博会国家电网馆“魔盒”①

美娱乐的同时传达信息、意义。影像艺术是时间与空间的艺术，既善于叙事，又长于造型，充分融合了文学、戏剧、音乐、舞蹈、绘画、雕塑、摄影等艺术形态，形成了综合性媒介表达体系。影像艺术有自身的编码规程、独特的意义建构形式及语言表达系统，其在传播承载意义和观念的过程中，意味性的形式是构建并获得传播意义的手段，意义的生成则是快感与美感终极价值的合力效应。②

世博会影像艺术的观念是世博主题的演绎，是对参展国的文化、自然地理等进行提炼而形成的，在世博会场馆中，影像所传达的主题内容信息量大、形式丰富、对观众吸引力强。因此，许多展馆将影像作为展馆中心展项，其内容多体现展馆的主题理念。世博会展示影片通常没有影院故事片吸引人心的故事情节，同时世博会观众的流量大，需要采取

① 刘歆．国家电网馆 720 度空间多媒体“魔盒”精彩炫目［EB/OL］.［2010-05-12］．http：//msnphoto. eastday. com/flashhdqxb/20100512_3/index. html.

② 潘源．影视艺术传播论［D］. 北京：中国艺术研究院，2008：30.

分场进入观看的方式。因此，世博会影片的时间长度都比较短，如中国馆的《历程》长度为 8 分钟、美国馆的《花园》为 8 分钟。在这短短几分钟的时间里，要打动观众、让观众留下深刻印象，就需要加强影像的形式美感与符号的表现力。上海世博会中国馆短片《历程》通过一个中国家庭几代人的生活经历，对 30 年的中国城市变迁进行了诗意再现。影片焦点对准中国普通家庭，大量使用特写、近景镜头，拉近了影片和观众的距离，并以其精美的画面空间、充满力量感的镜头语言和感动人心的叙事展现了中国城市进步的主题理念。美国馆影片《花园》讲述了一个富有想象力和决心的小女孩感动邻居，共同重建社区的都市故事，以此向观众展示虽然一个人的力量微薄，但是只要努力，就能改变世界、实现梦想的主题理念。《花园》没有语言对白，通过画面和音乐展现人物性格和情节进展，在观众心灵上产生强烈的震撼与共鸣的同时，给观众带来了无限的想象、思考（见图 4-19）。

图 4-19　上海世博会观众在美国馆观看 4D 电影《花园》①

① 美国馆：未来城市的缩影［EB/OL］.［2010-10-26］. 新华网，http：//news. xinhuanet. com/world/2010-10/26/c_12701970. htm.

二、世博会展示空间的语境化

英国人类学家马林诺夫斯基首次对语境进行深入研究，提出“情景语境”和“文化语境”两个概念，认为情景语境主要指文本的即时语境，不但包括说出来的话，而且还包括脸部表情、姿势、身体活动，以及所有参与交谈的人和他们所处的那一部分环境。弗斯主张把语境分析的重点放在情景语境上，并将情景语境分为三个部分来探讨语境与话语的内在关系，即参加者、事物/事件、言语效果。韩礼德则认为，情景语境与文化语境都可以视为语言的语义潜势，是特定语言系统的可选语义范围；文本则是语义潜势的现实化。情景语境是语言的整个语义潜势系统；文化语境是语言的特定语义潜势系统。① 孙晓霞对艺术语境发展进行了研究，提出三个语境理论层域：以艺术符号为文本的语境层、艺术品的艺术生产语境层域（艺术品、艺术家、艺术欣赏者、艺术中介）和艺术品的社会语境层域（政治、经济、文化，甚至自然环境），各个语境层域中又有多个子层。② 在世博会展示艺术中，以艺术符号为文本的语境层主要由三个层域构成：具体艺术展项中的各符号构成了展示艺术品的语境；具体展示艺术品又构成了展馆空间的语境；展馆建筑与景观则构成了世博园区的语境。

世博会展示空间不仅能够调动观众的审美情感，还充满符号与意义；它是一个观众活动、表演的地方，也是设计者和观众之间交流的场所。世博会展示艺术语境的营造多以观众的体验为中心，将艺术品与环境的意义进行整合，使展馆空间中的展品、影像、色彩、灯光等要素语义化，共同为主题服务，从而实现设计者与观众之间的情感与理念的沟通。

对于展馆建筑来说，其情景语境体现在世博主题、世博园区的布

---

① 彭利元．情景语境与文化语境异同考辨［J］．四川外语学院学报，2008（1）：108-113.

② 孙晓霞．构建三层艺术语境研究模式［J］．云南艺术学院学报，2009（2）：35-39.

局、各国展馆建筑、景观，以及展馆建筑自身的方位、外形、体量、结构与表皮等。在全球化文化交流与竞争的世博园区语境中，展馆建筑既要具有民族文化特色，成为民族文化传播的符号；还要构思独特，在众多展馆中脱颖而出。上海世博会德国馆主题为“和谐都市”，展馆建筑由四个不规则、不稳定的几何体构成，在视觉上通过相互间的撑托、连接来获得平衡，自由解构的单独形体连成一个连续稳定的建筑整体，隐喻社会平衡需要影响平衡的各因素之间相互制衡、相互依托才能实现（见图 4-20）。① 德国馆的各构成要素既有丰富的变化，又能谐调统一，

图 4-20　上海世博会德国馆②

表达了建筑、人、环境三者和谐相处的城市发展理念。展馆建筑的符号意义是世博会这个展示交流的大舞台所赋予的，在世博主题“城市”的语境下，德国馆“和谐城市”的主题理念得以明确显现，为观众所理解。只有在世博园区各国场馆建筑形态各异、精彩纷呈的语境下，一国展馆的独特形象才得以凸显，同时，各国展馆的争奇斗艳，也为世博

① 沈迪 . 2010 年上海世博会展馆建筑解读 ［J］. 建筑学报，2010（5）：12-19.

② 上海世博会德国馆破土动工 定名“和谐都市”［EB/OL］.［2008-11-15］. 中国新闻网，http：//news. sohu. com/20081115/n260654216. shtml.

园区增添了无穷的魅力。

在展馆内部空间，各个空间要素被统合于展馆主题的意义系统中，装置艺术、影视艺术作品借助符号组合、景物陈列、空间布局，营造出特定气氛表达某种意味，决定了某些符号、形式构成的特殊意义，塑造展馆展示的视觉形象。① 上海世博会西班牙馆的主题是：我们世代相传的城市，展馆内设“起源”“城市”“孩子”三大展示空间。在“起源”展厅，凹凸的四壁、点点星光的夜空、幽暗的灯光，营造了象征西班牙文化起源的洞窟，放映的影片主题与环境空间融为一体，将观众带入古人生活的空间，在密闭的洞穴中将语境和现实的分离，有利于影片古代主题意义的呈现（见图 4-21、图 4-22）。而在象征未来的“孩子”空间，孩子坐在中央，周围是由藤条围合的半通透的流动曲面、宽敞而通透的环境，从体型巨大的孩子身上，观众看到了希望，看到了未来，展现出西班牙对未来城市生态环保、充满人情味的畅想与期待。

图 4-21　上海世博会西班牙馆“起源”（一）②

① 李波．审美情境与美感［D］．上海：复旦大学，2005：93.

② 西班牙馆：影片展示城市文化［EB/OL］．［2010-04-28］．解放网，http：//news. 163. com/10/0428/11/65BT9R9O00014AEE. html.

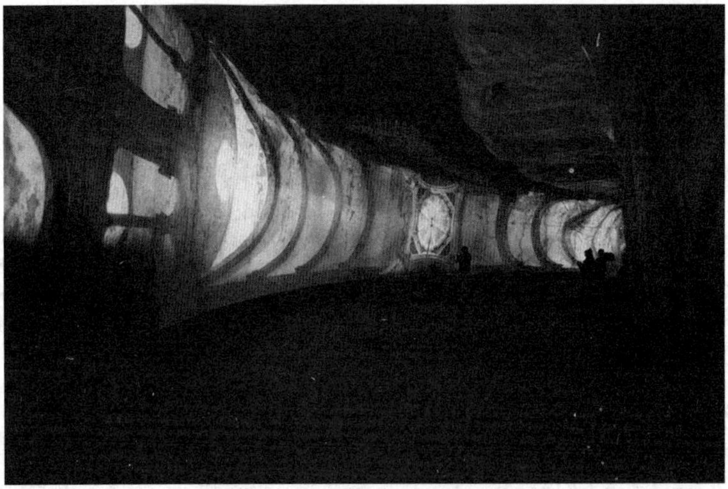

图 4-22　上海世博会西班牙馆“起源”（二）①

也只有在世博“城市”主题的语境下，观众才能产生这样的联想（见图 4-23）。展示符号的意义由展示语境决定，展馆空间要素的性质一旦改变，会引起展馆空间语境的变化，进而影响展馆主题的意义系统的表达。西班牙展馆的三个展厅互相呼应，对比强烈，表达了完整的主题意义，体现西班牙馆对城市发展的特别思考。“起源”“孩子”这两个展厅的环境语境都是由各自展厅整体意义的建构所决定的，不具有互换性。

世博会是全球国家、组织参与的盛会，世博会展示艺术的文化语境主要体现在参展国的政治、经济、文化、科技发展、自然地理，以及他国公众对该国的现实印象等要素，展示主题与理念即由这些客观现实要素所决定；设计者及实施者的价值判断、专业技巧、技术条件等则会影响艺术品的呈现方式与风格；观众看到的内容最终是由观众的文化背景

① “藤条篮子”西班牙馆 与孩子一起畅想未来［EB/OL］.［2010-04-28］. 中国网，http：//www. china. com. cn/photochina/zhuanti/expo2010/2010-04/28/content_19923232_7. htm.

图 4-23　上海世博会西班牙馆“孩子”①

决定的，观众的教育程度、视觉经验、信仰、价值观等也会影响展示艺术信息传递的效率和方向。

三、世博会展示空间的意义建构

1972 年，布伦达·德尔文提出了意义建构理论，主要阐述了个体认识外部世界的方式，并指出意义建构理论是一种解释沟通、信息与意义建构之间关系的理论体系。② 德尔文的意义建构模型由情境、鸿沟和使用三要素组成。“情境”表示的是个体当前的所处的时空环境；“鸿沟”是当个体遇到当前认知不能解决的问题时，因信息不连续性而形

① “藤条篮子”西班牙馆 与孩子一起畅想未来［EB/OL］.［2010-04-28］. 中国网，http：//www. china. com. cn/photochina/zhuanti/expo2010/2010-04/28/content_19923232_14. htm.

② 谢冬梅，范莉莉，易家斌. 基于意义建构理论的跨文化沟通衡量指标体系研究——以中德两国为例［J］. 经济经纬，2011（1）：100-104.

成的理解差距；“使用”指个体获得意义。当个体在认知过程中遇到“鸿沟”时，解决问题的过程分为三步：

（1）确定“鸿沟”并且将其“概念”化。

（2）找出解决问题的方法。

（3）跨越鸿沟。德尔文用图示法说明了信息意义建构过程（见图4-24）。①

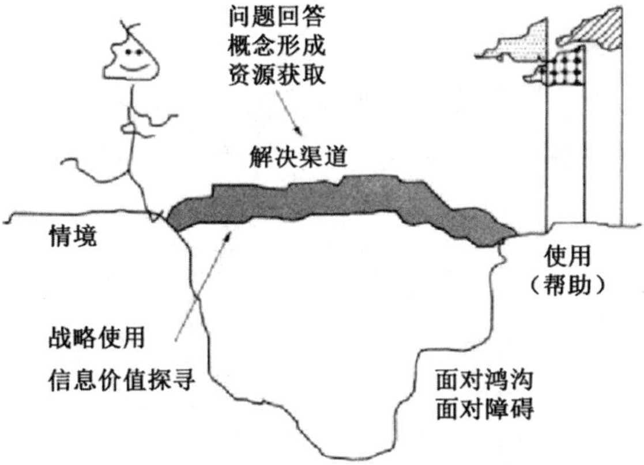

图 4-24　德尔文采用图示法说明意义建构过程②

德尔文将隐喻模型中的三个重要元素：情境、鸿沟、使用（帮助）抽出，提出了意义建构三角模式，用来说明意义建构是一个循环的过程（见图 4-25）。③

德尔文的三角模式后来发展为四要素，在四要素模型中，增加了

① 谢冬梅，范莉莉，易家斌．基于意义建构理论的跨文化沟通衡量指标体系研究——以中德两国为例［J］．经济经纬，2011（1）：100-104.

② 谢冬梅，范莉莉，易家斌．基于意义建构理论的跨文化沟通衡量指标体系研究——以中德两国为例［J］．经济经纬，2011（1）：100-104.

③ 谢冬梅，范莉莉，易家斌．基于意义建构理论的跨文化沟通衡量指标体系研究——以中德两国为例［J］．经济经纬，2011（1）：100-104.

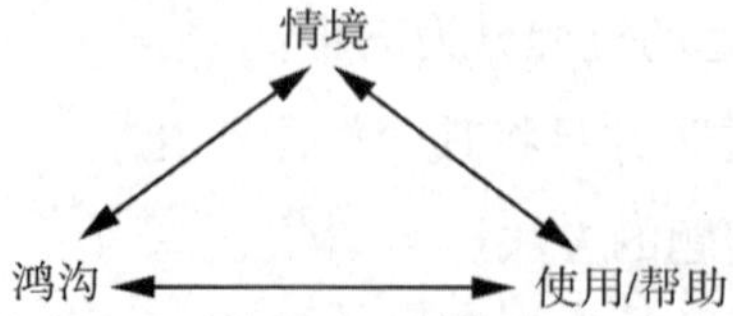

图 4-25　意义建构的“三角模式”①

“桥梁”要素。桥梁要素是指个体对信息的获取方式②，即在特定时空情境中增加某种情境要素，或采用一定的途径、方法，以实现传、受双方对意义的共享。意义建构模型的关键环节是针对不同情境，找出“鸿沟”形成的原因，寻找解决问题的“桥梁”（见图 4-26）。③

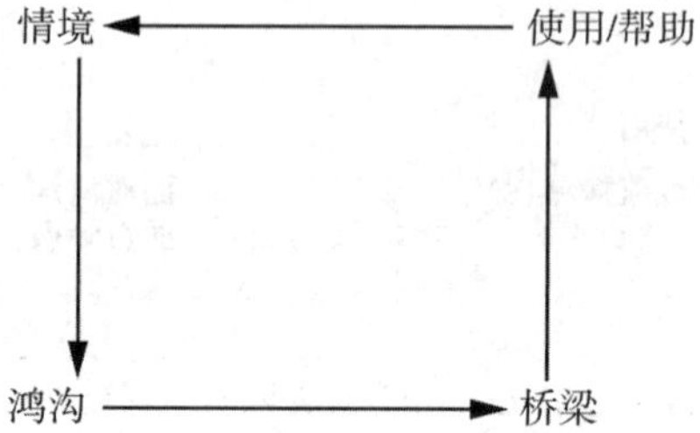

图 4-26　“意义建构”理论的四要素模型④

跨文化传播过程中传受双方缺乏文化模式上的共通性，文化符号在不同语境中会呈现不同的意义，受众难以对符号编码者的编码进行完整无误地解码，由于信息不连续而造成意义传递的“鸿沟”。为了跨越这

① 谢冬梅，范莉莉，易家斌．基于意义建构理论的跨文化沟通衡量指标体系研究——以中德两国为例［J］．经济经纬，2011（1）：100-104.

② 朱婕，靖继鹏．基于“意义建构”之上的“信息差”理论及模型［J］．图书情报知识，2006（1）：57-61.

③ 乔欢，周舟．意义建构理论要义评析［J］．图书馆杂志，2007（5）：8-10.

④ 朱婕，靖继鹏．基于“意义建构”之上的“信息差”理论及模型［J］．图书情报知识，2006（1）：57-61.

种“鸿沟”，必须根据受众所处的情景使用合适的编码，建立传受双方的“桥梁”，逐渐缩小沟通双方的认知差异，解决跨文化传播中出现的符号误读。上海世博会日本馆以中国观众为中心，利用中国观众熟悉的文化符号，营造跨文化沟通的语境，实现了日本文化对中国观众的跨文化传播。在日本馆，观众首先穿越时间隧道，欣赏到巨幅画卷上的遣唐使（见图 4-27）、唐代皇帝、李白、鉴真等人物形象，他们是中日文化交流历史上的代表性人物，是中国观众所熟知的，虽历经千余年，依然具有召唤人心的强大力量。唐朝是中国历史上的盛世，对日本文化产生了重大影响。营造这样的语境，既尊重了中国观众，也显示出日本馆的自信与真诚。在与中国观众近距离的情感交流中，日本国宝级丝织艺术——西阵织，以及融合了中国昆剧和日本传统艺术的音乐剧《朱鹮的故事》等日本传统文化符号被中国观众认识、记忆。在日本馆展示

图 4-27　上海世博会日本馆“遣唐使”①

① 戴云倩，陈永明．从概念到设计：上海世博会场馆解读［M］．北京：海洋出版社，2011：130.

的现代日本中，多项全球性的尖端技术纷纷登场，传播、建构着今天日本领先的科技形象。日本馆还集中向观众展示了未来城市的各项新技术，让观众领略未来生活的魅力，如搭载超高清及超望远功能的“万能相机”，融电视、电话、音响等于一体的多媒体“生活墙”，可满足家庭服务需要的机器人等。李白、鉴真、昆剧、朱鹮等中国文化符号，建立起中国观众与日本文化的“桥梁”，使中国观众跨越意义建构的“鸿沟”，认知了日本的传统文化，加深了日本的高科技印象。据世博会举办期间调查机构的数据，日本馆被中国观众评为印象最深的三个展馆之一，受到了中国观众的极高评价。①

德尔文提出的意义建构模式，从本质上讲是一种知识、信息的认知观，但意义的构建不仅仅是个体智力的结果，还受到外界情感因素的影响，在德尔文的模型中并没有具体研究认知过程中情感因素的影响程度。② 在世博会展示艺术中，由形式引起的观众审美情感在意义建构过程中占有重要地位。世博会展示的意义建构，应当以空间化的叙事语言、精美的表现形式，吸引观众的关注，唤起、激发观众的审美情感，引导、加强观众的观展意愿。同时，将主题意义注入世博空间艺术形式之中，使观众在情感的体验、想象、享受中自觉地接受展馆的主题理念③，在观众心目中建立起国家的认知印象。

---

① 黄勇，周佳懿，鲁军．中、沙、日三国世博展馆最受观众好评［J］．市场研究，2010（8）：9-10.

② 柯青，王秀峰，孙建军．以用户为中心的研究范式——理论起源［J］．情报资料工作，2008（4）：51-55.

③ 李雨婷．情感诉求广告的受众心理反应过程研究［J］．学术论坛，2011（10）：79-82.

第五章　作为世博会展示意义载体的数字媒介

科技是世博会最厚重的内涵——过去是，现在是，将来也还是。① 世博会上展示的科技创新是一段历史时期内，人类对未来技术的发展趋势和实际应用的展望，会引领未来一段时期内人类技术发展的潮流，它记录了人类近现代技术发展的历程。从水晶宫到埃菲尔铁塔，从电动机到电话机，从汽车到飞机航天器、磁悬浮列车，无不是特定时代科技发展的印证，历届世博会都是展示当时最前沿科技成果的舞台。

世博会的展陈技术也随着时代的发展产生巨大的变化。1851 年，世博会的展品只是目录式地简单陈列于展馆；1937 年巴黎博览会展出玻璃人，它的器官会随着画外的讲解声音而闪亮，展品和人有了互动；1985 年日本筑波世博会开始以世界最新展示技术成果打造充满魅力的现场效果，数码科技的应用和迅速普及的计算机技术，推动了世博会展示全新阶段的到来②；2010 年的上海世博会，已经少有展馆完全采用实物展品的静止展示，更多的是在影像高科技所带来的震撼体验中传达展馆的主题理念。

按照现代博览会的展示模式，展示技术可以分为以下三种类型③：

---

① 吴敏编．世博与科技［M］．上海：东方出版中心，2009：前言．

② 许永顺，季路德，胡学增．中国 2010 年上海世博会主办方场馆展示形式和展示技术研究［M］．上海：上海科学技术文献出版社，2010：5.

③ 许永顺，季路德，胡学增．中国 2010 年上海世博会主办方场馆展示形式和展示技术研究［M］．上海：上海科学技术文献出版社，2010：2-3.

第一类是实物展品展陈技术。世博会的实物展品包括景观、文物、艺术品、商品、模型等，展馆中的实物展品是参展国精心挑选的、代表本国文化的符号，在搭建的展示空间里陈列各种实物展品，通过对展品空间的布置、视角的选取、语境的营造进行叙事，表达主题内容。

第二类是媒体展示技术。依托媒体进行展示主要有三种技术，即图画、照片、文字、景箱等印刷技术；通过投影、影像、影像装置艺术、互动新媒体等新媒体技术；传统媒体和新媒体结合展示的技术。媒体模式适合复杂主题的展示，通过新媒体技术不仅可以营造沉浸性的体验空间，还可以充分发挥电脑视觉技术的优势，将复杂的主题内容全面、完整地表达出来。

第三类是大型展演集成技术。独立的国家展馆通常有相对巨大的展示空间，在这样的空间里将各种高新视觉技术进行集成，将主题内容视觉化，营造虚拟的展示空间，呈现复杂的内容，让观众在体验中领悟展馆的主题理念。大型展演集成模式所需技术要求高，艺术感染力强，沉浸性体验感强烈，因此能够吸引观众的眼球，让观众产生深刻记忆。①如上海世博会中国馆影像《清明上河图》集成了大屏幕投影技术、三维制作技术、音响设计技术、灯光控制技术等技术，以动态形式还原宋代繁华的城市，给观众留下了印象深刻。

第一节　数字媒体时代世博会展示媒介技术的创新

一、大型博览会实物展品展示媒介的局限

实物展示是一种最为古老的展示方式，如古代的地摊。展馆中的实物展品将实物本身作为符号进行信息的传播，接受者可以直接接触实物

① 许永顺，季路德，胡学增．中国2010年上海世博会主办方场馆展示形式和展示技术研究［M］．上海：上海科学技术文献出版社，2010：3.

展品，通过直观的方式来接收信息。1851 年，英国为世界博览会建造的水晶宫展馆由钢筋和玻璃板搭建而成，水晶宫中新材料、新工艺、新技术的应用，引领了近现代建筑风格的发展；水晶宫内所展示的工业产品，包括机械、日常生活用品等，带来了扩散现代设计的社会效应。在阳光照射下，水晶宫通体闪闪发光，观众可以在发出奇妙蓝色光芒的展馆中漫步，观赏各种手工艺和工业产品（见图 5-1）。① 水晶宫和其内的各种展品，不仅具有使用价值，更是各国文化、综合实力、科技发展水平的象征，观众通过这些展品能够对参展国产生许多直观的感受。世博会历经 160 多年，随着科技的创新、媒介技术的发展，观众审美需求的变化，实物展示模式在世博会上较少被采用。

图 5-1　1851 年伦敦世博会水晶宫内景②

① 王潇．“水晶宫”对现代设计的意义与启示［J］．艺海，2013（11）：100-102.

② 陈燮君．世博会博物馆［M］．上海：上海文艺出版社，2010：41.

从现实世界中的物品到成为世博会展品的过程中，世博会实物展品与其原生环境发生离散，去历史脉络化、去功能化、去时间化，离开了“物”原有自然环境、社会历史文化背景，让展品置于世博会展馆特定的文化场域里，呈现出一种特殊的元价值状态。而世博会展示“物”的过程，是重新赋予、诠释其意义的过程，在通过展示行为而使“物”的意义达成与观众的沟通之前，还必须完成对于“物”的意义的还原或重构。① 例如，1982 年诺克斯维尔世博会中国馆展出了长城砖，在世博场馆，长城砖脱离了中国传统文化的语境，外国观众很难理解蕴含在长城砖里的意义。实物展品展示的意义还原，需要情境再现与现象还原，需要产品的组合化展示。② 一个代表国家形象的主题内容的实物演绎，需要较大的展示空间、环境才能将意义准确、完整地呈现给观众。在世博会展馆的有限空间，要利用实物展品完成国家形象的叙事，会存在空间、物力、内容容量等方面的限制（见图 5-2）。

从观众的参观方式来看，采用实物展品模式通常参观的人数比较有限，参观时间比较长。③ 现代展示的参观方式主要有以下三种：分散模式即散处理，游客不受线路、时间的限制，自由参观，如上海世博会非洲联合馆、主题馆等；分场模式即批处理，通常是影院模式，游客按规定人数分场进入观看，在控制的时间内观看表演，如上海世博会西班牙馆、日本馆等；流线模式即流处理，游客以不超过上限的数量陆续进入，或流动行走或由轨道车或其他自动传输装置运送，与展示空间的各种新媒体形式进行实时互动和感观体验，如上海世博会瑞士馆等。④ 实物展品模式通常采用分散客流的参观方式，这种模式人流量最为有限且

① 郑茜．意义还原与价值传播——博物馆藏品实现沟通的两个向度［J］．中国博物馆，2014（3）：24-28.

② 严建强．论博物馆的传播与学习［J］．东南文化，2009（6）：100-105.

③ 许永顺，季路德，胡学增．中国 2010 年上海世博会主办方场馆展示形式和展示技术研究［M］．上海：上海科学技术文献出版社，2010：3.

④ 许永顺，季路德，胡学增．中国 2010 年上海世博会主办方场馆展示形式和展示技术研究［M］．上海：上海科学技术文献出版社，2010：3.

图 5-2　1982 年诺克斯维尔世博会中国馆展出长城砖①

容易造成人为拥堵。在大空间、大人流的前提条件下，这种展示模式的使用会造成管理上的困难。

从实际操作层面看，采用实物展示完成世博会国家形象的展示，需要大量的展品，组织、实施难度大。世博会展示是一个关系到国家形象的宏大主题，如果要采用实物展品来表达，涉及主题演绎形式设计、展品、展品组合、展品征集等方面的问题。展品是展示的基点，展品受到展品来源以及展品品质的制约，在策划和展示设计之前应该先确认展品。在展品没有确定之前，展示设计等其他工作也无法进行，不利于展馆总体建设计划的推进。在展品空间的安排上，每 15～20 平方米可以摆放 1 件展品。如上海世博会中国馆 1.5 万平方米的展示面积，如果采用展品模式就需要有 1000 件展品，这就导致统一组织、协调、方案实

① 人类现代文明始于世博会 奥运辉煌也“沾了世博光”[EB/OL].[2010-04-30]. 人民网，http://news.163.com/10/0430/15/65HEKA65000146BC_3.html.

施等工作量巨大。①

二、数字媒体时代世博会的视觉展示媒介

海德格尔在他的著作《世界图像时代》中说："从本质上看来，世界图像并非意指一幅关于世界的图像，而是指世界被把握为图像了。"②世界被把握为图像，即借助各种媒介技术，如印刷术、摄影术、数字技术、互联网技术等，让世界视觉化了。在当今的视觉文化社会，视觉信息占据了人们的视野，人们越来越适应阅读影像，而逐渐失去阅读文字的耐心。③ 在世博会展示中，各种静态照片、动态影像充满了世博园区，为观众提供了新的视觉体验，展现出巨大的跨文化沟通力和情感号召力。网络媒体集合了印刷媒体、照片、动态影像等媒体的优点，手机网络更具有很强的便捷性，成为世博实体展示的重要补充。互动体验展示则满足了观众参与的需求，展示方可以充分利用影像技术、虚拟现实技术、识别技术等新技术为观众营造互动体验的环境。

（一）展示空间中无处不在的影像

1. 静态摄影影像

静态影像由照相机拍摄而成，因其时间控制系统和快门开启闭合作用，决定了摄影的工具——照相机只能分割视觉空间，使留驻的情景成为瞬间形象的、单一静止的画面；只要时间变换或形象移位便不可再原样复现，因此这一瞬间的真切景象便具有了确认"真实"的魅力。自达盖尔 1839 年发明摄影术以来，摄影从早期的微距摄影到当今种种更发达的科技摄影，影像艺术带给人们的"求真"快感始终不竭。摄影

---

① 许永顺，季路德，胡学增．中国 2010 年上海世博会主办方场馆展示形式和展示技术研究［M］．上海：上海科学技术文献出版社，2010：2.

② ［德］海德格尔．世界图像时代．海德格尔选集［M］．孙周兴，选编．上海：上海三联书店，1996：899.

③ 王慧．微博中的图像消费与舆论行为［J］．青年记者，2014（8）：34-35.

以高精确度造成的“真实”视觉震撼力和作品可大量复制的技术优势，相对于绘画、文字等传播符号，占据强势地位。“快速摄影、放大拍摄——将那些一般情况下无从获知的瞬间和微小事件展现在人们面前。通过摄影人们才了解了这种日常视觉无法看到的东西，就像通过心理分析人们才了解了无意识本能一样……那些若隐若现地栖居于最微小物中而只能在梦幻中去想见的图像世界。”① 摄影技术的发展又使机械镜头得以深入人类肉眼难以企及的视觉领域，这必然使人们在影像作品中得到大量“认知”快感。②

与动态视频影像表达方式相比，静态影像因其画面静止、信息量少，不如动态影像那样能够快速吸引观众的眼球；但却可用高度概括的方式充分利用现场不同物象的形象价值、物象之间的关系，并用选择取舍，以或对称或对立的表达方式展现事物，使画面的语言凝练概括，使平面静止的视觉空间呈现出深刻的含义，进而通过一个瞬间的点折射一个整个事件的面，触及问题的本质，使观众更多地思考时间与空间。③由此可知，静态影像在展示设计中仍具有较强的生命力与感染力。

在上海世博会各国场馆中，借助静态影像进行展示较为常见。通过静态影像配合实物展示，加上口语化的讲解，还原了实物展品的特定时空环境；展馆国家的历史传统、社会发展以及文化风貌得以详细、深入地阐述与传达。如上海世博会日本馆在入口处以遣唐使船、李白、鉴真等形象的静态影像，呈现了中日历史文化的连接。在上海世博会，许多展馆运用的静态影像展示时还融入了数字高科技，如芬兰馆、印尼馆等场馆的静态影像，其介质不再是传统的纸质展板，而是运用了电子

① ［德］本雅明．摄影小史+机械复制时代的艺术作品［M］．王才勇，译．江苏：江苏人民出版社，2006：12.

② 钟丽茜．本雅明论摄影技术与纪实影像的先进文化功能［J］．现代传播（中国传媒大学学报），2011（6）：78-82.

③ 延婧．论视频新闻与新闻摄影的差异和融合［J］．郑州大学学报（哲学社会科学版），2013（1）：173-176.

LED 显示屏；许多静态影像也不再是绝对静止的，而是通过互动技术以改变画面内容。在上海城市规划展览馆，展厅的桌面上放置的一本翻开的虚拟图书，观众只需伸手做翻书的动作，这本虚拟图书就会“翻页”，屏幕上的图片就会跟随更换，让游客在惊叹的同时，对图书的内容产生兴趣。数字技术的融入使得传统静态影像的传播方式发生了创新，在向观众传递静态影像信息的同时，也让画面本身的亮度、饱和度等技术要素得到提高。随着科技的发展，在展示方式上将会出现更多的变化，以提高观众观展的视觉体验感受。①

2. 动态呈现的影像

电影发展的历史，可以看作电影技术的发展史。一百多年来，电子技术、数字技术的飞速发展催生了摄像机、数码照相机、数字化的影像编辑制作系统等影像制作设备，以及电视、电脑互联网、智能手机等影像信息的传输与观看设备，使视频影像的制作与传输更加便捷、简单。直观、生动的视频影像信息，借助电视，借助互联网在电脑、手机，以及公共空间的大屏幕上的传播，已经深入社会生活的方方面面，对人们的观看习惯、生活方式的影响越来越深入、广泛。

视频影像能带给观众强烈的视觉震撼。在欣赏传统绘画或摄影作品时，观众会展开联想，探寻其形式、色彩符号中蕴含的意义；而对高清晰度的视频影像，观众常常较少有时间静思，常常在震惊中感受真实。摄影镜头可以通过放大、加快或放慢拍摄获取肉眼看不到的形象，画面所达到的写真精密度、镜头所深入的空间深广度都能给观众造成震惊感，形成一种强制接受的力量。影像作品将大量高清晰度的饱满鲜艳的画面引入观众的视野，而极度的逼真感会阻碍观众的联想，挤占其自由思索的空间，以动态形式连续占领观众的视野，从而不给观众的反思留出余地，致力于给观众以震撼的感官享受。②

① 惠恭健．世博影像传播的种类与实现途径初探——传播视野中的非物质文化遗产保护与传承［J］．河南社会科学，2010（5）：62-66.

② 钟丽茜．本雅明论摄影技术与纪实影像的先进文化功能［J］．现代传播（中国传媒大学学报），2011（6）：78-82.

动态影像将抽象的、不可见的主题理念可视化，提高了传播效率。人的视觉具有直观性，是感性认知的一部分，影像化充分利用人们对影像快速认知的能力，将理念、主题等抽象的内容以及视觉不可感知的事物转化为形象化的视觉影像形式，以便于信息传播和大众解读。随着高新技术的发展，给视觉展示带来了创造各种新视觉效果的可能性；利用影像化技术，可使有些本来是人的视觉感官直接感受领域之外的抽象内容与事物，能够通过影像被人们的所感知，进而使理念、主题等抽象的内容能够快速传播。观众在观看展览时，作为信息的接受者，处于特定的展示语境中，通常会主动发掘事物外在形态背后隐含的意义。设计者通过赋予抽象事物以特殊的外在形态来吸引观众的注意，而将意义蕴含于其形态之中，引导观众从欣赏感性的外观进入理性思维，思索抽象的理念或主题。① 上海世博会国家电网馆“魔盒”运用六面式大体量LED屏幕展示方式，融合环保理念和世界顶级的高新科技，给观众带来“沉浸式”视觉体验。观众站在距底部高3米的悬浮玻璃平台上，被112块LED屏幕形成的720°空间包围，前后、左右、上下将都是光影幻动的屏幕。持续4分50秒的720°空间多媒体视听影像，带领观众感受自然能源转化成人类可用能源的过程。电波是现代都市生活的重要能量资源，但却是非视觉可感知的事物，设计者通过“六面影像、悬浮体验”的高科技“魔盒”，将“创新，点亮梦想”的抽象主题影像化，使观众能够直观地感受到未来社会自然、人和社会的和谐共生的关系。

影像视频中的声音能补充图像中表达不完全的信息，不但能大大增强视频影像的感染力，而且也有助于观众对展示内容的理解。在展示实践中，声音应用主要有两种：一是能够表达确切意义的人声语言，另一种是不包含实际意义，仅起烘托情绪、转换过渡和增强趣味性作用的音乐与音效，而音乐在视频影像中的应用最为多见。音乐是一种以时间为

① 朱咏雷．世博与视觉产业［M］．上海：东方出版中心，2010：179.

主要结构力量的符号，音乐的传播表现为一种以时间为主要结构力的符号的传播。① 音乐有自己的语言表述方式，旋律、节奏、速度、音高、音色等是音乐的主要表现手段。视频影像是时空的艺术，其重要的特征是运动性，即时间性，能和音乐产生完美的融合。结合音乐，视频影像可利用摄像机运动的快慢、镜头组接的节奏与韵律，以及与主题表达相关的线条、形状增添画面的审美情趣，还可利用明暗、冷暖、曲直、高低、长短、虚实等画面构成要素的矛盾关系而加深画面的戏剧性。音乐在视频影像中充当着抒情表意的作用，它像一种情感润滑剂，在与影像主体形象同步的心音跳动中进入观众的内心世界，使人强烈感受到一种思绪、一种情感的冲击与无尽的想象。音乐与影像的融合，强化了画面的情感意识，增强了视频影像的观赏性，加强了画面传递信息的力量。②

影像从其诞生之初就与世博会结下不解之缘。1893 年芝加哥世博会邀请麦布里奇演示“祖泼拉克西镜”，并对公众进行多场有关的讲座。爱迪生在这次博览会上展出了最早的“活动电影”，15 米长的 35 毫米胶片盘卷在链轮上循环转动，产生连续画面，观看者能从 25 厘米直径的孔洞中欣赏机箱内的“活动影像”。1900 年巴黎世博会上，卢米埃尔兄弟在 30 米宽、20 米高的巨型银幕上放映电影，成为当时世博会的最大亮点。在这次世博会上，还第一次放映了由法国人劳尔·格里姆安·桑森发明的可以容纳 200 名观众观赏的环幕电影。③ 1933 年芝加哥世博会上，德国蔡司公司放映了用显微镜头拍下的在一滴水中生存的微生物，让观众感到惊讶和新奇。1967 年蒙特利尔世博会上，加拿大的 4

① 王亦高．试论音乐符号传播的时间特质［J］．国际新闻界，2013（9）：61-70.

② 延婧．论视频新闻与新闻摄影的差异和融合［J］．郑州大学学报（哲学社会科学版），2013（1）：173-176.

③ 张春晓．电影与世博会的历史渊源（上）［J］．现代电影技术，2010（7）：59-63.

名电影工程师成功推出了单机摄影、单机放映的全新大屏幕 IMAX 系统，让观众体验到巨大清澈的画面，以及 6 声道的立体音响。1988 年澳大利亚布里斯班世博会上，中国馆展出 360°环幕电影《华夏掠影》，近距离地向世界展示了中国文化、艺术、风土人情，引起观众巨大的反响。① 随着电影技术的发展，影像的制作与呈现形式越来越多样化，观众在各种影像带来的视觉享受中充分领略全球多样性的文化。

高科技影像技术所营造的展示效果与氛围，非常符合信息时代人们的审美情趣，是观众最乐于接受的信息媒介、娱乐选择；采用多媒体技术的新设计马上会被社会最敏感的领域与群体——博览会所采用，成为新技术时代世博会展示的发展趋势。影像高科技为世博会展示设计师带来了前所未有的创作空间，设计者因此得以摆脱传统展示技术的制约，在影像多媒体与机电一体化技术引领下创作出全新的艺术作品，进而使观众沉浸在全方位的视觉体验中，展馆的主题理念由此也得到了传播。② 在展示形式影像化的景观社会背景下，诸多高新影像技术在上海世博会得到了应用，如环幕电影、4D 影院、全息影像、增强现实等，表 5-1 展示了上海世博会部分展馆的影像展示概况。③

表 5-1　　　　**上海世博会部分展馆影像展示**

展馆＼影像	屏幕形式	播放技术	影像内容
中国馆	巨型环幕影院	4D	《美的历程》（陆川）
日本馆	世界最大巨型画面	3D	“2020 年未来城市”主题

① 张春晓．电影与世博会的历史渊源（下）［J］．现代电影技术，2010（8）：59-62.

② 许永顺，季路德，胡学增．中国 2010 年上海世博会主办方场馆展示形式和展示技术研究［M］．上海：上海科学技术文献出版社，2010：5-6.

③ 惠恭健．世博影像传播的种类与实现途径初探——传播视野中的非物质文化遗产保护与传承［J］．河南社会科学，2010（5）：62-66.

续表

影像 展馆	屏幕形式	播放技术	影像内容
泰国馆	4D 影院	4D	《和谐带来的幸福》主题电影
沙特馆	巨幕高清影院	3D	沙特文化风光
哈萨克斯坦馆	4D 影院	4D	城市风土人情
澳大利亚馆	360°旋转巨幕	3D	儿童生活题材
安哥拉馆	4D 动感影院	4D	动物题材专题
美国馆	4D 影院	4D	《花园》主题电影
瑞士馆	IMAX 影院	3D	瑞士风光
摩纳哥馆	容纳 300 人的电影院	3D	动画电影《摩纳哥永恒之石》
城市人馆	圆顶穹幕	3D	家庭生活题材
城市地球馆	巨型球冠屏幕	3D	城市发展题材
城市未来馆	36 米高的影院空间	3D	动画电影
世界气象馆	三维立体音效球幕	4D	气象知识专题
红十字会馆	环幕剧场	3D	国际红十字会与红新月运动宣传片
石油馆	4D 影院	4D	《石油梦想》主题电影
国家电网馆	720°环幕	3D	新能源知识专题片
信息通信馆	曲线形环形屏幕	3D	信息通信知识专题片
中国航空馆	4D 展演系统	4D	参与式航空体验
通用汽车馆	4D 动感影院	4D	《2030，行!》主题电影

（二）拓展世博会展示时空的网络新媒体

哈罗德·英尼斯认为传播媒介可以分为时间偏向的媒介和空间偏向的媒介；马歇尔·麦克卢汉则从人体的感知觉方式来阐释媒介的传播偏向，他把人类感知觉方式倾向的演进过程归纳为整合化—分割化—重新整合化。网络媒介综合了不同传播表现形式、使用了不同感知方式，这种传播偏向不同于以往的印刷媒介、广播、电视媒介，是一种综合性、包容性的媒介传播倾向。① 互联网发展之初，其基础单元是由网页承载的内容，Web2.0 概念的兴起及其应用的普及，使得人与人互动构成互联网的“关系网络”，这种关系网络与网络媒体所构建的“内容网络”的互动与融合也日益深化。当今的互联网，人取代内容，成为互联网的基础单元，这个基础单元是以网络节点的形式存在的，每一个用户作为一个节点，都可以控制自身的“开”与“关”，从而影响网络中的信息流动。互联网从构建人与内容的关系，转向了构建人与人的关系。② 移动互联网的快速发展改变了传统媒体及受众的时间观，碎片时间的黄金化、媒体使用的“情境化”以及媒体使用时间的个性化成为移动传播需要具备的新思维，移动传播改变了人们的时间、空间观念，使信息的获取更加便捷。③

网络媒体内容不仅集合了印刷媒介的文字，还有包含图片、音频、视频、动画等视音频信息。从传受关系上看，网络媒体能够给不同用户发送其所需要的不同形式的信息，还具有可实现跟踪、调查、互动等各方面的功能；受众可以根据自身喜好订制不同的网络视频，这使得网络媒介的传播更加分众化、便捷化。较之传统纸媒介，网络视频的发展带来了视频影像生产主体的多元化，用户收视行为的个性化，收看与社交的互动、收看行为的精确监测以及视频影像生产机制的变化。④

“网上世博会”是 2010 年上海世博会的一次创举，利用互联网和多媒体技术让世博会同时拥有实体和虚拟两种空间展示的方式。公众通过点击相关网页，不仅可以全景浏览建筑的外观，还能进入各个展馆空

① 范明献．网络媒介的文化解放价值——一种基于媒介传播偏向的研究［J］. 新闻与传播研究，2010（1）：34-39，110.

② 彭兰．从网络媒体到网络社会——中国互联网 20 年的渐进与扩张［J］. 新闻记者，2014（4）：15-21.

③ 彭兰．从网络媒体到网络社会——中国互联网 20 年的渐进与扩张［J］. 新闻记者，2014（4）：15-21.

④ 彭兰．从网络媒体到网络社会——中国互联网 20 年的渐进与扩张［J］. 新闻记者，2014（4）：15-21.

间内部，进行多视角游览。“网上世博”使得世博会主题、理念在更大空间内传播，时间得到拓展，使更多的公众有机会了解、参与世博会。全世界的网民不受空间和时间的限制都可以随时随地参与世博会；三维虚拟全景图像、视频影像、虚拟社区等新媒体技术使参观者能够根据兴趣和需要，主动选择世博会展示内容；在实体世博会结束后，网上世博还可以持续向公众开放，以延伸世博的影响力。除了“网上世博”以外，上海世博会还通过中国移动推出了“掌上世博”。“掌上世博”是以全景展示为核心，集手机视频、手机游戏为一体的手机展示及多媒体信息服务平台。只要在手机上安装客户端软件，无论身处何地，都可以转动观看视角、虚拟行走，让使用者获得身临其境的世博会游览体验。通过“掌上世博”，公众还可以选择浏览世博会历史视频，下载世博主题手机游戏等。①

（三）调动观众参与积极性的互动体验展示

体验是顾客作为体验活动的主角与企业互动的过程中所产生的美好心理感受。② 20 世纪 80 年代初期，Holbrook 和 Hirschman 基于大量的理论观察和实践总结，提出了著名的“体验价值观”，其核心是：消费体验会引起体验消费价值，这种价值不同于理性消费价值，它更多的是消费者内心有关美感、享乐和符号的价值，是消费模式转换背景下催生的新型顾客价值判断。③ 在体验营销中，服务提供者为服务接受者提供产品和服务，为顾客设计体验方案，布置体验情景，甚至与顾客互动表演。服务提供者不再是单方面思考和行动，它需要与服务接受者互动共同创造体验价值，以满足服务接受者的体验需求；而服务接受者感知到

---

① 吴信训．上海世博与上海发展［M］．上海：上海大学出版社，2010：5-7.

② 李光明，钱明辉，荀彦忠．基于互动导向的体验营销策略研究［J］．经济体制改革，2010（1）：69-74.

③ 郭国庆，孙乃娟．新进入者调适中介下感知互动类型对体验价值影响的实证研究［J］．管理评论，2012（12）：72-83.

的体验价值的大小，以及满意程度则取决于他和服务提供者之间的互动效果。①

1976年，学者Sheth基于买卖双方的互动过程，首次构建了包含互动内容和互动类型两个维度的概念框架。Sheth将互动类型定义为"买卖双方在互动过程中采用的模式、仪式和风格"，基于消费者主体视角，强调消费者对其与服务提供商互动方式的主观感知，Sheth将互动类型划分为任务导向（task-oriented）互动、交互导向（interaction-oriented）互动、自我导向（self-oriented）互动三种：（1）交互导向互动，即在服务接触中，当消费者感知到服务提供者重视消费者的需求及反馈，尝试与其建立友好的个人关系和互动氛围时，会产生愉悦的心理感受，体验到舒适与满足。（2）任务导向互动，即服务提供者在与消费者的接触中，以帮助消费者实现需求满足为最终目的，力图克服阻碍任务完成的障碍。（3）自我导向互动，即服务提供者在与消费者的服务接触中习惯以自我为中心，他（她）更关注自身福利，而忽视对方利益，迫切希望通过说服消费者来完成销售任务，常给消费者造成心理上的紧张和压力感。在世博会展馆中，交互导向互动、任务导向互动能提高观众的参与兴趣，自我导向互动则易在观众心目中产生排斥情绪。②

世博会互动展示旨在展示空间中通过空间、造型、色彩、材质、多媒体、声光电等元素，建立能够让观众参与的装置与环境，与观众建立友好的个人关系和互动氛围，使观众产生愉悦的心理感受，体验到美感、舒适与满足，达到信息在设计者与观众之间的完美沟通与快速传播。互动性展示设计符合现代信息的传播理念，利用新的信息展示技术和手段，不断强化受众的参与性和主导性，使他们不仅是设计的受众和

① 李光明，钱明辉，苟彦忠．基于互动导向的体验营销策略研究［J］．经济体制改革，2010（1）：69-74.

② 郭国庆，孙乃娟．新进入者调适中介下感知互动类型对体验价值影响的实证研究［J］．管理评论，2012（12）：72-83.

目标群体，还转变为信息传播的参与者。这也体现了设计者对于受众的人文关怀，因此互动与体验的信息传播方式成为当代展示设计的发展方向。① 现代世博会展示需要运用各种互动技术，采用现代信息传播理念，符合信息社会观众的体验认知习惯，调动观众的参与积极性，提高观众的观展兴趣，在愉悦的体验中接受信息。观众已不仅仅是被动的参观者，而是能主动体验展示内容，甚至是各国文化探索的主导者。互动性展示的发展，使得现代世博会的互动主要采用交互导向互动、任务导向互动，而逐渐少用或避免采用自我导向互动。

在世博主题及其演绎主题的导向下，以及在数字技术的支撑下，通过观众与人、物或装置、环境的互动，参展国实现了与观众的交互互动，让观众体验到展馆展示的文化理念。（1）观众与人的互动。在上海世博会各个展馆中，有很多穿着代表本国家、民族或企业形象特色服装的场馆服务人员，他们通过表情、语言、肢体动作与观众进行面对面的互动交流，宣传本国家、民族或企业的形象。如芬兰馆，穿着圣诞老人服装的工作人员与身边走过的游客挥手致意，满足观众的合影要求。②（2）观众与物或装置的互动。通过真实的展品或建构展示装置来与观众进行互动。上海世博会德国馆利用视、听、触、嗅等感官，设计出各种充满奇思妙想的互动体验展品或装置，如在一个嵌有屏幕的“小狗窝”前按下门铃，一只小狗就会从屏幕右侧跑出来，汪汪叫唤；将手伸进一只模拟烤箱里，一会儿蛋糕香味就会扑面而来。（3）观众与环境的互动。观众会发现当他们置身于展示空间时越来越不像是参观，而更像是置身于一场充满体验的游戏中。他们对周围环境所施加的影响都会得到相关的回应，以往枯燥的信息都被很生动地形象化，获得知识将成为满足好奇心之后的结果，逼真、自然的环境，甚至会产生完

① 孙丹丽．互动与体验在展示信息传播过程中的作用［J］．包装工程，2014（10）：91-94.

② 艾翔．“互动”的力量——世博会互动展示设计探析［J］．艺术教育，2011（10）：142.

全脱离现实空间的感觉。①

上海世博会汇集了世界最新的各类互动展示科技。多点互动触摸系统、互动投影、幻影成像、全息投影、体感式互动感应系统、触控式互动系统、投射光和动作感应系统、三维虚拟数字沙盘、多媒体影像时空隧道、模拟仿真驾驶漫游系统、4D 影院类、360°球形屏幕投影系统等数字互动技术得到了较为广泛的应用，配合着声、光、电、雾等各类展示技术，使观展活动集沉浸感、互动体验和娱乐于一体，带给观众愉悦的体验。从互动实现的技术方式上看，主要有多媒体装置互动、互动媒体式互动、触碰互动装置、声音媒体互动等。

（1）多媒体装置互动。多媒体装置的运作原理是首先通过捕捉设备（感应器）对目标影像（如参与者）进行捕捉拍摄，然后由影像分析系统分析，从而产生被捕捉物体的动作。该动作数据结合实时影像互动系统，使参与者与屏幕之间产生了紧密结合的互动效果。该系统的特点是混合现实，实现实时互动。这种展示形式最大的魅力在于仿真性、互动性、趣味性，能给参观者留下深刻的印象。② 2010 年七夕夜晚，上海世博会国家电网馆的“魔盒”上显现着观众的头像，无数观众的微笑与世博园区的夜景融合在一起，再加上工作人员的祝福，让观众感到无比浪漫、幸福。芬兰馆的多媒体装置能够为观众拍摄和处理自己的照片，再将照片呈现在众多的窗口中。当游客到达以展示未来城市面貌为目的的大屏幕视频前面时，会发现自己刚刚拍摄的照片会呈现在许多小球中，飘到未来理想城市的虚拟影像里，让观众感觉自己与未来城市间建立了关联。

（2）互动式媒体互动。将需要展示的内容以文字、图像、声音、视频等形式存储在多媒体系统中，增加大量展示之外的信息，可使观众

---

① 李光，黎黎．互动展示设计的技术与艺术［J］. 美术学报，2012（3）：100-107.

② 李光．从 2010 上海世博会浅析展示设计中的互动性［J］. 艺术评论，2011（3）：107-110.

随意了解感兴趣的内容，通过触摸、点击多媒体显示屏幕进行查询、浏览，从而产生互动。触摸屏工作的基本原理是，当手指触摸安装在显示器前端的触摸屏时即被控制器检测到，并通过接口传输至 CPU，从而确定输入的坐标位置。触摸屏根据使用介质的不同而采用不同的工作方式，常用的有电阻式、电容式、红外式和声波式四种。① 在上海世博会台湾馆，"点灯水台"触摸式互动系统架构安装了 40 套包含工业级计算机、14 英寸触摸式屏幕和激光发射器的点灯模块，所有模块均与 LED 球体的计算机相互连接。当游客站在点灯柱前，用触摸式屏幕选择想要的祈福语，按下"确定"后，一道激光就会直射 LED 球体的南极，天灯随之冉冉升起。

（3）触碰互动装置。以触碰为主导的互动展示，主要是通过信息采集装置，即各种感应元件、传感器，将空间中观众的各种触动信息数据采集、输入计算机系统，然后经过计算机程序的处理，进而触发随机的图形图像、音效或相应的活动形式。这些图形图像、音效或相应的活动形式具有非重复性、不确定性或不可预测性，它们由观众与计算机互动共同完成。② 如上海世博会德国馆的转盘转动展项，观众将手掌放在圆形感应器上，手上的热能就会使得前方玻璃器皿里的转盘转起来。

（4）声音媒体互动。在展示设计中，可以通过声音媒体来控制实物、影像、声音或味道等产生变化，从而实现与观众的互动。2010 上海世博会德国馆的鸽子巢互动装置，两边是鸽子装饰，中间是鸽子的多媒体影像。现场没有声音时，中间的多媒体鸽子会很安静地待在鸽笼里，只要稍有声响，鸽子就会躁动起来，声音越大鸽子越不安宁直至飞起来，翅膀还会发出扑棱棱的声音。鸽笼底下挂了一个铃铛，当敲一下铃铛时，鸽子会全都受惊飞走。德国馆通过鸽子的互动装置，提升了观

① 许海涛．科技与互动将成为展览馆陈列展示的重要特性［J］．科协论坛（下半月），2010（8）：186-187.

② 李光，黎黎．互动展示设计的技术与艺术［J］．美术学报，2012（3）：100-107.

众观展的兴趣。

三、媒介技术的演进与展示艺术的形式

与艺术相关的技术可分为表达技术和传播技术，表达技术只影响艺术创作的特色，而传播技术则影响整个艺术生产的内在结构和总体方式。① 媒介技术对于艺术的生产、传播、接受及艺术的观念和本质都有决定性影响②，每一种新的媒介技术、每一种新的传播与接受方式的出现，都使得艺术的呈现形式得以改变，进而引发艺术本体的变革，即媒介技术的演化使艺术本身发生了改变。③

（一）同一媒介技术的演化

对于同一媒介技术的演化，媒介环境学派学者保罗·莱文森从"玩具"性技术到技术性艺术演变出发，提出了技术性艺术进化的三阶段论，即每一种艺术媒介的发展经历了玩具、镜子和艺术三个阶段，世博会上电影的出现便经历了这样的过程。

在技术性媒介发展初期，技术占绝对主导地位，很难立即产生强大的文化冲击。"技术在文化中露面时常常是新奇之物，是小玩意、小聪明，所起的作用仅仅像玩具。在这个发明里，内容被压制，仅仅是技术的表达而已。这时的感知经验是个人的、主观的、高度个性化的，而不是'大众'的。"④ 当一种新技术出现的时候，人们并不关心它所能带来的实际价值，而是对这个新奇的新技术本身充满好奇，只是将这种新

① 王汶成．传播技术的进步与艺术生产的变迁［J］．山东大学学报（哲学社会科学版），2012（6）：139-143.

② 邓文华．重审艺术与媒介的关系——从麦克卢汉到保罗·莱文森［J］．宁波广播电视大学学报，2011（3）：89-92，107.

③ 隋岩．媒介改变艺术——艺术研究的媒介视角［J］．现代传播（中国传媒大学学报），2007（6）：52-55.

④ ［美］保罗·莱文森．莱文森精粹［M］．何道宽，译．北京：中国人民大学出版社，2007：15.

技术作为玩具。1889 年，法国巴黎世博会上展出了爱迪生发明的留声机、柯达公司新发明的新型感光胶片，以及爱迪生的连续显示照片装置，这些新技术就是作为玩具来引起观众的好奇心而展出的。

在技术经历了作为玩具的阶段之后，人们已经对技术比较熟悉，新奇感逐渐消退，便进入了镜子阶段。媒介技术开始反映现实，强调真实性和准确性。莱文森说："内容的功能高涨，一望而知的技术形式开始退潮。此时，感知经验明显成为社会的、客观的、'大众'的，因为'受众'这个实体开始发挥作用，此时的技术成为现实的记录器，他们在社会中的地位耐人寻味，且常常占据中心的位置。"① 1900 年法国巴黎世博会，展出了法国卢米埃尔兄弟派人到世界旅行拍下的风土人情"影片"，引发轰动，这便是电影作为"镜子"的阶段。

在经济、文化、科技等社会合力的作用下，"实用技术停滞于现实的层次，艺术性媒介却继续前进并上升到第三个阶段"②，即技术性艺术。"这样的媒介已经超越了真实世界的状态。所谓超越就是将真实世界进行重组，以创造梦幻曲、雄辩术和艺术……在这个阶段，技术能够以新颖和有趣的方式对现实进行复制、解剖和重组。"③ 艺术的形式在媒介技术的演化改进中，因技术性艺术媒介的革新而得到更新，其先的技术媒介成为新的技术性艺术形式。④ 1915 年的巴拿马世博会，第一次放映故事片和纪录片等，电影是作为技术性的艺术而存在。1958 年比利时布鲁塞尔世博会，美国馆展出了迪斯尼公司新开发的 360° 环幕电影，1970 年日本世博会富士展览馆展出第一部 IMAX 电影展映，随

---

① ［美］保罗·莱文森. 莱文森精粹［M］. 何道宽，译. 北京：中国人民大学出版社，2007：15.

② ［美］保罗·莱文森. 莱文森精粹［M］. 何道宽，译. 北京：中国人民大学出版社，2007：15.

③ ［美］保罗·莱文森. 莱文森精粹［M］. 何道宽，译. 北京：中国人民大学出版社，2007：9-10.

④ 党超亿. 媒介进化论语境下的新媒体艺术性探讨［J］. 西部广播电视，2013（20）：13-14.

着新的展示技术媒介的出现，电影则作为纯粹的艺术而存在。

莱文森强调技术性媒介进化的方向是由人的主体性决定的，也就是人性化成为技术进化的合目的性。当技术媒介向艺术转化的时候，必须有一定的社会基础和社会环境，在经济、社会、文化的合力下才能完成，而不仅仅依靠工程师的力量。“玩具阶段可能是后续阶段的前提条件，但决不保证后续技术的发展。在缺乏一定的环境条件下，技术‘玩具’可能会长期‘定格’在初始阶段。”① 事实上，许多媒介技术并未能转化为艺术，只存在玩具阶段或实用阶段，在一些有限的范围内存在，或渐渐消失。

（二）不同媒介技术的演化

世博会展示媒介经历了实物展示、印刷媒介、电子媒介、互动媒介，以及互联网等媒介形式，对于不同媒介的演化，保罗·莱文森认为，媒介在演化过程中有两个重要特点，即“人性化趋势”和“补偿性媒介”。所谓“人性化趋势”，就是指媒介“技术发展的趋势是越来越人性化，技术在模仿甚至是复制人体的某些功能，是在模仿或复制人的感知模式和认知模式”②。所谓“补偿性媒介”，是指“一种后继的媒介，都是一种补救措施，都是对过去的一种媒介或某一种先天不足的功能的补救和补偿”③。

在莱文森看来，媒介间的补救线路是人在媒介演化中主动进行的理性选择，不是技术自发而为的。媒介非完美性补救一般有两种形态：一是新媒介在对以往媒介弥补的同时，也有着旧媒介的其他特性，这样旧

① ［美］保罗·莱文森．莱文森精粹［M］．何道宽，译．北京：中国人民大学出版社，2007：6.

② ［美］保罗·莱文森．莱文森精粹［M］．何道宽，译．北京：中国人民大学出版社，2007：4（前言）.

③ ［美］保罗·莱文森．莱文森精粹［M］．何道宽，译．北京：中国人民大学出版社，2007：5（前言）.

媒介的生存空间就会很小；二是新媒介弥补旧媒介，但新媒介本身却未能给受众提供旧媒介那样的便利，这样就给旧媒介带来了生存空间，很多新媒介的出现并没有取代其弥补的媒介。新媒介只有不断地弥补旧媒介的缺陷，才能使其不断满足人的信息需求。① 实物展示具有直观、真实，甚至具有证据的作用。以纸张和印刷术为基础的印刷媒介，在一定程度上挣脱了时空限制的束缚，可以更准确地传达展馆外的信息，却丧失了实物的立体空间的"真实"性；以电子技术为基础的电子媒介，在时间和空间两个方面都获得了极大地拓展，但它们只能是单向传播，不能交互沟通，观众只能被动地接受信息；以数字技术为基础的多媒体，综合了印刷媒介与电子媒介的优势，不仅实现了时空的拓展，还充分利用了人的视觉、听觉直观地接受信息，并能及时互动。② 任何媒介都是有缺点的，缺乏人的生理感知的某些方面，在影像、网络媒体占据统治地位的数字时代，实物展示、静态图像展示还将在一定展馆、一定范围内存在，有时甚至是影像展示的重要补充。

互动展示媒介是世博会展示中重要艺术形式，是对影像单向传播的补救。在世博会的展示设计里，设计师可以利用实物互动装置、网络虚拟空间进行艺术创作，与观众进行互动交流。互动媒介技术使每个人都可以主动发出自己的信息，甚至创作自己的艺术作品，成为传播行为的主体。通过观众的有效沟通和互动，艺术家获得了大量的创作资源，丰富了艺术表达的形态语言，缩短了艺术文化与商品之间的距离，增强了艺术与大众之间的亲和力；观众通过屏幕上显示的多媒体、机械操控系统或桌面系统进行互动、参与，改变了展品的影像、造型，甚至促成了展品意义的转化与演变。正因为艺术创作、传播与接受的便捷互动，弥补了传统媒体艺术的单向传播，使得以新媒体艺术获得了更大的传播能

---

① 陈功．保罗·莱文森的媒介演进线路图谱［J］．当代传播，2012（2）：27-29，38.

② 邓文华．重审艺术与媒介的关系——从麦克卢汉到保罗·莱文森［J］．宁波广播电视大学学报，2011（3）：89-92，107.

量，媒介技术的力量甚至超越了艺术本身的魅力。① 媒介技术的快速发展不仅影响了展示艺术形式的更新，而且也为艺术创作提供了新的载体与新的手段，使得世博艺术的创作观念、表达方式、审美理念、观看方式等产生了深刻的变化。

第二节 世博会视觉表达中的奇观式展示

奇观概念源自法国哲学家居伊·德波有关“景观社会”的分析，所谓奇观就是指非同一般的具有强烈视觉吸引力的影像和画面，或者借助高科技电影手段创造出来的奇幻画面和影像。② 居伊·德波在《景观社会》中宣称：“在现代生产条件无所不在的社会，生活本身展现为景观的庞大堆聚。直接存在的一切全都转化为一个表象。”凯尔纳在此基础上进一步提出了媒体奇观的概念：“那些能体现当代社会基本价值观、引导个人适应现代生活方式并将当代社会中的冲突和解决方式戏剧化的媒体现象，它包括媒体制造的各种豪华场面、体育比赛、政治事件。”③ 生活空间的限制或感知器官的局限，使人们所认知的对象非常有限，从而对不常见的事物也会感到惊奇。在世博会展示空间中，采用奇观式的视觉展示，较容易引起观众共同的震惊体验，适合大流量观众共同观看。世博会展示的奇观，主要表现为媒介技术所决定的奇观式展呈方式，以及影像内容的奇观化。

一、媒介技术形成的视觉奇观

媒介技术创造的奇观主要是由新奇事物所引起的，通常是还没有流

① 隋岩．媒介改变艺术——艺术研究的媒介视角［J］．现代传播（中国传媒大学学报），2007（6）：52-55.

② 文劲松，魏汐珂．从《少年派的奇幻漂流》看李安奇观主义电影审美［J］．电影文学，2013（11）：92-93.

③ 申红．《变形金刚》的奇观性和批判［J］．电影文学，2012（1）：103-104.

行起来，未被大众所熟知的新技术、新发明、新现象，突然呈现在观众眼前，引起观众的奇观感受。在世博会展示中，媒介技术形成的视觉奇观主要有沉浸式的虚拟现实、大型影像集成等形式。

（一）沉浸式的虚拟现实：身体与幻觉的沉溺

1. 虚拟现实与身体在场

虚拟现实技术是指采用以计算机技术为核心的现代高科技生成逼真的视、听、触觉等一体化的虚拟环境，参与者借助必要的设备，如立体头盔式显示器、数据手套、数据衣等，以自然的方式与虚拟世界中的物体进行交互、相互影响，从而产生身临其境的沉浸感受和体验。① 虚拟现实有三个特征，即沉浸（immersion）、交互（interaction）和想象（imagination）。沉浸，就是参与者全身心投入，真实地进行体验，产生在虚拟世界中的幻觉；交互，就是虚拟现实提供方便的、丰富的、主要基于自然技能的人机交互手段，这些手段使得参与者能够对虚拟环境进行实时操纵；想象，是指作为虚拟世界的创造者，所具有的丰富想象力。②

在人类先在的本性里，潜藏着一种身体在场交流的欲望。麦克卢汉将人类历史分为部落化、非部落化与再部落化三个阶段。在原始时期，人类的交流主要依靠口语，以及手势、眼神等身体语言；对世界的感知大多依靠直接经验感知而得，人类通过与生俱来的生理构造——视觉、听觉、嗅觉、触角、味觉等身体信道感知世界。在这个阶段，各种感知信道统一在身体界面之下，达到原始的、完美的平衡。③ 文字的出现，使得原本直接的感知和经验可以通过记录实现跨时空的流传，在征服时

① 胡小强．虚拟现实技术［M］．北京：北京邮电大学出版社，2005：2-3.

② 查爱苹．虚拟现实在旅游景区中的应用研究［J］．社会科学家，2005（4）：116-118，124.

③ 周逵．虚拟现实的媒介建构：一种媒介技术史的视角［J］．现代传播（中国传媒大学学报），2013（8）：29-33.

空距离的同时，却破坏了身体在场交流活动，人类不得不寻求身体的幻象与他人交流。与文字不同的是，影像能够让人直观地感知世界，具有身体在场交流的某些特性。正是对身体在场的可自然性交流的渴求，驱使着电影朝向更人性化的方向发展。有声电影、彩色电影的出现源于这样的渴求，立体电影、电视、环幕电影、全息电影等形式不断出现，越来越充分地显示出人类交流的本能欲望：创造一种身体不在场却又能够满足身体在场交流需求的虚拟影像符号。① 但是，电影的发展还没有解决身体在场的互动性需求。虚拟现实是多媒体影像技术发展的更高境界，是这些技术高层次的集成和渗透，让用户以互动的方式，充分利用视觉、听觉、嗅觉、触角、味觉等身体感知渠道，虚拟身体在场的体验，为人类认识抽象的知识，探索宏观、微观世界中由于种种原因不便于直接观察的事物提供了便利的途径。

2. 沉浸式传播

虚拟现实技术是以特定的计算机语言或软件，如 OpenGL SDK、VRML，以及特殊技术，如信息图形技术（info graphic technologies）、人体运动跟踪技术（human movement tracking technology）、实时人体运动捕获技术（real-time human body motion capture technologies）等作为有效的符号建构手段，综合一切已有的人类的语言符号和感知元素，通过电脑运算处理、数字代码的转换，还原为色彩、声音、形体、画面、味道、质感等媒介符号②，构建一种特定主题的虚拟环境。现实世界的实践主体通过身体或一定的设备，与虚拟世界“链接”起来，完成意义与信息的交流，从而实现沉浸式的传播。

麦克卢汉说，媒介是人的延伸，虚拟现实技术的沉浸式传播延伸了人的视觉、听觉、触觉、嗅觉、味觉，使人的身体延伸到虚拟世界，形

① 梁国伟，侯薇．虚拟现实：表征身体传播无限开放性的符号形式［J］．现代传播（中国传媒大学学报），2008（3）：17-21.

② 王妍．虚拟现实技术系统的美学分析［J］．自然辩证法研究，2007（10）：62-65.

成了一个以人为中心的、开放的、融合所有可以产生、传播、展示和接收信息的新旧媒介、人机合一的超级媒介。① 在沉浸式传播中，作为传播中心的人，可以是媒介本身，也可以是环境的组成部分；可以是主动的信息发送者，也可以是被动的信息接受者；可以主动发出指令，也可以被动接受虚拟环境中的信息收集需求。② 沉浸式传播形成了自己独特的空间形态，使物质与精神空间、心理与情感空间、真实与虚拟空间、真实的与想象的空间等融为一体，兼具了这些空间的特质。③ 在沉浸式传播中，传播者可以穿越时空，将过去、现在和未来连接在一起，还可以通过虚拟与真实环境的交融，让人在两个世界里自在漫游。沉浸式传播，既有过去形态，也有现在形态；既有虚拟形态，也有现实形态。④ 利用互联网、移动网络，以及虚拟现实技术，可以使世界各地人们能够无处不在、无时不在地进行沉浸式沟通。⑤

3. 世博会虚拟现实展示装置

传统的静态展示方式，以实物的组织满足参观者对遥远的过去与未来的探索，以及对科技、文化的认知，相关历史知识或科学知识则以图片文字等形式介绍给参观者。这种真实的实物展示方式在时间、空间、展示对象、用户等各个方面均有局限性，特别是在现实中人类难以身临其境或者其实现条件过高、费用过大的环境，难以让观众亲身体验。而虚拟现实技术利用计算机系统和网络，对展示对象进行数字化，形成虚

① 李沁．沉浸传播的形态特征研究［J］. 现代传播（中国传媒大学学报），2013（2）：116-119.

② 李沁．沉浸传播的形态特征研究［J］. 现代传播（中国传媒大学学报），2013（2）：116-119.

③ 李沁．沉浸传播的形态特征研究［J］. 现代传播（中国传媒大学学报），2013（2）：116-119.

④ 李沁．沉浸传播的形态特征研究［J］. 现代传播（中国传媒大学学报），2013（2）：116-119.

⑤ 李沁．沉浸传播的形态特征研究［J］. 现代传播（中国传媒大学学报），2013（2）：116-119.

拟的体验环境，从时间、空间进行拓展，使观众产生沉浸式的观展体验。① 2005 年日本爱知世博会美国馆，10 分钟的影片是美国精神之父富兰克林与当代人的对话，传递着“乐观主义，进取心，冒险精神”的美国理想。影片在介绍自然的睿智时提到人类受到蝙蝠的启发，发现了超声波。当蝙蝠从山洞中振翅飞过，观众感到迎面吹来阵阵微风；影片中打雷下雨，剧院灯光闪动，飘落少许雨点，在现实空间营造了虚拟的环境与氛围。影片通过调动观众的视觉、听觉、触觉等感官，与影片中的情境交融在一起，实现了自然与观众的对话。② 2010 年上海世博会“德中同行之家”的“互动造城”展项，利用虚拟现实技术，将中国传统的影子游戏进行了完美的展示。参与者通过摆身体造型在屏幕形成影子，然后计算机系统便根据影子造型效果构建出一座相应的城市，参与者的弯腰、转身或是伸展肢体等任何动作都能改变生成建筑物的结构。无论是高耸宽敞的摩天大厦，还是精巧别致的民居小筑，都会在与参与者的互动中即时产生。参与者还可以通过手拉手或依靠身体的接触生成的虚拟城区提供电力，一旦“通电”，城区中建筑物的窗户都会被点亮。此外，参与者还可通过身体的移动改变城区内种植树木的种类、组合样式，以及社区铺设水管供水等。观众通过与虚拟环境的互动，创造了一座“属于自己的城市”，体验到城市可持续发展的主题理念，获得许多关于未来城市的认识（见图 5-3）。③

4. 网上世博虚拟现实展示

上海世博会“网上世博”是上海世博组委会通过虚拟现实和网络技术，构建的一个能够进行网络体验和实时互动并具有其他辅助功能的世博会网络平台。“网上世博”运用三维虚拟现实技术，把世博会 5. 28 平方公里园区内的 150 多个展馆，以及实体世博会的精彩内容全部呈现

① 朱咏雷．世博与视觉产业［M］．上海：东方出版中心，2010：194.

② 朱咏雷．世博与视觉产业［M］．上海：东方出版中心，2010：199.

③ 安迪，季景涛，侯硕本．低碳世博的虚拟现实技术思考［J］．节能技术，2010（6）：562-564，572.

图 5-3 德中同行之家“互动造城”，观众用身体的轮廓和光影的变幻描绘出城市①

到互联网上。借助三维技术、全景摄影、摄像、3D 图形等现代化手段，观众还可随心所欲地从不同角度欣赏展品，仿佛展品就在眼前。同时，参观者还可以在网上获得世博园区地理、内部分布、相关设施以及客流导引等各类信息等。在“i 城市 i 世博”的网络互动社区如同一座虚拟世博城市，它汇聚了数千万全球网民，分享世博游记、图片、印象。②

“网上世博”作为一个虚拟幻象系统，不仅不需要模仿现实，而且本身就“生产”现实。实际上，在实体展馆建成之前，“网上世博”的大部分影像已经制作完毕，实体展馆成为虚拟影像的“模拟”。鲍德里亚指出，社会互动实际上是一个象征符号的交换过程，生产和消费的并非“物”本身而是其所体现的象征价值。电脑仿真不仅是对原型的复

① 上海世博园最小场馆精彩演绎“互动造城”［EB/OL］.［2010-05-14］. 人民视线，http：//pic. people. com. cn/GB/165652/181032/186796/11598969. html.

② 安迪，季景涛，侯硕本．低碳世博的虚拟现实技术思考［J］. 节能技术，2010（6）：562-564，572.

制，更意味着产生没有原型的虚拟物——拟像。在这一虚拟化进程中，交往经验完全由模型和符号支配，拟像与真实之间的界限发生内爆，真实的基础亦告消失，虚拟与现实的摹仿论结构发生了颠倒。① “网上世博”不仅吸引了大量的参观者前来参观实体世博会，还对观众参观实体世博会的期望、动机，以及参观路线、流程产生巨大的影响，使虚拟影像“生成了现实”。

（二）大型影像集成装置：信息载体到视觉空间的建构

大型影像集成装置通过电子屏幕横向与竖向的重复形成巨大的展示屏幕，或通过大屏幕的前后穿透、叠加可形成强烈震撼的视觉效果。这些集成的大屏幕除了传递主题信息外，其本身也在建构着展馆的视觉空间，决定了展馆空间的性质、形态、布置方式。

1. 展示大屏幕的类型

屏幕泛指电影、电视、电脑、手机等各种视觉显示视框，而狭义的屏幕媒体则特指数字、网络、视觉技术下以屏幕为显示视窗的各种视觉终端平台。② 按照屏幕研究话语与媒介环境学研究范式，屏幕可具体划分为个体性屏幕与公共性屏幕。个体性屏幕主要是指面向个体使用与传播的屏幕，如手机、电脑、家庭电视等。公共性屏幕主要是指面向集体，向众多客流传播信息的屏幕，如公共场所的各种大屏幕等。而公共屏幕又可具体分为作为环境的公共屏幕与作为事件的公共屏幕，前者是指相对长期使用的屏幕，如零售和购物广场、公共机构、交通枢纽的移动电视，以及 LCD、LED、投影等大屏幕；后者是指因某事件短期使用的屏幕，如奥运会、世博会、各式展览等使用的大屏幕。③ 从屏幕的形

---

① 孙海峰．论电脑的虚拟现实［J］．国际新闻界，2007（10）：49-52，62.

② 苏状，马凌．屏幕媒体视觉传播变革研究［J］．南京社会科学，2014（8）：123-129，144.

③ 苏状．城市公共屏幕的公共空间建构——兼作国内外户外公共屏幕理论与屏幕实践引介［J］．上海交通大学学报（哲学社会科学版），2012（6）：72-79.

态和使用材料看，大屏幕不仅有常规的平面屏幕，还有环幕、球幕、穹幕、墙（建筑）幕、地幕、水幕、雾幕、丝幕等各种变化多端的屏幕形式。在展示实践中，可以将单元屏幕向水平方向，或垂直方向，或水平垂直两个方向平铺形成大屏幕，以使影像空间得到扩展；也可以将两块或多块大屏幕进行前后重叠，形成交叠的或真实或虚幻的影像空间。

2. 景框的消失

影像景框既构造了一种叙事的有限画内空间，同时又营造了一种虚灵而非虚无的画外想象空间。① 画内空间作为直接由摄影机抓取的场景，既是呈现给观众的具体空间，又是影片故事发生与发展的最为直接的载体。它能够将导演所构造的故事空间毫无保留地展现在屏幕上，在影片的叙述过程中完成推动影片叙事的重要功能。而画外空间是一种暗示性的场景空间，虽然它不直接出现在银幕上，但在电影空间叙事中和画内空间同等重要，画外空间通过镜头运动、演员调度、声音展示及空镜头等方式呈现。② 影视景框作为画内与画外、显露与隐藏、视像世界与想象世界的交叉融合处，兼具限定与延伸感官的作用以及直露或含蓄的美学功能。景框对作品的边界进行了设定，作品的意指在这一边界里发挥作用，区分着屏幕内部影像符号与景框外的现实。由于摄影机的景框与银幕边框的存在，观众看到的影像必然要受到限制，影像的画外空间主要依靠观众的想象才能领会。

大屏幕影像展示借助高新科技手段而产生的展示形式，其特点是影像画面巨大，观众可以站在屏幕前走动观看，银幕景框达到观众肉眼视野极限，空间直接呈现在观众眼前，几乎不需要去思考画外空间。观众在观影时，被清晰的大画面和多路立体声所包围，从而产生一种特别的

① 潘秀通．论影视景框的艺术活力［J］．上海大学学报（社会科学版），2001（4）：30-37.

② 张治国，胡清．电影画面空间的呈现方式及叙事表达［J］．电影文学，2010（21）：15-16.

视觉感受，会不自觉地感到自己置身于现场，进入影像所呈现的空间之中，并随着影像镜头的流动而产生相应的情感反应。

3. 对展示空间的重构

展示空间由线、面、体等各种空间构成要素对物理空间进行围合、分割而成。作为内容的影像，不是实体物质，必须依附于某一载体才能展现出来。数字时代的高科技为影像的载体提供了各种造型、材料的可能，可以依据展示空间设计的要求将图像附着于任何墙体屏幕上，从而对展示空间进行分割，实现影像对新的空间的建构，形成特殊的主题环境、氛围。相对于实物材料，屏幕空间带给观众的是一种更加开放性的传播效果：一方面原本静止的空间被数字屏幕镶嵌、围绕、放置与装饰时，转变为具有彼此连接或区隔效果的流动性视像；另一方面将原本冰冷的实物环境转变为具有的表情、情感的、充满动感的主题空间，能够让观众感到更加亲切、友好。大屏幕的出现还构建了一个人们交往的临时共同体，在这个临时共同体中，流动着的人们在共同的主题前相遇，彼此之间虽不能深入交流，但彼此对共同主题所产生的情绪、情感却可以感染对方。

4. 成为景观

旅游景观主要是指旅游者在旅游活动中所观看、欣赏的任何有价值的对象，这种对象既包括自然景观也包括人文景观。① 当景观内容和创意来自非现实存在，与现代高科技展示技术结合，便形成了一种虚拟景观形式。这类景观经由一些虚拟的符号演化而成，完全脱离当前时空，或古代，或未来，或虚拟幻想，形成了特定的主题空间。在上海世博会的中国馆“智慧长河”展区，多媒体巨幕投影《清明上河图》长卷，通过数字技术使人物和场景全部“活”了起来，再现了张择端的《清明上河图》生活场景，展现的是北宋宣和年间世界最大城市汴京的繁

① 赵刘，周武忠．旅游景观的嬗变与视觉范式的转向［J］．旅游学刊，2011（8）：32-37.

盛景象。大屏幕长 128 米，高 6.5 米，面积达 832 平方米，比原版的清明上河图放大了 100 倍，共塑造了 1068 个人物，其中白天 691 人，晚上 377 人。《清明上河图》大屏幕所展示的视觉景观是高科技与民族符号的融合，令所有观众叹为观止。它也由此成为中国馆的镇馆之宝，每天吸引数万观众慕名前来。世博会后，《清明上河图》在香港展出，共吸引超过 90 万名观众入场观赏。沙特馆 1600 平方米曲面大屏幕全景式影像《沙漠城市》，采用了特制的巨大弧形屏幕，观众可在传送带上移动并体验这种沉浸式异域风情，让人产生强烈的视觉震撼。由此，该馆也创下了在世博会期间参观者最长排队时间达 9 小时的记录（见图 5-4、图 5-5）。①

图 5-4　上海世博会沙特馆内高清大屏幕（一）②

① 陆晔．影像都市的建构与体验——以 2010 上海世博会为个案［J］．新闻大学，2012（2）：80-85，135.

② 范云波．中国 2010 年上海世博会［EB/OL］．［2010-07-10］．http：//news. xinhuanet. com/world/2010-05/01/c_1268474_7. htm.

图 5-5 上海世博会沙特馆内高清大屏幕（二）①

二、影像呈现的奇观化

新鲜事物会激起观众强烈的探究欲望。场面奇观所呈现出来的精美画面或震撼人心，或世所罕见，即便是日常可见的场景，也能通过摄影师和后期制作等手段使其画面唯美而虚幻，给观众一种全新的视觉体验。②

在奇观影像中，人眼所无法或不便直接观视的视觉景象，如赛场上飞驰的汽车、舞台上的优美舞姿、城市的俯瞰画面、异域的风情、自然力量的释放等，通过镜头视角的选取、时间的扩缩、内容的遮蔽等，都可以在视觉媒介中以奇观的形式加以呈现。影像内容的奇观可以分为四

① 范云波．中国 2010 年上海世博会［EB/OL］.［2010-07-10］．http：//news. xinhuanet. com/world/2010-05/01/c_1268474_6. htm.

② 文劲松，魏汐珂．从《少年派的奇幻漂流》看李安奇观主义电影审美［J］. 电影文学，2013（11）：92-93.

种主要类型：动作奇观、身体奇观、速度奇观、事物与场面奇观。①

（1）动作奇观。即种种或惊险刺激，或超越极限的人体动作所构成的场面和过程，如韩国馆影片中人物的动作及镜头运动，通过明星奔跑、舞蹈，并结合电影特技手段线条、沙尘等强化这种动作奇观感受。

（2）身体奇观。即调动各种影视、舞蹈等手段来展示和强调身体，如西班牙馆弗拉明戈舞蹈，通过人体运动的美，呈现出西班牙人的热情与奔放。

（3）速度奇观。为了创造更具视觉刺激性的场面，以速度见长的奇观影像类型，如上海世博会通用汽车馆影片《2030，行!》中，多次利用速度奇观的画面，让观众感受到穿梭在未来城市与自然的刺激动感，提前体验了2030年城市移动系统带来的速度享受。

（4）事物与场面奇观。即独特的事物和环境景象，这些事物与场面通常是日常罕见而视觉上又很有吸引力的景观，如自然界冰山、雪崩、海浪等，上海世博会沙特馆呈现了壮观的沙漠景色、蓝色的海水，五彩斑斓的水底世界，这些景色都是普通中国观众难以经常见到的，因而形成了奇观感受。

对表现内容通过不同拍摄角度、不同技术呈现，也会产生奇观效果。通过电脑特技虚拟出的各种现实世界所不存在的“客观事物”和不可能出现的奇观景象，以及对影像再现的内容进行特技处理，呈现出全新的面貌，是世博会影像展示的常用手法。在2010年上海世博会《城市之光》纪录片中，上海市民常见的场景通过电脑特技处理而呈现奇观景象，画面的天空总是比我们常态下看到的要蔚蓝许多，白云比我们常态中看到的要洁白，太阳总是火红而毫无耀眼之感，上海的晨曦也比我们记忆中的更加柔和；对金黄色的运用，如金黄色的晨曦、金黄色的江面，海关大楼上面的大钟被晨曦照射成金黄色，黄浦江行使的轮船也是金黄色等；在纪录片中还有大量航拍黄浦江或航拍上海浦东的大全

① 周宪．论奇观电影与视觉文化［J］．文艺研究，2005（3）：18-26，158.

景镜头，普通观众很难站在航拍的视角鸟瞰上海，让观众感觉到既熟悉而又震撼。①

在世博会展示中，经常会利用影像呈现奇观与媒介新技术奇观的结合，给观众制造一种亦真亦幻的体验空间，让观众形成沉浸式的新奇感受。全息投影是近些年来开始发明的高新技术，在2010年上海世博会被多个展馆采用。如西安大明宫案例馆，馆内的雾幕成像系统利用喷射的雾气作载体，通过投影的照射，在空中形成了看得见却摸不着的360°全息环绕立体影像，呈现出大明宫的全景，游客从雾气中穿过，犹如穿越历史大门，步入华美的唐朝皇宫。②

三、世博会奇观式展示的反思

（一）视觉奇观中的震惊体验

随着视觉技术和新媒体技术的快速发展与交叠整合，城市居民对城市景观的在场欲望投向了新媒介技术所建构的媒介空间，他们演变为观看技术的媒介欣赏者，"震惊"的视觉享受成为当代观众观看影像的重要期望之一③，也是观众参观世博会的重要动机。"震惊"是本雅明在评论波德莱尔的现代抒情诗时创造的一个美学范畴，指波德莱尔诗作中所渗透流动的一种情感体验以及接受者在阅读其作品所获得的带有突发性和陌生性体验的心理美感效果。④ 本雅明把"震惊"主要定义为两层含义，一是外部突发、强大能量对心灵的刺激，以及意识保护层防御

---

① 曹陈观．一场纪录片的"视觉奇观"——浅析《城市之光》影像技法的运用［J］．声屏世界，2011（12）：40-42.

② 陈罗辉．新兴多媒体投影技术在现代展示中的应用探析——以上海世博会为例［J］．艺术与设计（理论），2011（5）：82-84.

③ 严亚．想象与奇观：城市视觉建构的文本转换［J］．新闻知识，2014（8）：19-21.

④ 沙家强，陈黎明．"震惊"后的顿悟——一个当代西方文论关键词的梳理考察［J］．名作欣赏，2008（2）：142-144.

机制对此刺激的抑制、缓冲时获得的瞬间体验；二是人们过去的经验无法对外部世界巨量材料适应与同化，两者产生断裂时的心理体验。①“经验”多停留于人的无意识领域，当外部的能量刺激突然闯入无意识领域，以至于人的内在“经验”对这一不速之客感到如此陌生，便会陷入束手无策的尴尬与惊讶之中，于是“震惊”体验就产生了，即“震惊”是人在陷入外界事物或能量的刺激时，毫无思想准备的心理反应。② 奇观影像特别重视观众的视觉“震惊”感受，浓郁的异域风情、独特的地方景观、奇异的事件、非凡的人物、辉煌的地标建筑等，意在通过影像所体现的奇异景物、场面，以求观众的视听感知完全被一种日常生活中不可预见的场面所惊惧、所震撼、所征服，从而赢得观众的注意力并使其产生深刻印象。③

（二）奇观与叙事的融合

奇观正在成为影像的重要构成要素，它给受众带来了极大的视听冲击和刺激，甚至变得不可或缺。在世博会上依靠展示技术所形成的奇观，大部分处于莱文森所说的玩具阶段，观众仅仅是感觉新奇而已，难以形成如艺术般的强大的社会冲击力。奇观影像带给了观众特别的视觉享受的同时，在某种程度上代替了接受主体的创造性想象，视听奇观带来的感官刺激压倒了对叙事逻辑和情感线索的判断力，消解了接受主体的自主精神，使观众从自由自觉的审美主体沦为被动的影像接收器，从有思想深度的审美体验退化为纯粹的感官刺激。④

---

① 沙家强，陈黎明．“震惊”后的顿悟——一个当代西方文论关键词的梳理考察［J］．名作欣赏，2008（2）：142-144.

② 李雷．本雅明美学视野下的“震惊”艺术［J］．广播电视大学学报（哲学社会科学版），2007（4）：46-48，56.

③ 王冬冬．论上海城市形象片的去奇观化叙事［J］．新闻大学，2014（1）：70-75.

④ 刘进华．对电影奇观的理性审视——以迈克尔·贝的电影为例［J］．电影文学，2011（12）：35-36.

在电影技术的发展过程中，展现视觉奇观、让观众在电影院里体验真实奇特的“梦境”一直是电影“造梦工厂”的首要任务。① 除去变幻无穷的自然或人造景观之外，渗透于生活中的所有日常事务都可能在某一时刻被镜头和剪辑的技巧所重组、更新和超越，并由此而引发奇观体验。在摄影机与放映机的双重组合下，镜头、节奏、结构、声光色影都是它的建构手段。技术组合具有无限可能性，而且内在于电影艺术与技术特征之中的影像生成和影像呈现方式也无穷无尽，能够为奇观的生产提供源源不断的素材。②

视觉影像符号同样具有叙事功能。影像必须突破文学化的叙事观，认识到叙述并非只能由语言来完成，而是能够在影像奇观中完成叙事，既讲述好一个故事，成功塑造人物，又满足观众感官的快乐需求。奇观场面依靠摄影技术、剪辑艺术、色彩、光影、服装造型等因素进行叙事和表意；和普通画面、场面不同的是，奇观场面的元素无论是独立的还是组合的都会造成强烈的视觉冲击力和情感吸引力，因此它具有很强的对话能力。而且，“奇观”作为声画语言具有拟真、直观、多义的特点，比话语叙事更具有优越性。③ 奇观化的视觉展示既能带来更多的视觉享受，也能更好地和叙事融合，承载更多的人文精神和思考。只有注重影像的表意功能，影像中的奇观与叙事才能完美融合。④

第三节　世博会视觉展示媒介的国家形象建构

媒介即信息。麦克卢汉认为，媒介是信息、知识、内容的载体，它

① 罗显勇．论“视觉热点”和“电影奇观”对3D电影语言的拓展［J］．当代电影，2013（10）：172-175.

② 徐文松．论电影的视觉奇观性［J］．江西社会科学，2012（12）：95-98.

③ 史可扬．奇观还是叙事，这是一个问题［J］．文艺争鸣，2011（6）：1.

④ 刘进华．对电影奇观的理性审视——以迈克尔·贝的电影为例［J］．电影文学，2011（12）：35-36.

对信息具有强大的反作用力；它不是空洞的、消极的、静态的，而是积极的、能动的，对信息有重大的影响，决定着信息的清晰度和结构方式。① 随着媒介技术的发展，世博会展示从过去的实物展示模式，发展到今天大量运用图像展示、影像展示、网络展示以及互动体验展示等多元化的交流模式，特别是一些大型的虚拟现实、影像集成展项，具象直观，感官刺激强，内容容量大，这些展示媒介不仅传递着世博会的主题信息，其本身也是一种信息，在带给观众全新的视觉体验的同时，本身也在建构和传播着国家的形象。

一、视觉展示媒介：国家形象的隐喻

尼尔·波兹曼在《娱乐至死》中，提出了媒介即隐喻的观点。所谓媒介即隐喻，是指媒介“用一种隐蔽但有力的暗示来定义现实世界”②。尼尔·波兹曼考察了媒介的变迁，认为每一种新的媒介技术都隐藏了一个意识形态上的偏倚和它的独特价值观和世界观。每一次媒介技术的更迭，必然改变人们在旧有媒介时代所形成的思想传统。③ 媒介的形式偏好某些特殊的内容，从而能最终控制文化演变。每种媒介由于自身的物理结构和技术特点不同，具有不同的符号系统和传播模式；媒介的形式会偏好某种特殊的内容，会对传播的内容进行选择和改造，从而形成思想的偏向、感知的偏向、政治的偏向和内容的偏向等多个方面的偏向。④

依靠语言的媒介，不管是口语媒介还是印刷媒介都强调意义的关键作用，若要产生一定的意义，必须使用以语言作为思考的工具。印刷文

① 何道宽．加拿大传播学派的双星：伊尼斯与麦克卢汉［J］．深圳大学学报（人文社会科学版），2002（5）：93-99.

② ［美］尼尔·波兹曼．娱乐至死·童年的消逝［M］．章艳，译．桂林：广西师范大学出版社，2009：11.

③ 李晓云．尼尔·波兹曼与媒介生态学［J］．新闻界，2006（4）：84-85.

④ 辛楠．“技术决定论”抑或“技术人文主义”？——波兹曼“媒介意识形态”理论探析［J］．新闻界，2014（1）：17-22.

字强调言之有物，注重读者对于信息的深入理解；同时，它对个人的想象力和抽象性也有很高的要求。① 视听媒介以真实可感的运动画面形象、立体丰富的声音形象俘虏了人们的注意力，随着观众分析能力和批评能力的降低，他们便不再关心主题、本质和思想方面的内容，而是会增强对图像和风格的兴趣②，引导人们的情感导向与价值判断，甚至改变着整个时代的价值判断与审美观念。③ 视听媒介的重大意义不仅在于它所传递的信息，更重要的是在于它对受众的观点、态度和行为施加影响的潜在结构。④ 电脑互联网媒介则暗示了一种新的与信息、工作、权力和自然本身之间的关系，并由此界定了我们这个时代的平等、开放的特征。在数字时代，传统、保守、刻板的文化传播理念，单一依靠文字或实物展示国家形象的符号编码手段，已经远远不能满足当代世博会国家形象的传播需要。利用数字化技术带来的全方位的视听享受以及人和文化之间的互动，是世博会国家形象展示的有效手段，它对观众接受信息的意愿将产生巨大影响。

媒介的形式不仅影响了传播内容的选择，还改变了观众的思维方式、感知方式、行为方式，使世博的展示主题呈现不同的内涵特征。2010 年上海世博会中国馆，层高 49 米的顶层特别放映厅，8 分钟的《历程》影片，用数字环幕影像呈现了中国 30 年的城市化进程，体现了中国 30 年城市化建设带来的翻天覆地的变化，以及中国人建设家园积极乐观的精神。大空间里的数字环幕影像展示技术与主展影片相互彰显，震撼着观众，让观众对中国的发展变化留下深刻的印象，呈现出一

① 李晓云．电视媒介的结构及其隐喻功能的实现［J］．新闻界，2011（6）：59-62.

② 李晓云．电视媒介的结构及其隐喻功能的实现［J］．新闻界，2011（6）：59-62.

③ 张爱凤．媒介变迁与中国国家形象的嬗变［J］．南京社会科学，2011（11）：100-106.

④ 李晓云．电视媒介的结构及其隐喻功能的实现［J］．新闻界，2011（6）：59-62.

个快速发展的大国形象。同时，中国馆通过照明、影像、互动等展示技术的运用，使展馆的灯光、色彩显得柔和，参观环境也更为舒适、人性化，利用包容、平和、亲切的现代设计方式传达出一种平等交流的价值观，显示出一种开放的姿态。

二、媒介技术形成的媒介事件中国家形象的传播

上海世博会的媒介技术形成了各种景观。主要国家馆均以新视觉展示技术为依托，结合自身的传统文化、地域特色，为观众展现了最新、最昂贵的视觉技术奇观。世博会展示实际上也是与国家的实力相匹配的仪式，强化或改善了观众原有的对该国的国家形象认知。在世博园区科技、文化、经济的竞技舞台上，各个国家都不遗余力地营造视觉奇观，营造出似真似幻、令人目眩神迷的多维视觉效果，以期吸引更多观众的注意，争取更多媒体的关注，将自己的国家形象充分进行展示。西班牙馆长达 50 米的巨幕电影，被放置在一个蜿蜒曲折的岩洞隧道里面，使得整个视觉效果更加立体，而且当出现万马奔腾和奔牛节这样的场面的时候，现场的音响效果和地面的震动互相配合，让观众更有身临其境的感觉。沙特馆拥有巨屏高清影院，银幕 1600 平方米，覆盖了整个空间，观众置身其中，不但四周都是银幕、就连脚下也是银幕。瑞士馆的巨幕电影将远在欧洲的阿尔卑斯山带到了观众面前；浪漫的法国人则将法国大餐的制作过程，通过实时电视画面和墙面窗口对外展示。韩国馆的 3D 温情电影故事、上海馆的动感环幕电影、上汽集团通用汽车馆的高清晰电影、澳大利亚馆的旋转舞台电影、可口可乐公司的动画电影，使世博观展成为震撼之旅。除了视觉影像，互动体验也是各个场馆重要的展示方式，在韩国、意大利等国家场馆，观众可以通过触动荧幕的互动装置，和荧幕中的名人政要或者普通市民进行对话。

世博会期间，全球媒体都对世博景观进行广泛而深入的报道，形成了戴杨等人认为的“媒介事件”，即道格拉斯·凯尔纳所分析的“媒体奇观”。1992 年，美国学者戴杨与卡茨指出，“媒介事件”指的是关于

那些令国人乃至世人屏息驻足的电视直播的历史事件，尤其是具有仪式性的电视直播事件，并且主要是国家级层次的事件。① 美国传媒文化研究者道格拉斯·凯尔纳在法国理论家盖·德堡“奇观社会理论”的基础上，通过对当代美国社会文化的透视分析，指出媒体奇观是“那些能体现当代社会基本价值观、引导个人适应现代生活方式并将当代社会中的冲突和解决方式戏剧化的传媒文化现象，它包括媒体制造的各种豪华场面、体育比赛、政治事件”②。凯尔纳的“媒体奇观”理论与戴杨等人“媒介事件”理论有部分重合的地方，不同的是凯尔纳的“媒体奇观”所指的媒介事件更加广泛，强调了媒体奇观对于社会价值和个人生活方式的引导作用。媒体通过自己的不断聚焦与传播，为个人或事物带上光环，引来受众的追随，在不断制造一个又一个现代神话及其累积的基础上，创造了“奇观”式的景象；娱乐、消费成为其最重要的特征，它们不仅越来越多地占据着受众日益增长的时间和精力，也为他们提供了梦想、幻象、行为、思维模式和身份认同的原材料。③ 上海世博会有 246 个国家和组织参展，它们投入了大量的人力、物力，充分调度各种力量，争相向世界各国展示自己的形象。上海世博会的开幕式、开园式被多家电视台、互联网、报纸进行了现场直播；在世博会期间，上海广播电视台等媒体也进行了大量的直播，上海世博会属于戴杨等人分析的“竞赛”“征服”“加冕”类的“媒介事件”，也符合道格拉斯·凯尔纳对“媒介奇观”的分析。

“媒体奇观”是传媒文化发展到媒体更加繁荣、传播技术更加成熟、对社会生活影响更为巨大时所出现的一种文化现象。新闻的不断聚

① 徐艳．全球媒介事件中的国家形象传播研究［J］．新闻知识，2014（8）：6-7，5．

② 任雅仙．媒体奇观下的新闻异化——以奥运体育新闻报道为例［J］．西南民族大学学报（人文社科版），2008（12）：180-182．

③ 任雅仙．媒体奇观下的新闻异化——以奥运体育新闻报道为例［J］．西南民族大学学报（人文社科版），2008（12）：180-182．

焦与传播，使传媒文化由原来的独立多元的文化形态很快升级为一种集体合力下的“媒体奇观”。① “媒体奇观”以制造更华丽、精致的“景观”，取得了更广泛、更深入、更惊人、更超乎想象的社会传播效应，扩大了世博会主题传播的范围，普及了世博知识，加深和丰富了公众对世博会的认知。借由现代展示科技打造的豪华视觉画面，经由“媒体奇观”的凸显，世博会的精神、主题理念得到全球性传播，引导着世界各地的受众对世博会的参观需求，参展国的国家形象也因此在世界范围内不断被传送、被关注。

三、世博会展示媒介技术表征国家科技形象

在现代世博会展示中，高新数字展示媒介技术的运用是国家科技进步的象征。世博会大型影像集成装置、沉浸式虚拟现实等展示方式艺术性强，容易取得良好的传播效果，但是对内容的创意与制作、媒介展示技术的要求也高。世博会展示的数字影像以数字技术为支撑，综合了动画、影像、互动、声音等多种技术创新形式，融合了先进的创意理念与最新的技术。上海世博会《清明上河图》影像中有将近 700 个神情、动作各异的人物形象以及许多的建筑、景物模型，从人物设计到三维模型，到动作设定，再到材质、灯光、渲染，需要大量高素质的动画制作人员参与。动画影像制作的完成，需要通过大屏幕投影技术将动画呈现给观众，共使用了 12 台投影设备将影像投射在巨幅凹凸折摺的画卷上，画面间的拼接运用了几何变形矫正融合技术，画卷上的每一个面的过度处理都没有痕迹。整个画面完整、颜色饱和度高，没有任何瑕疵，需要工程师的大量努力。该展项的音响系统是一个 23 声道的、具有立体空间感的声音重放系统，能播放背景音乐，模拟车马、流水、吆喝声等效果声音，以及人员疏散指导声音等，音响系统的建造需要具备重大工程

① 任雅仙. 媒体奇观下的新闻异化——以奥运体育新闻报道为例［J］. 西南民族大学学报（人文社科版），2008（12）：180-182.

的技术经验。《清明上河图》展项从策划到论证，再到执行和最终测试成功，用了两年多的时间。一个成功的世博会展项往往是大型团队通力合作的结果，离不开前沿高新技术的应用，反映了一个国家技术开发、应用的能力，团队组织管理协作能力，代表着国家的科技形象。

上海世博会主要场馆的展陈中，融合数字影像技术的交互展示已成为吸引观众的利器：法国馆的互动音频音箱让人置身音乐的海洋，捷克馆中的热力发电感应系统让人领略着现代科技的魅力，奥地利馆的数字模拟冰块随着观众的脚步而碎裂。未来，互动技术会被更多地采用，以人为中心，3D 立体影像交互、动作表情交互、语音交互、“浅感觉”交互、体感交互等介入影像展示，让观众多感官、多媒介、全方位地审视、对话和体验人类的文明智慧，并参与到影像的叙事和创作中来。新的展示技术将为观众带来前所未有的视觉、情感体验，使观众在全新的视觉感受之中。

四、视觉展示媒介与国家形象的艺术呈现

世博会展示艺术是形式与内容的结合，形式与内容密不可分，它们本身是一个整体，并非内容决定形式或者形式大于内容。世博会展示艺术是内容、内涵的外在形式，是叙事技巧、空间布置、影像风格、声音处理等的主题化。例如，采用实物展示的兵马俑与采用奇观式虚拟影像展示的《清明上河图》，虽然同为展示中国传统文化符号，但会让观众产生完全不同的感受，自然会形成不同的国家形象认知，前者只是让观众了解了中国的传统文化，后者由于与高科技相结合，观众会自觉与当代中国联系，形成当代中国的印象。

展示媒介技术深刻地影响甚至改变着艺术的形式、内容。“媒介即信息”：不仅媒介承载的内容是信息，决定内容的呈现方式的媒介技术本身也是信息的重要组成部分，甚至是信息的决定性因素——因为它决定着信息如何被传播与被接受。只有被接受的内容才是有意义的信息，而决定如何被接受的重要因素之一就是媒介，媒介技术决定了内容的传

播形式与观众的观看方式。[1] 在数字影像展示艺术中，设计者在用光线、色彩、影调、运动、角度等各种展示技术手段建构意义、主题内涵的同时，这些技术手段也包含着设计者对民族文化、主题理念、情感脉络、叙事风格、隐喻象征等艺术内容的深刻思考。数字技术与媒介赋予各种艺术内容实现的巨大可能性，从展示艺术角度来看，“媒介即信息”强调的是展示技术既影响着艺术的形式也影响着艺术的内容。

在数字媒体时代，观众对某一国家形象的总体性认知，如国家实力、民族文化、国民素质等，往往不是来自抽象的口号、数字、形而上的概念，而是来自具体可感，能够唤起其身心反应的某些表征性、隐喻性的感性形象、意象和表象等。[2] 数字技术、投影技术、激光及全息技术、新材料技术的发展，带来了各种新的展示艺术形式，使得艺术的实现变得无所不能、无所不可。展示艺术的设计观念得到巨大的进步，艺术创作中制约艺术表现效果的，已不是制作技术，而是人们的想象力，是独特的创意与现代媒介技术相融合的能力。数字技术为观众创造了大量可直接感知的视觉形象，包括日常生活中可见与不可见的事物，观众在这些具体可感的形象中形成国家的总体印象。展示艺术形式与国家形象展示的主题理念由此形成完美的融合，这使得展示媒介影响着展示艺术形式，也影响着国家形象呈现的特征与方式。

---

① 隋岩．媒介改变艺术——艺术研究的媒介视角［J］．现代传播（中国传媒大学学报），2007（6）：52-55.

② 刘丹凌．图像时代国家形象视觉塑造的悖论［J］．社会科学研究，2013（5）：190-195.

第六章　数字媒体时代世博会视觉表达的发展趋势

第一节　以空间展示为主体，充分利用演出、论坛、网络的优势

世博会在展示各国文化，思考人类共同面临的问题时，具有娱乐性和节庆性。举办世博会，无论是举办国，还是参展国，都投资巨大，需要耗费大量的财力、物力，为了盈利，以及取得更大的社会效应。世博会必须吸引更多观众参与，密切关注公众的兴趣，满足他们的期待。1851 年的伦敦“水晶宫”汇集了世界琳琅满目的参展商品，世博会后，工业科技与产品屡次给观众带来种种惊喜，但仍然不能完全满足观众的好奇心，展品越来越新奇、震撼，参观环境越来越舒适，展陈方式不断创新。1893 年美国芝加哥博览会开辟了名为“Midway Plaisance”的娱乐区以及著名的费里斯大转轮；1904 年圣路易博览会的“Pike”娱乐区，动用了 8000 名演员，成为迪斯尼乐园的前身①，在世博园区里开始充满节日狂欢的氛围。在狂欢中领悟，在娱乐中思考，成为当代世博会展示的主要特点，而在电脑互联网广泛渗入人们日常生活的 21 世纪，

① ［法］Marcel Galopin. 20 世纪世界博览会与国际展览局［M］. 钱培鑫，译. 上海：上海科学技术文献出版社，2005：18（导言）.

利用电脑、手机等智能设备进行网上同步展示，成为世博会历史上的创举，世博会的运行模式成为以现场空间展示为主，演出活动、论坛、在线展示等多手段协同进行。

展馆展示主题、理念是民族文化的标志，是国家形象的具体体现。同时，世博会上的主题演绎、艺术表现形式的精美、高新视觉展示技术的采用，本身就是一种形象、力量的展示，各国展馆都费尽心力追求最惊人、最难忘的效果，以新颖的主题吸引观众，以情感因素打动大众。外形独特、理念超前的展馆建筑，尖端的科学技术与展陈方式纷纷亮相世博会，如机器人、节能环保技术、材料技术等，以及全息影像、大屏幕展示、互动装置等先进的视觉展示技术。为了塑造或者再现生动的场景，展现参展国的风俗、民情，满足观众广泛的兴趣，活跃展示现场的气氛，许多展馆人员与观众进行了互动，如艺人进行现场表演、音乐家奏乐、舞蹈演员献舞、手工艺人现场制作。

除了建筑和展品，世博会的另一重要展示内容是演出和巡游，这样的活动不仅是民族文化艺术的直接展示，还能创造柯林斯所说的“共同的焦点”，使观众产生情感上的集体兴奋。上海世博园区共上演各类文化演出活动 22900 余场，累计吸引观众逾 3400 万人次，共有超过 1200 个中外演出团体演出，节目总数超过 1100 个，200 多个国家、国际组织、城市、企业等参展者的文艺活动，以及大量具有民族、民间、民俗特色和浓郁地域文化特色的文艺节目，展示了世界文化的多样性和中华文化的独特性。① 上海世博会载歌载舞的民俗表演，异彩纷呈的花车花灯、舞龙舞狮、现代体操、花式跳绳等中国传统文化艺术符号，以及国外明星歌舞表演、披挂国旗的高跷表演等活动将观众的热情推向新的高度。世博会狂欢式的巡游与演出，让丰富多彩的全球文化魅力得以呈现，使观众脱离了既定的日常社会生活秩序，从社会等级、地位、特

① 薛慧卿，许明．上海世博会 184 天 创下数个世博新纪录［EB/OL］.［2010-11-01］．http：//www. expo2010. cn/a/20101031/000192. htm.

权、规范中解放出来，身体获得了彻底的自由瞬间，沉浸在集体兴奋的氛围中，并能在观展形成记忆符号，使印象深刻且能保持很长时间。

论坛交流围绕特定的主题，通过专家、学者的发言与辩论，使得专业人员深入地与同行之间进行学术探讨，在相互借鉴、启发中更新自己的知识结构，也使世博主题相关的知识得以迅速扩散，达成共识或了解行业最新发展态势。世博论坛汇聚世界各界人士的智慧，是世博会主题演绎的方式之一，是世博会思考现实问题与展望未来的重要平台。上海世博会期间共举办 1 场高峰论坛、6 场主题论坛、1 场青年高峰论坛，还举办了 53 场公众论坛。① 世博论坛能对世博主题进行深入、明确的交流与探讨，是世博空间展示的重要补充，也是世博会国家软实力展示的重要方式。

通过网络，为公众提供视频影像、虚拟现实展示和其他服务信息，是适应数字技术发展潮流的世博会展示途径。“网上世博”展示能够延伸世博会的时间与空间，扩大世博主题影响范围的深度和广度。上海世博会同时拥有实体和虚拟两种空间展示的方式，全球各地的网民可以不受空间和时间的限制，随时随地参观、浏览世博会。公众通过点击相关网页，不仅可以全景浏览各国展馆的外观，还能进入各个展馆的内部空间，进行多视角游览。三维虚拟全景图像、视频影像、虚拟社区等新媒体技术能够使参观者进行沉浸式的观展体验，还能根据每个人的兴趣和需要，自主地选择世博会展示内容。除了“网上世博”以外，上海世博会还推出了“掌上世博”，公众可以选择浏览世博会、观看历史视频、下载世博主题游戏等。“网上世博”为参观世博的观众提供导航、信息发布、全面沟通等服务，也为还未参观世博的公众提供沉浸式的远程观展体验，传播世博演绎主题，从而激发公众的参观愿望。

实体世博会展示具有现实空间的优势，能够唤起观众集体情感，带

① 薛慧卿，许明．上海世博会 184 天 创下数个世博新纪录［EB/OL］.［2010-11-01］. http：//www. expo2010. cn/a/20101031/000192. htm.

来狂欢与娱乐化的享受，具有不可替换性。未来世博会的发展会以实体展示为主体，充分利用其他各种展示方式与手段的优势，促进世博会主题的完美演绎，吸引更多观众参与，如利用巡游和演出，带给观众狂欢体验；发挥论坛对主题的明确探索与宣示作用；通过网络延伸实体展示的时间、空间，扩大世博会主题、理念的传播效应。

第二节　世博会展示，国家智慧的竞争

1990 年，约瑟夫·奈在著作《谁与争锋》中提出了“软实力”的概念。2002 年，他对软实力进一步论述，认为软实力是“能让其他人做你想让他们做的事，我称之为软实力。它强调与人们合作而不是强迫人们服从你的意志”①。国家文化软实力体现在其核心价值观念、伦理原则、哲学思想、意识形态、政治理念与制度设计在国际上的渗透力、影响力、吸引力，国家整体对其他国家产生的亲和力。② 文化软实力是国家形象的重要载体，对国家形象的塑造有着重要的支撑作用。国家文化软实力的高低，对其国家形象有着巨大影响，具备强大软实力的国家，就会向外界辐射强大的吸引力和影响力，也必然具备良好的国家形象。③

世博会是国家文化软实力的跨文化展示平台。世博园的展示是以体现国家形象的主题理念为出发点，面向数千万现场观众以及关心世博会的大量公众，利用各种奇思妙想、千姿百态的表现形式，突显本国、本地区灿烂的历史与文化，展现对人与自然、可持续发展、人类未来生活

① ［美］约瑟夫·S. 奈 . 美国霸权的困惑：为什么美国不能独断专行［M］. 郑志国，等译 . 北京：世界知识出版社，2002：9.

② 肖永明，张天杰 . 中国文化软实力建设视域中的对外文化传播［J］. 现代传播（中国传媒大学学报），2010（5）：6-10.

③ 吴伟凡 . 论文化软实力构建与国家形象塑造［J］. 商业时代，2013（26）：16-17.

等问题的思考。① 世博会是全球人类智慧的集中展示，世博园区各国文化展示的竞争，也是人类智慧的争奇斗艳，在未来的世博会中创造性的智慧展示会继续强化。

观众参观世博会是期望体验全球文化，体验柯林斯所说的“互动仪式”情感沟通，需要创造性智慧才能激发观众的热情。首先，早期世博会主要展示世界各国的工业、手工艺等新奇产品，但技术的进步远远跟不上满足人类想象的步伐。到19世纪末，因技术的进步而制造的产品已经不能满足观众的期望。随着当代影像、网络等传播技术的发展，人们获取信息越来越便捷，途径也越来越多元，人们可以通过多种媒介渠道了解新技术引起的产品创新，了解产品的使用价值与符号价值。其次，各种大规模的商业展会不断兴起，在国际化、专业化的展会上，有全球行业领导企业参展，有专业人士、专业观众参与，新技术的发展趋势能得到更为深入的探讨。再次，世博会是移植的文化场域，实物展品要展示其原始的意义，需要完全复原、再现或重构实物的原生语境，世博有限的空间存在多方面制约，不借助现代展示技术，其蕴含的意义就难以被跨文化观众所领会；而且在展馆建设实践上，国家馆需要大量展品，也存在征集、组织上的困难。

在数字媒体时代，世博会出现了不同于传统时代的显著变化，参观者的心态从一般的远程猎奇，变为更加注重多元沟通与体验；参展者的行为由单纯地参观产品，变为更加注重主题理念的意义，以及具有创意的表达。世博会不再局限于器物的展示，而是强调意义的展示与情感的沟通，强调利用创造性的智慧展示文化软实力。以世博会主题为主导，对民族文化的元素、符号、理念进行提炼与创新，进行艺术化处理，通过现代高新技术展示出来，能够展现展馆既传统又现代的独特形象。

世博会主题演绎、表达能力体现为展馆艺术与技术的吸引力、感染

① 豫民．智慧展示　创意空间　争奇斗艳　异彩纷呈：上海世博会展馆造型设计选介（一）［J］．美与时代（上半月），2010（2）：5-8.

力、影响力，它是世博会国家形象的直接呈现方式。世博会展馆建筑代表了参展国对技术进步和艺术理念的追求，是参展国意识形态和价值观念的反映；高新数字展示技术的运用，在将主题理念高效地与观众进行沟通的同时，也直接表征着国家科技的进步。影像画面的新奇与动感、影像叙事的生动与真实、音响的震撼冲击，都让观众印象深刻，因而影像具有强大的艺术魅力和传播能力。影像的编码符号与所指具有相似性，跨文化沟通较文字具有较大优势，观众可以通过影像直观地了解和认识参展国的历史和文化。

在后技术时代，影像艺术创意的实现几乎不受现实技术条件的限制，艺术家可以自由发挥想象力，展馆之间的竞争成为艺术创造性智慧的比拼。世博会展示既要吸引观众，让观众感觉到有趣味，又必须将自己的文化理念、价值观念传递给观众，设计者必须充分发挥自己的创造性智慧。

第三节　叙事的影像化、奇观化与空间化

洛朗·理查森认为：“叙事是人们将各种经验组织成为有现实意义的事件的基本方式……叙事既是一种推理模式，也是一种表达模式。人们可以通过叙事‘理解’世界，也可以通过叙事‘讲述’世界。”① 叙事本身是一个认知过程，是人们建构意义和组织资讯的重要模式之一，所叙述的故事还能引起人们的回忆、反思，激发人们的情感反应。世博会展馆通过叙事，将世博主题、理念编码为观众容易接受的故事形式，“讲述”给观众，引导他们去思考某种问题，唤起他们的情感，从而完成双方的文化交流与沟通。上海世博会美国馆的《花园》，以平常人的视角讲述了普通市民自身的故事，传达出“有坚定的信念就能让城市更美好”的主题理念。从解决日常生活中的小问题出发，美国馆提出

① ［美］阿瑟·伯格．通俗文化、媒介和日常生活中的叙事［M］．姚媛，译．南京：南京大学出版社，2000：9．

了自己的思考与解决方案。展馆通过叙事，在世博园区各种纷扰复杂的信息中，能够整合系列的符号、信息，迅速吸引观众的注意力。通过故事，还能使抽象的、概念化的世博主题理念变成具体可感的形象、紧张曲折的情节，使观众产生感同身受的经验；激起观众的兴趣，形成深刻的印象，并使其保留长时间的记忆。还可以利用故事在人际传播上时间快、空间广的特点，拓宽世博主题的传播范围。① 在未来的世博会展示中，叙事依然是重要的主题表达方式，故事的“讲述”会呈现出影像化、奇观化、空间化的特征。

一、影像化叙事

影像画面能通过摄影机的运动、被拍摄对象的运动和画面之间的蒙太奇组接使时间在空间中流动，空间在时间中呈现，从而获得连续过程的意义，影像艺术的直观性、具体性由此得以凸显。观众能够通过影像形象的运动，感受到人物形象的性格、心理及其活动的语境，理解影像所表达的观念。② 以运动的画面和声音进行叙事的电影的诞生，使得影像化叙事得到快速发展，迅速超越文字叙事方式，成为当代社会叙事的主导型叙事思维模式。③ 构图、造型、色彩、文字、声音、剪辑、运动等构成了影像的叙事与表意的符号，影像符号所呈现的故事情节、人物性格、心理变化、环境氛围等是深层次的文化表现，而影像所蕴涵的某些民族特有的生活态度、伦理道德观念、精神气质、思维方式以及文化发展演进的过程等，则是文化深层次的本质特征。④

---

① 程锡麟．叙事理论的空间转向——叙事空间理论概述［J］．江西社会科学，2007（11）：25-35.

② 崔梅，赵兴元．试论电影语言符号的语义表现层级［J］．当代文坛，2010（3）：124-126，134.

③ 毛凌滢．互文与创造：从文字叙事到图像叙事［J］．江西社会科学，2007（4）：33-37.

④ 刘湜．海外受众对中国电影文化符号的认知——以2011年海外传播的中国电影为例［J］．现代传播（中国传媒大学学报），2012（6）：143-144.

二、奇观化叙事

居伊·德波认为奇观是“一种被展示出来的可视的客观景色、景象，也意指一种主体的有意识的表演和作秀”，世博会展示中的奇观主要有以现代化的电子手段呈现出来的影像奇观，以及外形独特的建筑空间、奇异的装置艺术等，奇观展示具有强烈视觉吸引力、震撼人心的环境氛围。由于传统的积淀、知识结构、社会语境的局限等原因，研究叙事的科学——叙事学的研究对象，主要集中在文字叙事上，而且主要是艺术性文字叙事，即小说和叙事诗。① 受到语言文字叙事思维以及电影技术条件的影响，长期以来，以叙事为核心、强调叙事本身逻辑力量的电影一直是主流。② 在数字时代，电影不再拘泥于叙事的意义关系，逐渐走向奇观化，通过高新技术制作的精美画面及其组接来传递视觉吸引力和快感，直接服务于观众的视觉快感需要。③

奇观化叙事突破了文学化的叙事观，认识到叙述并非只能由语言来完成，动作、身体、速度、非日常可见的景象等影像符号同样具有叙事功能。④ 这种模式通过摄影、蒙太奇、造型、色彩、灯光、服装等影像要素讲故事和表意，在奇观中完成叙事。奇观画面符号本身是某种观念或意象的载体，创作者将主题、理念融合在画面符号之中，形成完整的符号表意系统，观众则在视觉快感的同时，感受到影像的意义。⑤ 奇观叙事不再依赖大量的人物对白、独白和旁白，而是利用强烈视觉冲击力的符号，讲述故事情境、表达题旨意趣。⑥ 世博会展示中的国家形象传

---

① 毛凌滢．互文与创造：从文字叙事到图像叙事［J］．江西社会科学，2007（4）：33-37.

② 史可扬．奇观还是叙事，这是一个问题［J］．文艺争鸣，2011（6）：1.

③ 史可扬．奇观还是叙事，这是一个问题［J］．文艺争鸣，2011（6）：1.

④ 史可扬．奇观还是叙事，这是一个问题［J］．文艺争鸣，2011（6）：1.

⑤ 沈波．奇观也叙事：图像对话语的凌越［J］．社会科学，2007（8）：149-152.

⑥ 沈波．奇观也叙事：图像对话语的凌越［J］．社会科学，2007（8）：149-152.

播与数字媒体时代的奇观消费诉求并不矛盾，建构具有民族文化特色的国家形象不应回避、拒斥消费社会的奇观诉求；相反，在塑造国家形象时应满足观众合理的消费需求，如此才能实现国家形象更有效的跨文化传播。①

三、空间化叙事

1945 年，约瑟夫·弗兰克在《现代文学中的空间形式》中指出，现代主义的文学作品是“空间的”，它们用“同在性”取代“顺序”。现代主义的作家“试图让读者在时间上的一瞬间从空间上而不是从顺序上理解他们的作品”。他们通过“并置”这种手段来打破叙事的时间顺序，使文学作品取得空间艺术的效果。② 世博会展示中的叙事空间是一种有故事、有情节、有主题的语义空间，它在物理空间内，通过对空间的造型、色彩、灯光、体量、展品等要素及其位置、顺序关系进行语义化处理，使空间不仅具有唤起观众审美情感的氛围，还成为表达某种意义的语境，进而引发观众的心理空间与社会空间联想，让观众在空间中既能体会到趣味、愉悦，又能领会到空间所讲述的故事。

空间化叙事的艺术感染力往往来自空间体验中的参与性和趣味性，来自叙事符号所唤起观众经历的记忆、反思。同时，利用空间蒙太奇叙事，将两个或多个场景用不同的方式并置，观众在参与体验时，随着视线的连续移动，会不断地判断、连接、确认其内在要素的关系，进而会产生连续的动态画面，使得其前一个场景中感受到的信息往往会影响到对后一个空间场景信息的理解，形成观众心理上的有重点、有主次、有节奏的整体空间，并获得空间完整的意义。③ 传统的展示空间设计注重

① 陈林侠．大众叙事媒介构建国家形象：从特征、论证到文化逻辑［J］．中州学刊，2013（10）：84-90.

② 程锡麟．叙事理论的空间转向——叙事空间理论概述［J］．江西社会科学，2007（11）：25-35.

③ 安然．并置的艺术——威廉·布莱克诗集《天真和经验之歌》的空间蒙太奇叙事［J］．文艺争鸣，2014（3）：190-195.

研究物理空间的布局、分割，注重愉悦身心的环境建设、注重空间氛围的营造。利用空间叙事，有利于设计者跳出物理空间，深入挖掘更具人文意味的社会空间与心理空间，营造空间的语境意义，让观众在故事中领会、记忆，使世博会的主题沟通更加深入、更加高效。①

第四节　互动式的体验沟通

一、体验的特征

1970年，阿尔文·托夫勒在著作《未来的冲击》中预测了体验经济的到来，他认为，继农业经济、制造经济、服务经济等经济形态后，体验经济将是最新的发展浪潮，是以创造个性化生活及商业体验获得利润的。② 1999年，B. 约瑟夫·派恩和詹姆斯·H. 古尔摩在其著作《体验经济》中指出："体验事实上是当一个人达到情绪、体力、智力甚至是精神的某一特定水平时，他意识中所产生的美好感觉。结果是没有哪两个人能够得到完全相同的体验经历，因为任何一种体验其实都是某个人本身心智状态与那些筹划事件之间互动作用的结果。"③ 可以看出，派恩和古尔摩认为，体验具有认知的特征，是伴随着情绪的发展，因个体与"事件"互动而产生的独特的、具有个性化的情感。派恩和古尔摩从两个维度对顾客体验进行了分类和具体阐述，即个体对相关活动的参与程度——积极还是消极地参与，以及个体与相关活动的关系——是被动地吸收体验还是沉浸在体验之中，并据此将顾客体验分为4种类型：娱乐、教育、逃避现实和审美，他们互相兼容，

---

① 门坤玲，鲁晓军．步行街设计的空间叙事性探析［J］．南京艺术学院学报（美术与设计版），2014（2）：139-145.

② 刘晓霞，王兴中，李九全．体验经济时代旅游场所的构建［J］．经济地理，2008（5）：882-886.

③ ［美］B. 约瑟夫·派恩，［美］詹姆斯 H. 吉尔摩．体验经济［M］．夏业良，鲁炜，等译．北京：机械工业出版社，2002：18-19.

形成独特的个人遭遇。① 个体经历的最丰富的体验包含四个领域中的每个部分，处于以上两个维度所形成的框架的中心部分。米哈里·契克森米哈赖提出了心流体验，指出心流是一种高度投入某项活动时全神贯注的积极情绪体验，心流的产生需要三个基本条件：（1）活动具有明确的目标。（2）即时反馈，能够立刻获知结果是否符合预期，从而强化或中断此类行为。（3）技能与挑战的平衡，挑战的难度过高，会令人深感挫折，参与者会趋于淡漠。②

二、静态展示到互动体验

互动展示是当代展示设计的趋势。自 1851 年首届世博会到 20 世纪末，世博会展示的传播方式主要是静态的、单向度的。设计者以展品为中心，在固定的空间中陈列静止的物品，观众的参观路线也是按照设计者规划的，是被动地观看。当代世博会的展示已从传统的单向传播、静态的“物”的展示，发展到以观众为中心，重视展示空间的民族化、语义化，营造独特的艺术感染力与展示情景，充分运用影像技术和高新视觉技术等先进科技手段进行场景重现、动态展示；从让观众被动地接收信息，到鼓励观众亲身参与展示活动，使观众在体验和参与中获得新的认知；关注展馆的流线设计，以人为本，满足观众视觉、听觉、触觉、嗅觉等感觉需要，为观众营造舒适、人性化的参观环境。③

当今世博会设计的互动体验以世博主题、理念的呈现为目标，运用互联网、触摸屏、虚拟装置、场景角色扮演等各种视觉、多媒体技术手段建造活动的“舞台”，鼓励、激发观众的参与兴趣，在体验参与中探索、发现和思考，引导、强化观众与展馆设计者之间的互动与对接，从

① ［美］B. 约瑟夫·派恩，［美］詹姆斯 H. 吉尔摩. 体验经济［M］. 夏业良，鲁炜，等译. 北京：机械工业出版社，2002：38.

② 陈欣. 心流体验及其研究现状［J］. 江苏师范大学学报（哲学社会科学版），2014（5）：150-155.

③ 杨正宏. 多元体验下的博物馆展示设计——以镇江博物馆为例［J］. 东南文化，2013（5）：117-122.

而实现参展国国家形象的传播。在互动过程中，设计者为观众创造了可供互动的环境、场所，双方在这个平台上共同创造、分享信息并建构意义，观众从展示活动中的被动接受者，转换为信息的索取者和创造者，使观众获得“美好”与“个性化”的体验。①

三、主客二元认知模式到沉浸式体验

在传统静态的展示中，观众的认知建立在主客二分的基础上，信息从一方流向另一方，接受方成为“皮肤”“靶子”。而沉浸式体验则强调认知主体与环境的完全融合，是对客观事物与人之间的意义的反应，重在个性化的、美好的感觉过程，最终形成对某个事物的整体印象。李沁认为，信息传播经过了以单向和大众传播为主的“第一媒介时代”、双向和互动传播的“第二媒介时代”，跨跃到21世纪的“第三媒介时代”——沉浸传播形态开始引起关注。沉浸传播基于泛在网络和智慧星球，面对所有人提供人性化、个性化的传播，沉浸传播使现实世界与网络虚拟世界间各种有形与无形的分界迅速淡化直至消失殆尽，人可以在两个世界里实现自由穿越。②

世博会展示的沉浸体验是在展馆现实空间情景化的基础上，充分利用泛在网，将展馆语境与世界各个地区现实空间连接起来，使观众能在展馆与全球、虚拟与现实、现在与未来中进行个性化的对话、交流。世博会的展示以观众为中心，营造舒适的参展环境，赋予空间丰富的意义，利用场馆空间、流线、展品、色彩、灯光等要素形式的组合，形成起伏的节奏、张弛的情绪、突出的焦点，从而实现环境与人的融合；利用网络与多媒体技术，实现展馆内与遥远的参展国现实空间进行随时、随地的互动，为观众提供集娱乐、知识、遁世、审美等为一体的沉浸体验。

---

① 吴卫光．展示设计与综合体验［J］．美术学报，2012（3）：86-90，85.

② 李沁，熊澄宇．沉浸传播与“第三媒介时代”［J］．新闻与传播研究，2013（2）：34-43，126-127.

参 考 文 献

[1] 李沁. 沉浸传播 第三媒介时代的传播范式 [M]. 北京：清华大学出版社，2013.

[2] [加] 哈罗德·伊尼斯. 传播的偏向 [M]. 何道宽，译. 北京：中国人民大学出版社，2003.

[3] 程曼丽，王维佳. 对外传播及其效果研究 [M]. 北京：北京大学出版社，2011.

[4] [美] 保罗·莱文森. 莱文森精粹 [M]. 何道宽，译. 北京：中国人民大学出版社，2007.

[5] [加] 赫伯特·马歇尔·麦克卢汉理解媒介 论人的延伸 [M]. 何道宽，译. 北京：商务印书馆，2000.

[6] [美] 斯蒂芬·李特约翰. 人类传播理论 [M]. 史安斌，译. 北京：清华大学出版社，2004.

[7] [美] 德维托. 人际传播教程 [M]. 北京：中国人民大学出版社，2011.

[8] 薛可，余明阳. 人际传播学 [M]. 上海：上海人民出版社，2012.

[9] 胡河宁. 组织传播学 结构与关系的象征性互动 [M]. 北京：北京大学出版社，2010.

[10] [英] 麦奎尔. 受众分析 [M]. 刘燕南，等译. 北京：中国人民大学出版社，2006.

[11] [美]马克·波斯特第二媒介时代 [M]. 范静哗，译. 南京：南京

大学出版社，2001.
[12] [美]特里·K. 甘布尔，[美] 迈克尔·甘布尔. 有效传播 [M]. 熊婷婷，译. 北京：清华大学出版社，2005.
[13] [法] 罗兰·巴尔特，[法] 让·鲍德里亚，等. 形象的修辞：广告与当代社会理论 [M]. 吴琼，杜予，编. 北京：中国人民大学出版社，2005.
[14] [意]乌蒙勃托·艾柯. 符号学理论 [M]. 卢德平，译. 北京：中国人民大学出版社，1990.
[15] 余志鸿. 传播符号学 [M]. 上海：上海交通大学出版社，2007.
[16] [法] 克里斯丁·麦茨，等. 电影与方法：符号学文选 [M]. 李幼蒸，译. 北京：生活·读书·新知三联书店，2002.
[17] [法] A. J. 格雷马斯. 结构语义学 [M]. 蒋梓骅，译. 天津：百花文艺出版社，2001.
[18] [法] A. J. 格雷马斯. 论意义：符号学论文集（上）[M]. 吴泓缈，冯学俊，译. 天津：百花文艺出版社，2005.
[19] [法] A. J. 格雷马斯. 论意义：符号学论文集（下）[M]. 冯学俊，吴泓缈，译. 天津：百花文艺出版社，2005.
[20] [德] 恩斯特·卡西尔. 人论 [M]. 甘阳，译. 上海：上海译文出版社，2003.
[21] 李幼蒸. 理论符号学导论 [M]. 北京：中国人民大学出版社，2007.
[22] [法] 巴尔特. 符号学原理：结构主义文学理论文选 [M]. 李幼蒸，译. 北京：生活·读书·新知三联书店，1988.
[23] [美] C. W. 莫里斯. 指号、语言和行为 [M]. 周易，译. 上海：上海人民出版社，2011.
[24] [法] 莫里斯·梅洛-庞蒂. 符号 [M]. 姜志辉，译. 北京：商务印书馆，2003.
[25] [美] 涂纪亮. 皮尔斯文选 [M]. 涂纪亮，周兆平，译. 北京：

社会科学文献出版社，2006.
[26] [瑞士] 费尔迪南·德·索绪尔. 普通语言学教程 [M]. 高名凯，译. 北京：商务印书馆，1980.
[27] 徐恒醇. 设计符号学 [M]. 北京：清华大学出版社，2008.
[28] 张宪荣. 设计符号学 [M]. 北京：化学工业出版社，2004.
[29] 罗秋菊. 展览会选题定位及运作模式研究 [M]. 天津：南开大学出版社，2008.
[30] [美] 艾·里斯，[美] 杰克·特劳特. 王恩冕，于少蔚，译. 定位 [M]. 北京：中国财政经济出版社，2002.
[31] [美]劳拉·里斯. 视觉锤：视觉时代的定位之道 [M]. 王刚，译. 北京：机械工业出版社，2013.
[32] 刘明. 当代中国国家形象定位与传播 [M]. 北京：外文出版社，2007.
[33] 姜加林. 对外传播中的国家形象设计 [M]. 北京：外文出版社，2012.
[34] 范冰冰. 国际传播与国家形象 [M]. 北京：人民文学出版社，2008.
[35] 马诗远. 国际旅游传播中的国家形象研究 [M]. 北京：光明日报出版社，2010.
[36] 胡晓明. 国家形象 [M]. 北京：人民出版社，2011.
[37] 周明伟. 国家形象传播研究论丛 [M]. 北京：外文出版社，2008.
[38] 李正国. 国家形象构建 [M]. 北京：中国传媒大学出版社，2006.
[39] 丁磊. 国家形象及其对国家间行为的影响 [M]. 北京：知识产权出版社，2010.
[40] 林良旗. 日本韩国国家形象的塑造与形成 [M]. 北京：外文出版社，2007.
[41] 何辉. 新传媒环境中国家形象的构建与传播 [M]. 北京：外文出版社，2008.

[42] 李智. 中国国家形象 全球传播时代建构主义的解读 [M]. 北京: 新华出版社, 2011.

[43] 吴友富. 中国国家形象的塑造和传播 [M]. 上海: 复旦大学出版社, 2009.

[44] [美]罗格·D. 布莱克韦尔, 等. 消费者行为学 (原书第 10 版) [M]. 吴振阳, 等译. 北京: 机械工业出版社, 2009.

[45] [美] 迈克尔·R. 所罗门, 等. 消费者行为学 [M]. 卢泰宏, 杨晓燕译. 北京: 中国人民大学出版社, 2009.

[46] [美]阿摩斯·拉普卜特. 建成环境的意义——非言语表达方法 [M]. 黄兰谷, 等译. 北京: 中国建筑工业出版社, 2003.

[47] [挪] 诺伯格·舒尔兹. 存在空间建筑 [M]. 尹培桐, 译. 北京: 中国建筑工业出版社, 1990.

[48] [英]布莱恩·劳森. 空间的语言 [M]. 杨青娟, 等译. 北京: 中国建筑工业出版社, 2003.

[49] 冯雷. 理解空间: 现代空间观念的批判与重构 [M]. 北京: 中央编译出版社, 2008.

[50] [挪]诺伯舒兹. 场所精神: 迈向建筑现象学 [M]. 施植明, 译. 武汉: 华中科技大学出版社, 2010.

[51] [美] 凯文·林奇. 城市意象 [M]. 方益明, 何晓军, 译. 北京: 华夏出版社, 2011.

[52] 王贵祥. 东西方的建筑空间——传统中国与中世纪西方建筑的文化阐释 [M]. 天津: 百花文艺出版社, 2006.

[53] [英] 勃罗德彭特, 等. 符号·象征与建筑 [M]. 乐民成, 等译. 北京: 中国建筑工业出版社, 1991.

[54] [丹]杨·盖尔, [丹] 拉尔斯·吉姆松. 公共空间·公共生活 [M]. 汤羽扬, 等译. 北京: 中国建筑工业出版社, 2003.

[55] 程大锦. 建筑: 形式、空间和秩序 [M]. 天津: 天津大学出版社, 2008.

[56] [美] 鲁道夫·阿恩海姆. 建筑形式的视觉动力 [M]. 宁海林, 译. 北京: 中国建筑工业出版社, 2006.
[57] 包亚明. 现代性与空间的生产 [M]. 上海: 上海教育出版社, 2003.
[58] 徐炯, 刘峰. 建筑的图像转向: 视觉文化语境下的阐述 [M]. 南京: 东南大学出版社, 2012.
[59] [丹] 扬·盖尔. 交往与空间 [M]. 何人可, 译. 北京: 中国建筑工业出版社, 2002.
[60] [美] 霍尔. 无声的语言 [M]. 刘建荣, 译. 上海: 上海人民出版社, 1991.
[61] 单波, 石义彬. 跨文化传播新论 [M]. 武汉: 武汉大学出版社, 2005.
[62] 姜飞. 跨文化传播的后殖民语境 [M]. 北京: 中国人民大学出版社, 2005.
[63] [美]拉里·A. 萨默瓦, [美] 理查德·E. 波特. 跨文化传播 [M]. 闵惠泉, 等译. 北京: 中国人民大学出版社, 2004.
[64] [美]本尼迪克. 文化模式 [M]. 何锡章, 黄欢, 译. 北京: 华夏出版社, 1987.
[65] [美] 爱德华·W. 萨义德. 东方学 [M]. 王宇根, 译. 北京: 生活·读书·新知三联书店, 1999.
[66] 孙英春. 跨文化传播学导论 [M]. 北京: 北京大学出版社, 2008.
[67] 戴光全, 张骁鸣. 节事旅游概论 [M]. 北京: 中国人民大学出版社, 2011.
[68] [英]约翰·尤瑞. 游客凝视 [M]. 杨慧, 等译. 桂林: 广西师范大学出版社, 2009.
[69] 李广春, 张宏慧. 旅游心理学 [M]. 郑州: 郑州大学出版社, 2012.
[70] 吕勤, 徐施. 旅游心理学 [M]. 北京: 北京师范大学出版

社，2010.
[71] 沈祖祥. 旅游心理学［M］. 福州：福建人民出版社，2009.
[72] 徐子琳，严伟. 旅游心理学［M］. 上海：复旦大学出版社，2011.
[73] 薛群慧. 旅游心理学 理论·案例［M］. 天津：南开大学出版社，2008.
[74] ［美］唐纳德·A. 诺曼. 情感化设计［M］. 付秋芳，程进三，译. 北京：电子工业出版社，2005.
[75] ［美］唐纳德·A. 诺曼. 设计心理学［M］. 梅琼，译. 北京：中信出版社，2003.
[76] 贾国恒. 情境语义学研究［M］. 北京：中国社会科学出版社，2012.
[77] 王建芳. 语义悖论与情境语义学——情境语义学解悖方案研究［M］. 北京：中国社会科学出版社，2009.
[78] 郭聿楷，何英玉. 语义学概论［M］. 北京：外语教学与研究出版社，2002.
[79] 李福印. 语义学概论［M］. 北京：北京大学出版社，2007.
[80] 陈慎任，等. 设计形态语义学——艺术形态语义［M］. 北京：化学工业出版社，2005.
[81] 董卫星. 视觉形态语义［M］. 上海：上海大学出版社，2007.
[82] 季峰. 中国城市雕塑：语义、语境及当代内涵［M］. 南京：东南大学出版社，2009.
[83] ［法］让·波德里亚原. 消费社会［M］. 刘成富，全志钢，译. 南京：南京大学出版社，2000.
[84] ［美］兰德尔·柯林斯. 互动仪式链［M］. 林聚任，等译. 北京：商务印书馆，2009.
[85] ［美］诺尔曼·丹森. 情感论［M］. 魏中军，孙安迹，译. 沈阳：辽宁人民出版社，1989.
[86] ［美］维克托·S. 约翰斯顿. 情感之源：关于人类情绪的科

学 [M]. 翁恩琪，等译. 上海：上海科学技术出版社，2002.
[87] [美] 乔纳森 H. 特纳. 人类情感：社会学的理论 [M]. 孙俊才，文军，译. 北京：东方出版社，2009.
[88] [美] 乔恩·埃尔斯特. 心灵的炼金术：理性与情感 [M]. 郭忠华，潘华凌，译. 北京：中国人民大学出版社，2009.
[89] [法] Marcel Galopin. 20 世纪世界博览会与国际展览局 [M]. 钱培鑫，译. 上海：上海科学技术文献出版社，2005.
[90] 唐艺设计资讯集团有限公司. 2010 上海世博会空间 [M]. 天津：天津大学出版社，2010.
[91] 戴云倩，陈永明. 从概念到设计：上海世博会场馆解读 [M]. 北京：海洋出版社，2011.
[92] 高崎，夏楠. 汉诺威的记忆 世博会之旅 [M]. 上海：同济大学出版社，2005.
[93] 吴建中. 世博会主题演绎 [M]. 上海：上海科学技术文献出版社，2008.
[94] 上海世博局主题演绎部. 城市，让生活更美好——上海世博会主题解读 [M]. 上海：东方出版中心，2009.
[95] 季路德. 上海世博会主题演绎实践 [M]. 上海：东方出版中心，2011.
[96] 胡斌. 世博与国家形象 [M]. 上海：上海教育出版社，2010.
[97] 吴敏. 世博与科技 [M]. 上海：东方出版中心，2009.
[98] 朱咏雷. 世博与视觉产业 [M]. 上海：东方出版中心，2010.
[99] 陈燮君，刘健. 世博与艺术 [M]. 上海：东方出版中心，2009.
[100] 许永顺，季路德，胡学增. 中国 2010 年上海世博会主办方场馆展示形式和展示技术研究 [M]. 上海：上海科学技术文献出版社，2010.
[101] 上海图书馆. 中国与世博：历史记录 1851—1940 [M]. 上海：上海科学技术文献出版社，2002.

[102] 上海世博会事务协调局，上海文广新闻传媒集团. 百年世博梦［M］. 上海：东方出版中心，2009.

[103] 刘健. 博览劝业：世博会与近代中国博览会［M］. 上海：上海教育出版社，2010.

[104] [美]M. J. 摩根. 人类景象——世博会从伦敦到上海［M］. 陈瑶，译. 北京：新华出版社，2010.

[105] 周秀琴，李近明，刘守柔. 世博会简史［M］. 上海：上海教育出版社，2010.

[106] 罗靖. 中国的世博会历程. 长沙：湖南师范大学出版社，2009.

[107]《上海世博》杂志编辑部. 走进世博会：世博历史 150 年［M］. 上海：东方出版中心，2008.

[108] [法]克里斯蒂安·梅茨. 电影的意义［M］. 刘森尧，译. 南京：江苏教育出版社，2005.

[109] [美] 鲁道夫·阿恩海姆. 艺术与视知觉（新编）［M］. 孟沛欣，译. 长沙：湖南美术出版社，2008.

[110] [美] 阿恩海姆. 视觉思维——审美直觉心理学［M］. 滕守尧，译. 北京：光明日报出版社，1987.

[111] [俄] C. M. 爱森斯坦. 蒙太奇论［M］. 富澜，译. 北京：中国电影出版社，2003.

[112] [美] D. 马尔. 视觉计算理论［M］. 姚国正，等译. 北京：科学出版社，1988.

[113] [美] 赫伯特·泽特尔. 图像 声音 运动：实用媒体美学［M］. 赵淼淼，译. 北京：北京广播学院出版社，2003.

[114] [美] 保罗·梅萨里. 视觉说服：形象在广告中的作用［M］. 王波，译. 北京：新华出版社，2004.

[115] [美]保罗 M. 莱斯特. 视觉传播：形象载动信息［M］. 霍文利，等译. 北京：北京广播学院出版社，2003.

[116] [英]E. H. 贡布里希. 艺术与错觉：图画再现的心理学研

究［M］. 林夕，等译. 长沙：湖南科学技术出版社，2000.
［117］［法］麦茨. 想象的能指［M］. 王志敏，译. 北京：中国广播电视出版社，2006.
［118］［德］鲁道夫·爱因汉姆. 电影作为艺术［M］. 邵牧君，译. 北京：中国电影出版社，2003.
［119］［美］阿恩海姆，等. 艺术的心理世界［M］. 周宪，译. 北京：中国人民大学出版社，2003.
［120］［美］阿恩海姆. 中心的力量——视觉艺术构图研究［M］. 张维波，周彦，译. 成都：四川美术出版社，1991.
［121］宁海林. 阿恩海姆视知觉形式动力理论研究［M］. 北京：人民出版社，2009.
［122］任悦. 视觉传播概论［M］. 北京：中国人民大学出版社，2008.
［123］［美］苏珊·桑塔格. 论摄影［M］. 艾红华，毛建雄，译. 长沙：湖南美术出版社，1999.
［124］盛希贵. 影像传播论［M］. 北京：中国人民大学出版社，2005.
［125］史风华. 阿恩海姆美学思想研究［M］. 济南：山东大学出版社，2006.
［126］张浩达. 视觉传播：信息、认知、读解［M］. 北京：北京大学出版社，2012.
［127］［英］诺曼·布列逊. 视觉与绘画：注视的逻辑［M］. 郭杨，等译. 杭州：浙江摄影出版社，2004.
［128］朱永明. 视觉语言探析：符号化的图像形态与意义［M］. 南京：南京大学出版社，2011.
［129］［美］布鲁墨. 视觉原理［M］. 张功钤，译. 北京：北京大学出版社，1987.
［130］［荷］杨·M. 彼得斯. 图像符号和电影语言［M］. 一匡，译. 北京：中国电影出版社，1990.
［131］［美］阿瑟·阿萨·伯杰. 眼见为实——视觉传播导论［M］. 南

京：江苏美术出版社，2008.

[132] 杨钢元. 形象传播学 [M]. 北京：中国人民大学出版社，2012.

[133] [美] W. J. T. 米歇尔. 图像理论 [M]. 北京：北京大学出版社，2006.

[134] [美] W. J. T. 米歇尔. 图像学：形象，文本，意识形态 [M]. 陈永国，译. 北京：北京大学出版社，2012.

[135] 曾军. 观看的文化分析. 济南：山东文艺出版社，2008.

[136] [法] 居伊·德波. 景观社会 [M]. 王昭凤，译. 南京：南京大学出版社，2006.

[137] [美] 米尔佐夫. 视觉文化导论 [M]. 倪伟，译. 南京：江苏人民出版社，2006.

[138] [英] 约翰·伯格. 观看之道 [M]. 戴行钺，译. 桂林：广西师范大学出版社，2005.

[139] [美] 福柯，等. 激进的美学锋芒 [M]. 周宪，译. 北京：中国人民大学出版社，2003.

[140] 周宪. 视觉文化的转向 [M]. 北京：北京大学出版社，2008.

[141] [美] 约翰·菲斯克. 解读大众文化 [M]. 杨全强，译. 南京：南京大学出版社，2001.

[142] [美] 约瑟夫·奈. 软力量：世界政坛成功之道 [M]. 吴晓辉，钱程，译. 北京：东方出版社，2005.

[143] [英]贝拉·迪克斯. 被展示的文化 当代“可参观性”的生产 [M]. 冯悦，译. 北京：北京大学出版社，2012.

[144] [英] 斯图尔特·霍尔. 表征：文化表象与意指实践 [M]. 徐亮，陆兴华，译. 北京：商务印书馆，2003.

[145] 罗钢，刘象愚. 文化研究读本 [M]. 北京：中国社会科学出版社，2000.

[146] [法]莫里斯·梅洛-庞蒂. 知觉现象学 [M]. 姜志辉，译. 北京：商务印书馆，2001.

[147] 丁月华，李波，朱锦秀. 视觉艺术心理学. 重庆：西南师范大学出版社，2012.
[148] [美] 保罗·贝尔，等. 环境心理学 [M]. 朱建军，吴建平，译. 北京：中国人民大学出版社，2009.
[149] [美]卡尔·考夫卡. 格式塔心理学原理（上，下）[M]. 黎炜，译. 杭州：浙江教育出版社，1997.
[150] 林玉莲，胡正凡. 环境心理学 [M]. 北京：中国建筑工业出版社，2000.
[151] [英] M. W. 艾森克，[英] M. T. 基恩. 认知心理学 [M]. 高定国，译. 上海：华东师范大学出版社，2009.
[152] [美] 戴维·迈尔斯. 社会心理学 [M]. 侯玉波，等译. 北京：人民邮电出版社，2006.
[153] 沙莲香. 社会心理学 [M]. 北京：中国人民大学出版社，2002.
[154] 肖旭. 社会心理学 [M]. 成都：电子科技大学出版社，2013.
[155] [美] 米哈里·契克森米哈赖. 生命的心流 [M]. 陈秀娟，译. 北京：中信出版社，2009.
[156] 钱家渝. 视觉心理学：视觉形式的思维与传播 [M]. 上海：学林出版社，2006.
[157] [英]格列高里. 视觉心理学 [M]. 彭聃龄，杨旻，译. 北京师范大学出版社，1986.
[158] [英] E. H. 贡布里希. 艺术的故事 [M]. 范景中，译. 北京：生活·读书·新知三联书店，1999.
[159] [英] 克莱夫·贝尔. 艺术 [M]. 薛华，译. 南京：江苏教育出版社，2005.
[160] [美]苏珊·朗格. 情感与形式 [M]. 刘大基，等译. 北京：中国社会科学出版社，1986.
[161] 苏珊·朗格. 艺术问题 [M]. 滕守尧，译. 北京：中国社会科学出版社，1983.

[162] [美]阿瑟·阿萨·伯格. 通俗文化、媒介和日常生活中的叙事［M］. 姚媛，译. 南京：南京大学出版社，2000.
[163] [德]奥利弗·格劳. 虚拟艺术［M］. 陈玲，主译. 北京：清华大学出版社，2007.
[164] [奥]安东·埃伦茨维希. 艺术视听觉心理分析：无意识知觉理论引论［M］. 肖聿，等译. 北京：中国人民大学出版社，1989.
[165] [德] 威尔弗利德·柯霍. 建筑风格学［M］. 陈滢世，译. 龙溪国际图书有限公司，2006.
[166] [美] E. 潘诺夫斯基. 视觉艺术的含义［M］. 傅志强，译. 沈阳：辽宁人民出版社，1987.
[167] [美] 帕特里克·弗兰克. 视觉艺术史［M］. 上海：上海人民美术出版社，2008.
[168] [瑞士]海因里希·沃尔夫林. 艺术风格学：美术史的基本概念［M］. 潘耀昌，译. 北京：中国人民大学出版社，2004.
[169] [美]阿尔文·托夫勒. 未来的冲击［M］. 蔡伸章，译. 北京：中信出版社，2006.
[170] [美] B. 约瑟夫·派恩，[美] 詹姆斯·H. 吉尔摩. 体验经济［M］. 夏业良，等译. 北京：机械工业出版社，2002.
[171] 张艳芳. 体验营销［M］. 成都：西南财经大学出版社，2007.
[172] 顾桥，梁东，刘泉宏. 体验营销的理论与实践［M］. 武汉：中国地质大学出版社，2012.
[173] [古希腊] 亚里士多德. 修辞学［M］. 罗念生，译. 上海：上海人民出版社，2006.
[174] 张敏. 克罗齐美学论稿［M］. 北京：中国社会科学出版社，2002.
[175] [德]黑格尔. 美学（第3卷·上）［M］. 朱光潜，译. 北京：商务印书馆，2009.
[176] [德]马丁·海德格尔. 海德格尔选集（上，下）［M］. 孙周兴，

选编. 上海：上海三联书店，1996.

[177] [古希腊] 亚里士多德. 物理学 [M]. 张竹明，译. 北京：商务印书馆，2011.

[178] 刘安刚. 意义哲学纲要 [M]. 北京：中央编译出版社，1998.

[179] [英] 牛顿. 自然哲学的数学原理 [M]. 赵振江，译. 北京：商务印书馆，2006.

[180] Jean Baudrillard. Simulacra and Simulation [M]. Ann Arbor：The University of Michigan Press，1994.

[181] Victoria Newhouse. Art and the Power of Placement [M]. New York：Monacelli Press. 2005.

[182] Edward T. Hall. The Hidden Dimension [M]. Anchor，Reissue，1990.

[183] Carol Duncan. Civilizing Rituals：Inside Public Art Museums [M]. London，New York：Routledge，1995.

[184] Cheryl Mallen，Lorne Adams. Event Management in Sport，Recreation and Tourism：Theoretical and Practical Dimensions [M]. London，New York：Routledge，2012.

[185] Gunther Kress，Theo Van Leeuwen. Reading Images：The Grammar of Visual Design [M]. London，New York：Routledge，2006.

[186] Mark H. Bickhard，D. Michael Richie. On the Nature of Representation：A Case Study of James Gibson's Theory of Perception [M]. New York：Praeger publishers CBS Educational and professional publishing，1983.

[187] Bella Dicks. Culture on Display：The Production of Contemporary Visitability [M]. Berkshire：Open University Press，2004.

[188] W. J. T. Mitchell. What Do Pictures Want?：The Lives and Loves of Images [M]. Chicago：The University of Chicago Press，2006.